金融强国建设·数字金融书系

本书出版得到"贵州省哲学社会科学创新团队建设计划"
"贵州省哲学社会科学创新工程资助项目"(项目编号：CXTD2024010)资助

数字金融
对农民收入增长的影响效应及作用机制研究

王永仓　著

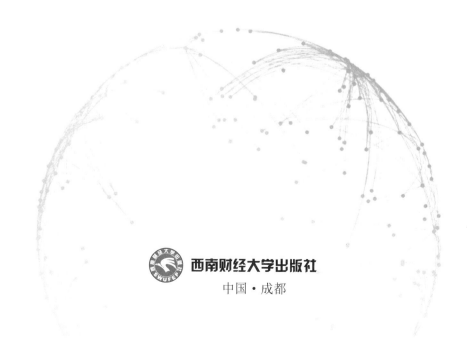

西南财经大学出版社

中国·成都

图书在版编目(CIP)数据

数字金融对农民收入增长的影响效应及作用机制研究/
王永仓著.--成都:西南财经大学出版社,2024.7
ISBN 978-7-5504-6219-9

Ⅰ.①数…　Ⅱ.①王…　Ⅲ.①数字技术—应用—金融
业—影响—农民收入—收入增长—研究—中国
Ⅳ.①F323.8

中国国家版本馆 CIP 数据核字(2024)第 111688 号

数字金融对农民收入增长的影响效应及作用机制研究
SHUZI JINRONG DUI NONGMIN SHOURU ZENGZHANG DE YINGXIANG XIAOYING JI ZUOYONG JIZHI YANJIU

王永仓　著

责任编辑:陈子豪
责任校对:李思嘉
封面设计:墨创文化
责任印制:朱曼丽

出版发行	西南财经大学出版社(四川省成都市光华村街55号)
网　　址	http://cbs.swufe.edu.cn
电子邮件	bookcj@swufe.edu.cn
邮政编码	610074
电　　话	028-87353785
照　　排	四川胜翔数码印务设计有限公司
印　　刷	四川五洲彩印有限责任公司
成品尺寸	170 mm×240 mm
印　　张	16.25
字　　数	273 千字
版　　次	2024 年 7 月第 1 版
印　　次	2024 年 7 月第 1 次印刷
书　　号	ISBN 978-7-5504-6219-9
定　　价	88.00 元

前言

在当前全球经济数字化转型的环境中，数字金融正以不可阻挡之势快速崛起。数字金融的兴起为农村经济发展，特别是农民收入的增长带来了前所未有的机遇。然而，这种新的金融形态究竟如何影响农民收入的增长，其作用机制又是怎样的，这正是本书试图深入探讨的问题。本书以翔实的数据、严谨的分析和相关的理论为基础，全面探讨了数字金融对农民收入增长的影响效应，从经济增长和农户创业两个维度探讨其作用机制，最后基于研究结论，提出促进数字金融发展和农民收入增长的政策建议。

本书遵循理论研究、实证研究和政策研究的分析思路，主要内容包括如下几个方面：

（1）数字金融影响农民收入增长的理论框架。通过借鉴金融中介理论、金融发展理论、经济增长理论及网络经济理论，科学界定数字金融和农民收入增长的概念内涵，深入分析数字金融影响农民收入增长的间接作用机理、直接作用机理、门槛作用机理及空间溢出机理，并提出本书的研究假说。

（2）数字金融对农民收入增长的影响效应。宏观层面，利用2011—2018年的省级面板数据模型检验数字金融对农民总收入及各项收入来源的影响，数字金融影响农民收入增长的地区差异及群体差异，以及数字金融对农民收入增长的门槛效应及空间溢出效应。微观层面，利用 CHFS（2017）的调查数据讨论了数字金融对农户家庭的农业收入、非农业收入及总收入的影响，以及数字金融对异质性农户家庭的增收效应。

（3）数字金融影响农民收入增长的作用机制。借鉴中介效应模型的分析方法，宏观层面利用 2011—2018 年的省级面板数据检验数字金融通过经济增长影响农民收入增长的作用机制，并讨论了产业结构和城镇化可能产生的作用；微观层面利用 CHFS（2017）的数据检验数字金融通过农户家庭创业进而影响农民收入的作用机制，并讨论了非农就业可能产生的作用。

（4）数字金融促进农民收入增长的政策建议。根据理论研究和实证分析的结果，提出发展数字金融、促进农民收入增长的政策启示，结合数字金融发展存在的问题和农民收入增长面临的约束，从数字金融的视角提出有针对性的政策建议。

我们深知，数字金融在农村的普及和应用是一个复杂的社会现象，它不仅涉及经济因素，还涉及文化、教育、基础设施等多个因素。因此，我们在研究过程中，力求全面、客观地分析问题，以期揭示数字金融与农民收入增长之间的内在联系。希望通过这样的研究，能够为推动数字金融在农村的健康发展，促进农民收入持续增长提供理论支持。同时，我们也期待本书能够引发更广泛的讨论和研究，为政策制定者、经济学者以及关心农村经济发展的社会各界提供有价值的参考，以推动农村经济社会可持续发展和农民收入持续增长。

感谢您选择阅读本书。我们相信，通过我们的研究和分析，您将对中国数字金融发展和农民收入增长问题有更深入的理解。在本书中，我们将一起探索这个复杂且重要的主题。需要说明的是，书中的部分内容已在期刊上公开发表，本书在出版时做了轻微调整。

最后，我要感谢我的授业导师温涛教授，他深厚的学术造诣、严谨的工作态度以及对学生的耐心指导为我树立了学术榜样。他不仅在学术研究上给予我悉心指导，更在生活上给予我关爱和支持，让我能够在困境中坚持和成长。他的敦敦教诲犹如指路明灯，照亮我学术道路上的每个角落。感谢西南财经大学出版社的孙婧老师，她的出色工作使得本书得以顺利出版和尽快面世。感谢"贵州省哲学社会科学创新团队建设计划""贵州省哲学社会科学创新工程资助项目"（项目编号：CXTD2024010）提供的出版资助。感谢贵州省教育厅人文社会科学研究青年项目"新形势下金融推动贵州数字经济与实体经济深度融合研究（项目编号：2022QN004)"、毕节市社会科学界联合会理论创新课题"巩固脱贫攻坚成果与促进乡村振兴有效衔接的路径与策略研究"（项目编号：LHXM202207）提供的研究支持。最后，我还要感谢贵州工程应用技术学院众多同事和我家人一直以来的鼓励、支持和帮助！

王永仓

2024 年 7 月

目录

1 导论

1.1 研究背景与问题

1.1.1 研究背景

农业、农村和农民问题（以下简称"三农"问题）是关系国计民生的根本问题，解决好"三农"问题是全党工作的重中之重。发展壮大农村经济，促进农业农村现代化，增加农民创业就业机会，拓宽农民增收渠道，促进农民收入增长始终是"三农"问题的热点议题，也是"三农"工作的中心任务。改革开放以来，我国农村经济快速发展，农民收入水平大幅度提高。2004 年中央"一号文件"重新锁定"三农"问题，将"促进农民增加收入若干政策的意见"作为主题，对农业发展和农村改革等重点工作做出具体部署。这为农村社会经济发展带来历史性机遇，促使农民收入增长开始提速。尤其是 2010 年以来，农村居民收入增速连续多年快于同期城镇居民收入及 GDP 增速，农村居民生活水平快速提升。但是相对于国民经济发展及城镇居民收入水平，农村经济发展依然较为滞后，农民收入水平依然较低，城乡收入差距依然较大。随着国民经济增速放缓，农民收入持续增长面临较大的压力。2020 年突如其来的新冠疫情也对农民收入增长带来严重冲击。然而，数字金融快速发展可能为农民收入增长带来新的契机。数字金融是数字经济时代创新活动最为活跃、数字技术应用最为广泛的领域，也是中国社会经济转型过程中最重要的宏观经济现象之一。数字金融发展在重塑现代金融市场环境和竞争格局，推动普惠金融尤其是农村普惠金融发展，在降低社会经济运行成本，助力实体经济尤其中小微企业发展，促进居民收入尤其是农村居民等低收入群体的收入增长等方面有着天然优势和巨大潜力。发挥数字金融普惠优势，促进农民持续增收，对全面建设乡村振兴和推进农民农村共同富裕具有重要意义。

（1）促进农民收入持续增长是新时代中国特色社会主义的必然要求。党的十九大报告指出中国特色社会主义进入新时代，人民日益增长的美好生活需要和不平衡不充分的发展之间的矛盾是我国社会的主要矛盾。农村社会经济发展水平落后、农村居民收入水平低、城乡居民收入差距较大成为我国发展不平衡不充分的真实写照。农民增收关系着我国几亿农村居民的社会福祉，是提高农村居民生活水平和缩小城乡差距的重要基础。乡村振兴战略提出了"农业农村现代化"的总目标，"坚持农业农村优先发展"的总方针，"产业兴旺、生态宜居、乡风文明、治理有效、生活富裕"的总要求。促进农民增收是实施乡村振兴战略的核心目标和重要发力点。党的十九届四中全会提出"坚决打赢脱贫攻坚战，建立解决相对贫困的长效机制"。虽然当前我国已经实现了现行标准下农村贫困人口全部脱贫，贫困县全部摘帽的目标，但是农村地区依然是我国相对贫困较为集中的区域，也是未来扶贫工作的主战场。2020年7月30日中共中央政治局会议提出"要加快形成以国内大循环为主体、国内国际双循环相互促进的新发展格局"（简称"双循环"战略）。促进农民收入增长是扩大和培育农村消费需求的重要基础，也是强化"双循环"战略的重要基石。党的十九届五中全会将"全体人民共同富裕取得更为明显的实质性进展"作为2035年基本实现社会主义现代化远景目标之一明确提出。实现全体人民共同享有发展的机会和成果，持续提高农村居民收入水平，缩小收入分配差距是实现共同富裕的必然要求。2021年中央"一号文件"将"农民收入增长继续快于城镇居民，脱贫攻坚成果持续巩固"作为目标任务之一，对当年农民收入增长提出了具体要求。党的二十大报告指出全面建设社会主义现代化国家，最艰巨最繁重的任务仍然在农村，提出要发展乡村特色产业，拓宽农民增收致富渠道。

（2）当前农民持续增收面临巨大挑战。自2013年习近平总书记在湘西考察时作出了"实事求是、因地制宜、分类指导、精准扶贫"的重要指示以来，针对不同贫困区域环境、不同贫困农户状况，运用科学有效程序对扶贫对象实施精确识别、精确帮扶、精确管理的精准扶贫成为我国农村扶贫工作的重要战略。通过产业扶贫、教育扶贫、健康扶贫、社会救助、生态扶贫等方面的综合施策，精准扶贫创造了我国扶贫史上的最好成绩。

2020年，我国实现了在现行标准下农村贫困人口全部脱贫，实现了全面建成小康社会的宏伟目标。但是持续提高农民收入，缓解农村相对贫困，缩小城乡收入差距，就巩固拓展脱贫攻坚成果同乡村振兴有效衔接的任务依然严峻。随着经济结构转型调整，经济增速由高速增长向中高速增长转变，农民外出就业面临严峻挑战。在农业生产成本"地板"抬升、农产品价格"天花板"封顶、资源环境"硬约束"加剧等多重因素挤压下，农民收入持续增长面临较大压力。2020年，突如其来的新冠疫情导致企业开工不足、新增就业岗位减少、待业时间增加、薪资水平降低，对农民收入增长带来负面影响。长期为农业农村发展提供资金支持的传统农村金融面临可持续性问题，对农村经济发展和农民收入增长支持乏力。由于我国农村少数脱贫人口仍存在返贫风险，如何使脱贫人口获取更多持续增收的能力和机会，减少返贫率，实现永久性脱贫，是巩固精准扶贫成果、推进乡村振兴、促进包容性增长的关键问题和难点。因此，采取有效措施建立促进农民收入增长的长效机制，促进农民收入特别是低收入农民的持续稳定增收具有现实的紧迫性，也是解决当前我国社会主要矛盾，实现乡村振兴战略，缓解相对贫困，缩小城乡收入差距，强化"双循环"战略的必然要求。

（3）数字金融、数字经济已经成为转变经济发展方式和促进经济增长的重要引擎。我国经济经历改革开放后持续多年的高速增长，2008年全球金融危机发生以后，受国际国内多重压力的影响，依靠传统高要素投入、低成本竞争和高市场外延扩张的增长模式面临严峻挑战，经济增速逐年下行。当前，我国经济增长正由高速增长向中高速高质量增长阶段转变，经济发展正经历从资源驱动向创新驱动转型，创新经济发展动力，实现"粗放型"增长向"集约型"增长转变是转换经济发展方式的内在要求。近年来，我国社会经济活动呈现出网络化、数字化的新特征，以数字资源为生产要素，以全要素、全空间、全过程数字化转型为重要推动力的数字金融及数字经济蓬勃发展。研究报告显示，近年来我国数字经济增加值高速增长，数字经济规模占GDP比重超过1/3①，数字经济竞争力位于全球第三，

---

① 根据国家工业信息安全发展研究中心发布的《2020—2021年度数字经济形势分析》，2017—2019年中国数字经济增加值年均增长20%，2019年数字经济规模达到35.8万亿元，占GDP的比重为36.2%。2020年，面对突如其来的新冠疫情，数字经济展现出强大的发展韧性，实现逆势增长，视频会议、网上购物、在线教育、远程医疗等"非接触式经济"加速发展，信息传输、软件和信息技术服务业增加值增长16.9%，全国实物商品网上零售额增长14.8%。

数字产业竞争力连续四年位居全球首位①。视频会议、网上购物等"非接触式经济"快速崛起，已经成为疫情期间促进企业复工复产的"生力军"和对冲经济下行压力的"稳定器"。以互联网、大数据、云计算、人工智能、区块链、5G 技术等数字技术为核心的数字金融正在成为现代社会的金融基础设施和价值网络，极大提高了金融体系的效率和普惠水平，在更大范围和更深层次支持实体经济发展，对数字经济乃至整个社会经济发展产生了深远的影响，成为引领经济社会变革、推动经济高质量发展的重要引擎。农村经济发展、农民收入增长以及农村整个社会经济问题的解决不应该也不能游离在数字金融、数字经济的边缘。当前农民增收面临严重压力，急需在数字金融、数字经济的发展中寻找新的机会和动力源泉，促进居民创新创业，有效增加就业岗位，吸纳更多的农村剩余劳动力，激活农村经济发展潜力，提高农业农村的现代化水平，提升农村经济发展效益，促进农民收入持续稳定增长。

（4）我国数字金融蓬勃发展，农村地区数字金融发展已经取得不错的成绩。我国数字金融发展晚于发达国家，但是后来者居上。经过短短十几年，我国数字金融的发展水平和普及程度在世界范围内都处于领先地位，成为引领全球数字金融发展的一面旗帜和全球金融科技领域的领导者。随着大数据、云计算等新一代信息技术的加速迭代和互联网普及率大幅提升，数字金融快速扩张，加速了传统金融体系的变革，助推了中国普惠金融快速演进，推动了新兴产业的蓬勃发展，对社会经济生产生活等各方面产生了重要影响。截至 2020 年 6 月，全国网民规模达到 9.4 亿，互联网普及率达到 67%，其中农村网民 2.85 亿，普及率达到 52.3%，占网民比例的 30.3%；全国网络支付用户 8.5 亿，农村网络支付用户预计在 1.51 亿～2.44 亿②，占农村人口的比重为 35.97%～44.82%，农村网络支付覆盖率大幅提高。随着整体数字金融快速发展，东、中部地区与西部地区的农村

---

① 根据上海社会科学院信息研究所发布的《全球数字经济竞争力发展报告（2020）》，中国数字经济竞争力位于全球第三，与美国的差距逐年缩小，在数字经济内部结构中，数字产业竞争力反超美国，连续四年位居全球首位，领先优势逐年增大；数字设施竞争力表现也较好；数字创新竞争力和数字治理竞争力仍有一定的提升空间。

② 根据中国互联网络信息中心（CNNIC）发布的《第 46 次中国互联网络发展统计报告》，截至 2020 年 6 月，我国网络支付用户为 8.5 亿，如果假定城镇 6.54 亿网民全部使用网络支付，那么农村地区网络支付的用户规模为 1.51 亿；如果按照全国网民 85.7% 网络支付使用率推算，农村地区网络支付的用户规模为 2.44 亿。

数字金融发展水平差距大幅度缩小（张龙耀、邢朝辉，2021）。党和政府高度重视数字金融发展，对数字金融提高农村金融服务水平、支持农村社会经济发展寄予厚望，把其作为促进农村金融资源回流，缓解农村金融排斥，实现城乡融合和乡村振兴的重要手段。2019 年 1 月 29 日，人民银行等五部委提出在 2020 年"基本实现乡镇金融机构网点全覆盖，数字普惠金融在农村得到有效普及"，以更好满足乡村振兴多样化、多层次的金融需求，提高农村金融服务水平，推动城乡融合发展，促进农民增收。蚂蚁金服、京东金融等综合性数字金融平台积极开拓农村市场，翼龙贷、农信互联等涉农网络借贷平台已经在多个省份向农村地区累计提供上千亿元的信贷资金①，新希望、伊利集团等龙头企业纷纷设立互联网金融平台，农业银行、农村商业银行等传统涉农金融机构也在加速金融业务数字化布局，大力拓展农村金融服务渠道，降低服务成本。数字金融表现出极强的生命力，在农村地区发展势头强劲，深受广大农村居民喜爱，成为生产生活不可缺少的条件。在新冠疫情期间，数字金融有力地促进企业复工复产，成为各级政府救助小微企业及困难群体、促进消费复苏的重要手段。在后疫情时代用户对无接触式金融服务的价值认同得到进一步提高，金融数字化转型进一步加速。因此，如何让数字金融这一创新成果惠及所有城乡居民，成为促进农民长期稳定增收的有效手段，是建立包容性增长体系和缓解相对贫困的内在要求，也是政府大力推动农村数字金融发展的初衷。

（5）现有文献对数字金融的经济效应做了大量研究，但是关于数字金融影响农民收入增长的文献较少，还存在可拓展的空间。相对于传统金融，数字金融具有速度更快、成本更低、地域穿透力强等优良特性，是实现金融普惠的有效形式。2016 年"G20 峰会"将数字金融提升到"数字普惠金融"的高度，并发布了"G20 数字普惠金融高级原则"，此后，学术界掀起了数字金融的研究的热潮。目前关于数字金融经济效应的著述颇丰，很多学者从创新创业（谢绚丽 等，2018；尹志超 等；2019，唐松 等，2020）、居民消费（易行健、周利，2018；谢家智、吴静茹，2020；张勋 等，2020）、产业结构（唐文进 等，2019；杜金岷 等，2020）、经济增长（钱海章 等，2020；宇超逸 等，2020）、收入分配（宋晓玲，2017；周利

---

① 根据《中国'三农'互联网金融发展报告（2017）》的统计数据，截至 2016 年年底，翼龙贷等涉农数字金融机构向"三农"领域累计提供信贷资金超过 1 050 亿元。

等，2020）、减少贫困（何宗樾，2020；孙继国 等，2020）等多个维度讨论了数字金融发展的经济效应，部分学者关注到数字金融对农民收入增长的正向联系（刘丹 等，2019；任碧云、李柳颖，2019），但是在研究内容、研究视角及研究方法等方面还存在可以拓展的空间。因此，本书聚焦于数字金融影响农民收入增长的影响效应及作用机制研究，以充实现有数字金融影响农民收入增长的研究文献。

1.1.2　研究问题

基于已有的理论研究发现，目前关于传统金融与农民收入的研究已经较为丰富，但是关于数字金融与农民收入增长的系统性研究则较为少见。首先，作为数字技术与金融服务相结合的产物，数字金融是最近十几年才开始迅猛发展的新事物，有关数字金融的理论还在不断的发展和完善。其次，缺乏完整、翔实的数据资料影响了这一领域实证研究的推进。再次，随着农村互联网普及程度的提高，数字金融在农村地区得到了广泛的使用，数字金融正成为推动普惠金融建设的重要力量。受到宏观经济增速放缓和新冠疫情的冲击，农民持续增收面临较大压力，急需探索促进农民收入持续增长的新动力。此时，讨论数字金融对农民收入增长的影响及作用机制具有理论和现实的必要性。最后，近年相继公布的一些宏观和微观数据库关注了数字金融发展和农户数字金融使用情况，为这一主题的实证研究提供了相应的数据支撑。鉴于此，本书尝试从多个角度出发，采用多种实证研究方法对数字金融影响农民收入增长作用机制及实际效果提供实证依据，并从数字金融的视角构建促进农民收入持续稳定增长的政策体系。本书着重回答如下问题：①数字金融影响农民收入增长的作用机理是什么？②如何测度数字金融的农民增收效应，并对作用机制进行识别？③如何构建数字金融促进农民收入持续稳定增长的政策体系？

1.2　研究目标与意义

1.2.1　研究目标

本书将金融中介理论、金融发展理论、经济增长理论和网络经济理论结合起来，在借鉴这些理论成果的基础上，综合运用宏观与微观、定性和定量相结合的分析方法，构建数字金融影响农民收入增长的理论分析框架。从理论和实证角度分析数字金融促进农民收入增长的作用机制及影响效应，并据此构建数字金融促进农民收入持续稳定增长的政策体系。

（1）归纳总结现有农民收入理论研究成果，提炼出农民收入增长的影响因素，并结合金融中介理论、金融发展理论、经济增长理论及网络经济理论的研究成果，构建数字金融影响农民收入增长的理论框架，剖析数字金融促进农民收入增长的间接作用机理、直接作用机理、门槛效应及空间溢出机理，为后续的实证研究及政策研究奠定理论基础。

（2）采用线性面板模型检验数字金融及各维度对农民收入增长的线性效应，采用面板门限模型分析数字金融及各维度影响农民收入增长的门槛效应；采用空间计量模型分析数字金融及各维度影响农民收入增长的空间溢出效应；采用中介效应模型检验数字金融发展通过经济增长影响农民收入增长的作用机制；采用微观计量方法检验数字金融通过家庭创业影响农民增收的作用渠道，为政策设计提供经验证据。

（3）基于理论与实证分析的结果，结合数字金融及农民收入增长的现实特点，构建数字金融促进农民收入持续稳定增长的政策体系。

1.2.2　研究意义

（1）理论意义。数字金融实践的突飞猛进引起了学术界的高度关注，相关的文献资料不断丰富，但是缺乏对数字金融影响农民收入增长的系统性研究。

首先，根据农民收入增长的相关理论研究成果，归纳影响农民收入增长的因素、金融发展对农民收入增长的影响途径；根据数字金融发展的理论逻辑，从间接作用和直接作用两个方面，探索数字金融影响农民收入增长的作用机理，以丰富数字金融经济效应的研究成果。虽然当前学术界对数字金融缓解农村金融抑制方面给予较多关注，但是对数字金融对农民收入增长及收入结构的影响，异质性群体从数字金融发展中的获益情况，实际的作用机制等问题并没有形成系统研究，而这些正是本书力图解决的问题。

其次，根据已有的统计资料及调查数据，从多维度（数字金融总体发展水平、覆盖广度、使用深度、数字化程度）、多角度（经营性收入、工资性收入、财产性收入、转移性收入）、多方法（广义分位数回归，工具变量回归，空间面板回归，虚拟变量回归，中介效应模型、门槛效应模型、PSM、Probit、Iv-probit 等实证研究方法），以及宏观和微观两个维度深入检视数字金融对农民收入增长的影响效应及作用机制，拓展了数字金融影响农民收入增长的研究维度、研究视角及研究方法，为数字金融影响农民收入增长的理论研究提供科学的实证依据。

最后，采用数理分析讨论数字金融对农户创业活动的影响机理，并利用微观数据检验数字金融影响农户家庭收入的增长效应、结构差异、溢出效应、异质性差异以及作用机制，深化了数字金融影响农民收入增长在微观层面的认识，为通过数字金融手段促进农民收入增长提供微观经验证据。

（2）现实意义。改革开放 40 多年以来，我国建立了规模庞大的金融体系，但是具有明显的"重规模，轻机制"的现实特征。当前，我国经济由高速增长向中高速增长转变已经成为常态，农村社会经济发展不平衡不充分的问题异常突出，转变经济发展方式，构建高质量的包容性经济增长体系势在必行。这要求充分利用数字经济发展红利，以实现经济全面转型升级、农民收入持续稳定增长、缓解相对贫困、缩小收入差距等目标。但是原有金融体系已经无法满足实体经济产生的许多新的金融服务需求。党和政府希望通过促进数字金融发展和创新推动金融体制机制改革，提升金融服务实体经济的质效，促进经济包容性增长。但是实践效果是否与发展数字金融的初心相一致有待进行客观的评估，如何通过数字金融创新支持实体经济发展这一关键问题亟待回答，数字技术推动的金融创新能否成为促进农民收入持续增长的新动力以及需要通过什么路径来实现，有待进行系统的考察。本书的研究有助于这方面工作的推进，并尝试作出回答。

第一，中国规模庞大的金融体系具有明显的"重规模，轻机制"的特征。这种抑制性的金融体制存在双重特征，即麦金龙效应和斯蒂格利茨效应[①]。在改革开放的前期，金融抑制促进了经济增长。但是进入 21 世纪以

---

① 麦金龙（Mckinnon）在 1973 年提出金融抑制理论，他认为金融抑制会降低金融资源配置效率、遏制金融发展，不利于金融稳定和经济增长。斯蒂格利茨（Stiglitz）等人在 1997 年提出金融约束理论，认为在市场机制不成熟和监管框架不完善的情况下，适度的政府干预可能更有利于金融稳定和经济增长。

来，金融抑制对经济增长的影响转向了负面①。近年来，对金融体系的抱怨越来越多，具体表现在两个方面：金融不支持实体经济，小微企业或民营企业融资难、融资贵。抑制性的金融体系已经无法满足实体经济产生的许多新的金融服务需求，成为拖累金融稳定和经济增长的重要因素（黄益平，2020）。如何通过金融创新支持实体经济发展这一关键问题亟待回答。

第二，数字金融降低了提供或接受金融服务的门槛和边际成本，提高了金融服务的可得性，有力推动了普惠金融发展；互联网金融企业作为新的市场竞争主体，形成了对传统非正规金融的替代，并促进了传统正规金融机构数字化转型升级，突破了原有金融机构的竞争格局，改善了金融生态，推动金融体系改革；金融机构利用海量多维的大数据创新征信体系和风险管理，改善了社会信用环境，降低了信贷服务对信贷记录、财务数据、抵押资产和政府担保等传统信用评估技术的依赖，缓解了信贷约束并降低了信贷成本，促进了消费升级和创新创业活动；数字技术在金融领域的广泛应用改善了金融基础设施，催生并支持新的商业模式，推动了新经济快速发展。因此，理论上数字金融有助于提升金融服务实体经济的能力，促进经济增长，进而有助于农民增收。但是理论预期是否与现实相符需要进行严格的实证检验。

第三，我国目前正在大力推进数字金融发展，并争取在2020年实现农村地区数字金融全面普及。厘清数字金融促进农民收入增长的作用机制是实现数字金融由工具普惠向目标普惠的关键一环。传统金融体系由于各方面的制约，其在服务小微企业及农村地区存在不足，数字金融有可能破除传统金融面临信息及成本约束，缓解商业银行服务对物理网点和人工服务的依赖，进而形成更具包容性的金融体系。我国数字金融快速发展，其实践效果是否真按理论预期的方向前进，是否与发展数字金融的初衷相一致，尚需要大量的研究工作进行评估。不同社会经济条件下数字金融的经济效应也有待进一步讨论。

第四，为决策部门优化数字金融与农民收入相关的政策措施提供实证

---

① 根据黄益平（2020）的测算，如果将金融抑制指数降低到0，在20世纪80年代中国经济增长速度将会下降0.8个百分点，在90年代将会下降0.3个百分点，在21世纪的头十年，经济增长速度反而会提高0.1个百分点。这说明早期的金融抑制促进了经济增长，后来这种影响逐渐转向遏制。

依据。数字金融是促进社会经济变革，提高居民收入的重要驱动力，但是其本身的健康发展需要一定的基础条件，并通过具体途径发挥作用，其经济效应受到一定社会经济环境影响。本书采用多个层面的数据和多种计量方法测度数字金融对农民收入增长的影响，并对影响数字金融发挥作用的人力资本、空间地理等因素进行理论和实证研究，为决策部门优化相关政策提供客观的实证依据。

第五，为促进经济增长和农民增收提供可供参考的政策建议。本书在理论研究及实证研究的基础上，构建数字金融促进农民收入持续稳定增长的政策体系，为提升金融服务实体经济的能力、促进农民收入增长提供政策参考。

1.3　文献回顾与评述

1.3.1　农民收入增长的影响因素的相关文献

首先是国外研究。国外大量文献考察了信贷投放、物质资本要素、农业技术进步、人力资本积累、农民就业行为及农村劳动力转移、基础设施等因素对农民收入增长的影响。

Nurkse（1953）认为发展中国家存在的长期贫困问题是因为在宏观经济中存在供给和需求两个恶性循环。Lewis（1954）认为信贷资金投入对提高农民收入水平极为重要。Nelson（1956）提出"低收入均衡陷阱"理论，认为提高农民收入水平的关键是促进农村资本形成和提高人均资本占有量。Abrahamsen 和 Cochrane（1958）提出"农业踏车"假说，认为较早采用新技术的农业生产者能在短期内获得竞争优势进而提高收入水平。Friedman（1962）认为科技进步是促进城乡居民收入持续增长的重要因素。Schultz（1964）指出需要采取措施对传统农业进行改造，增加人力资本投资，促进农民收入增长。Nelson 和 Phelps（1966）分析了人力资本积累和技术扩散在促进产出增长方面的核心作用，并运用统计数据分析人力资本、技术扩散对收入增长的影响。Harris 和 Todaro（1968）分析了农村劳动力转移中的农民收入增长问题，他们认为就业和居住地点的不稳定提高了失业率，进而对收入增长带来了负面影响。随着"搜寻匹配理论"的发展完善，很多学者将"搜寻匹配理论"从商品交易引入劳动力市场领域（Stigler，1961），并建立完整的理论框架以分析劳动者收入与就业匹配的关系（Phelps，1970；McCall；1970；Lucas，1974）。Jovanovic（1979）研究了农村劳动力工作搜寻的成本与劳动收入的关系。Huffman（1980）通过实证研究表明教育投资对农民的职业选择存在显著影响。Lipton（1980）认为现代工业化为农村劳动力提供了就业机会，农村劳动力转移会形成大量的留守人口，而这些留守者的生产率往往更低，因此劳动力流出在增加农村居民汇款收入的同时减少了农业收入。Kydland（1982）和 Long（1983）则认为农村劳动力转移与现代工业化进程几乎是同步发生的，但工业化并不是农民增收的根本原因。费景汉·拉尼斯（1987）认为农村劳动力持续转移提升了农业边际生产力。当农业劳动的边际生产力超过制度工资水平时，边际生产力和市场将取代制度工资成为农民收入增长的决定性因素。Schultz（1988）认为增加农村劳动力的教育投资会增强就业竞争力、提供更多非农就业机会，从而促进收入水平提高。Ascauer（1989）认为基础设施对改善发展中国家低收入阶层的经济状况极为重要。

进入 20 世纪 90 年代以后，针对农民收入增长的相关研究进一步深化和拓展。Shin（1990）指出发展中国家的农村富余劳动力向城市转移有利于获取更高的工资性收入。Koester（1992）认为在封闭条件下科技进步与农业生产收入呈负相关关系，但是在开放经济条件下则可以通过扩大出口来实现收入增长。Foster 和 Rosenzweig（1996）基于印度的研究发现教育投资的回报率随技术的变化而增加。Galor 和 mova（2000）认为技术转移会放大因个人能力差异导致的收入不平等。Kung（2002）认为农村劳动力转移有利于农业规模化经营和农民收入增长，当然农业收入增长反过来也可能影响农村劳动力转移（Li & Zahniser，2002）。Mahmudul et al.（2003）研究发现，教育提高了孟加拉国农民的非农业收入，降低了农业收入，提高教育水平是农民收入增长的必要条件。Berg et al.（2007）认为中国农业部门长期滞后于非农业部门，形成了巨大的城乡收入差距。在当前的经营规模下，增加农产品的产量和提高农民收入水平的双重目标存在冲突。Taylor et al.（2003）、Hertel et al.（2004）、Wouterse 和 Taylor（2008）认为家庭成员很难兼顾外出务工与农业生产，因此外出务工使得农户本地非农收入显著下降。Yao et al.（2010）研究了中国坡地改造项目对农民收入增长的影响，结果表明项目的增收效应与当地的条件、项目范围和政治领导有关。Dillon et al.（2011）对尼泊尔的研究表明，农村道路和灌溉设施投资可以促进农业经济增长和农村减贫。Sokchea 和 Culas（2015）考察了农民组织契约农业对农民收入的影响。研究表明，农民组织的承包经营显著提高了农民收入，合同农业可以提高农业生产率、产品质量和农业成本效率。Adenegan et al.（2017）评估了尼日利亚促进增长支持计划（GESS）对该国农民农业收入的影响，结果表明参与 GESS 计划可以使农业收入每年增加 400 美元。Aku et al.（2018）认为有限的市场信息和市场准入限制是坦桑尼亚增加小农收入的两大障碍。Alalade et al.（2019）考察了尼日利亚以甘薯为主的农场的农民收入，结果表明从事增值活动的农民比那些在农场门口卖东西的农民有更高的收入，与个体农户相比，农户营销群体在市场上有更强的议价能力。此外，影响甘薯农户农业收入的因素有教育培训、家庭规模、农场规模和产品增值阶段。Akbari et al.（2020）研究了气候变化和地下水的变化对农民收入风险的影响。Olounlade et al.（2020）研究了参与合同农业对稻农收入增长和粮食安全的影响。

其次是国内研究。国内文献关注人力资本、劳动力转移、基础设施建设、农业技术进步、农业产业发展、国家财政金融政策等因素对农民收入增长的影响。

人力资本方面，魏众（2004）的研究表明农民的健康状况通过影响就业进而影响农户家庭的收入水平。任国强（2004）基于天津农调队微观农户数据的研究表明，农民的文化水平越高、非农就业倾向越明显，就业收入也越高。李谷成等（2006）针对湖北省的研究表明，教育和健康投资不足是制约农民收入增长的重要因素。高梦滔和姚洋（2006）针对中国 1 320 个农户 15 年的微观面板数据研究表明，人力资本对农民收入增长的影响大于物质资本，人力资本差异是拉大农户收入差距的主要原因。骆永民和樊丽明（2012）的研究发现，随着人力资本上升，农村基础投资对农民收入增长的影响逐渐下降，对工资性收入增长的影响先上升后下降。程名望等（2014a，2014b）认为健康和教育是影响农民收入差距的关键因素。王小华（2015）的研究表明农村人力资本对农民收入增长的影响存在性别差异。刘明辉和刘灿（2018）研究表明人力资本对农民收入增长的影响存在门槛效应。李宝值等（2019）的研究表明，新型职业农民培训具有显著正向的收入效应,生产经营型农民的培训收入效应高于专业技能型和社会服务型农民,不同类型培训的收入效应在不同类型农民之间存在一定差异。阚大学和吕连菊(2020)研究了中部地区农村不同层次的教育水平对农民收入差距的影响。

劳动力转移方面。陈锡文(2001)认为受市场需求情况的影响,依靠提高农产品质量和农产品收购价格促进农民增收的措施已经基本失效,促进农民增收必须要有新措施和新思路,农村劳动力有序向非农产业和城镇转移是提高农民收入水平的重要途径。林毅夫(2002)认为我国农村人口过多,农村劳动力流动有助于促进农民收入增长。黄宗智和彭玉生(2007)认为我国农业存在大量隐性失业人口,农民低收入问题只有在高度城镇化之后才有可能解决。从长期来看,人口自然增长率下降、非农就业持续上升、消费结构和农业结构转型有助于提高农业生产者的收入水平。钱文荣和郑黎义(2011)认为农村劳动力外出务工总体上对农民收入增长带来了不利影响,主要原因在于务工人员向农村的汇款不足以抵补劳动力流失带来的消极影响。肖卫和肖琳子(2013)的研究表明农村劳动力向现代部门转移有助于提高农民收入水平。张宽等(2017)研究发现劳动力转移对农民收入增长的促进作用只在农业劳动生产率较高的区域发生。李谷成等(2018)的研究表明,农村劳动力转移促进了非农收入增长。袁方等(2019)研究了农民创业对农村多维贫困的影响。马轶群和孔婷婷(2019)、张红丽和李洁艳(2020)研究发现农村劳动力转移能够促进农民收入增长、缩小城乡收入差距。张杰飞(2020)基于CFPS的研究表明农村劳动力转移对农民收入增长的影响存在区域差异。

基础设施建设、农业技术进步、农业产业发展。刘生龙和周绍杰(2011)通过微观数据研究表明,道路、通信、自来水等基础设施的可得性有助于农民收入水平提高。李谷成等(2015)研究表明,农村公路设施建设有助于提高农业全要素生产率。邓晓兰和鄢伟波(2018)的研究表明,农村灌溉、道路、电力和医疗设施有助于提高农业全要素生产率。刘辉和吴子琦(2021)的研究表明,贫困地区的农村基础设施建设有助于提高农民收入水平。杨义武和林万龙(2016)、邬德林和刘凤朝(2017)、曹冰雪和李瑾张宽等(2017)、李谷成等(2018)、马轶群和孔婷婷(2019)、张红丽和李洁艳(2020)的研究表明,农业技术进步有助于促进农民收入增长。杨柠泽和周静（2019）研究了信息化、互联网使用对农民收入的影响。李琪等（2019）研究了农户参与电子商务对农民收入的影响。骆永民和樊丽明（2012）的研究表明，相邻省份第一产业占比对本省农民工资性收入具有负面影响。王小华等（2014）基于中国2010年的县域数据的结果表明，农业对农民收入增长的贡献越来越弱。闫磊等（2016）的研究表明，农业产业化发展对农民收入增长边际作用存在先递增后递减趋势。刘俊文（2017）的研究发现参加农民专业合作社对贫困农户和低收入农户的收入水平均有显著的正向作用，其中贫困农户受益更大。张梅（2019）等认为贫困户与合作社不同的利益联结方式对贫困户收入增长的影响存在差异。贾利军等（2019）研究了极端气候对农民增收的影响。李云新等（2017）、王丽纳和李玉山（2019）、郭军等（2019）、曹祎遐等（2019）、李姣媛等（2020）、张林等（2020）的研究表明三产融合有助于促进农民收入增长。

国家财政金融政策等方面，林毅夫（1992，2004）指出政策财政支农支出提高了农村基础设施建设水平，有利于农民收入增长。温涛等（2005）研究表明，政府主导的农贷政策不利用农民收入增长，想要实现农民收入快速增长，必须推进金融制度改革，让金融服务覆盖更多的农村居民。黄宗智和彭玉生（2007）指出传统小农经济具有脆弱性，提高农民收入水平离不开国家政策的保护和支持。王小华（2013）指出政府应将更多的资源导入"三农"领域，以促进农民增收，缩小城乡收入差距。张川川等（2015）认为"新农保"显著提高了农村老年人的收入水平，提高了他们的主观福利。农地流转方面，冒佩华和徐骥（2015）认为土地流转能显著提高农户家庭的收入水平。刘俊杰等（2015）认为农村土地产权制度改革主要通过交易和分工效应影响农户收入水平和收入结构，参与农地流转能显著提高农户收入水平，尤其是能提高农户的工资性收入和财产性收入，但是农村土地产权制度改革影响农户收入的组织化效应和抵押效应仍未显现。杨子等（2017）的研究表明，参与土地流转能够显著提高农户家庭收入水平，并且土地流转不是造成农村内部收入差距拉大的主要原因。王庶和岳希明（2017）研究表明，政府的退耕还林工程有助于促进非农就业，并能提高农民收入水平。李敏和姚顺波（2020）研究了村庄治理能力对农民收入增长的影响。张国林和何丽（2021）认为土地确权颁证保障了农民合法转让土地的权益，促进了农民收入增长。

1.3.2 金融发展与农民收入增长的相关文献

早在20世纪中期，Hasody就认为大多数农民属于小农，如果要提高他们的收入水平就应该通过政府发展和组织以小农为对象的贷款来实现，此后越来越多的经济学家先后对农业贷款、农户贷款在农村发展中的作用进行了分析（Nurkse，1953；Barla，1970；Todaro，1970；Rao et al.，1972；Adams & Vogel，1986；Binswanger & Khandker，1995；Mosley & Hulme，1998；Matin et al.，2005；Ang，2010；Weber & Musshoff，2012；Jasson et al.，2013），并阐述了金融手段促进农村经济发展的机理（Hayami & Ruttan，1971；Barro & Martin，1992；Reardon，1994；Gramlich，1994；Garcia - Mila，1996；Yaron，1997；Poulton，1998；Darrat，1999；Claessens，2006；Fan et al.，2008；Monke，2010）。Claessens（2006）认为金融发展是解决现代经济中贫困问题的重要手段，农村金融发展提高了农村资源配置效率，是促进农民收入增长的重要途径。Galor et al.（2006）对埃塞俄比亚的研究表明，信贷资金是平滑消费、减少贫困的重要因素。农村金融市场向农民提供资金支持，增加了化肥和拖拉机的使用，提高了农业生产率，促进了农民收入增长，大大减少了农村地区农作物营养不良的现象。农业信贷能够促进农村资本形成（Monke，2010），促进农业经济增长和农民增收（Kehindle，2012）。高东光和高远（2017）认为农村金融是农村经济发展所需资金的重要来源和保障，是发展农村经济的重要支撑。刘玉春和修长柏（2013）利用我国1980—2011年的时间序列分析表明，农村金融发展显著促进了农民收入增长。王小华（2015）利用我国省级面板数据的分析也得出类似的结论。吕勇斌和赵培培（2014）利用我国2003—2010年30个省份的面板数数据分析表明，农村金融规模可以减缓贫困，但是金融效率提升没有起到缓解贫困的作用。华东等（2015）利用2001—2009年的省级面板数据分析表明，农业贷款的增加有利于促进东、中部地区农民收入增长，对西部地区农民收入的增长效应不明显，农户贷款存量的增加能够显著提高农民收入水平。黄寿峰（2016）采用空间面板分位数分析表明，农村金融只有高分位点对农民收入增长具有促进作用。张旭光和赵元凤（2016）基于内蒙古奶牛养殖户的问卷调查研究表明，参加奶牛保险能显著促进养殖户收入增长。阮贵林和孟卫东（2016）基于省级面板数据的研究表明，农业保险能够显著促进东、中部地区农民收入增长，对西部地区农民的收入增长效应不明显。Wang et al.（2018）认为中国农村居民普遍面临信贷约束，信贷对农民收入增长的影响存在显著的阶层差异，收入较高的农民更有可能获得银行信贷，继续增加收入，而收入较低的农民更有可能因为缺乏资本积累而陷入贫困的恶性循环。曹瓅等（2019）的研究表明，农地经营贷款显著促进农民总收入和农业收入的增加。石文香和陈盛伟（2019）的研究表明，农业保险对农民收入增长的影响表现出门槛效应特征。黄颖和吕德宏（2021）的研究表明农业保险通过农业投资和技术进步促进了农民收入增长。温涛和王佐滕（2021）认为农村金融多元化促进了农民收入增长。

也有很多研究表明发展中国家缺乏完善的金融体系，其农村金融的配置效率是无效的。贾春新（2000）认为我国金融发展仅仅是通过金融资产规模的增长重新分配社会财富，对提高金融资源配置效率和居民收入增长没有积极作用。温涛和王煜宇（2005）认为农村金融发展抑制了农民收入增长。刘旦（2007）分析了我国1978—2004年的时间序列数据，研究结果表明农村金融效率与农民收入增长呈负相关关系。余新平等（2010）分析了我国1978—2008年的时间序列数据，结果表明农村存款、农业保险赔付促进了农民收入增长，农村贷款、农业保险费收入和乡镇企业贷款抑制了农民收入增长。周稳海等（2014）基于系统 GMM 的估计结果表明农业保险对农民收入的正向促进作用较小。王小华（2015）、雷菜等（2016）认为我国农村金融体系效率水平较低，金融资源配置失衡，农村金融的低效率抑制了农民增收，加剧了农民贫困，拉大了城乡收入差距。

1.3.3　数字金融与农民收入增长的相关文献

受多重因素的影响，农村地区（特别是在经济发展相对落后的省份的农村地区）一直是我国传统金融发展的短板，金融的有效供给不足成为制约农民收入增长的重要因素。数字金融以无与伦比的地域穿透力为"三农"以可负担的成本获取金融服务提供了条件，弥补了适量的金融服务供给缺口，成为实现农村普惠金融发展的重要突破口，为农村经济发展和农民收入增长注入了新的动力。数字金融发展能够有效满足农村最下层用户的金融服务需求，使我国农村普惠金融发展面临新契机。Babcock L H

（2015）认为数字钱包的使用降低了农民的安全风险及交易成本。此外，参与数字金融可以提供客户身份验证（KYC），通过大数据挖掘，为农民计算替代信用评分，以帮助他们获得信贷资金。Uduji et al.（2019）认为电子钱包技术有利于尼日利亚小农获得更多的融资支持，形成有利于小农发展的环境。何婧和李庆海（2019）使用微观调研数据的研究结果表明，数字金融通过缓解信贷约束和信息约束、强化农户社会责任三条渠道促进了农户创业，提高了创业绩效。陈丹和姚明明（2019）基于2011—2015年31个省（自治区、直辖市）的面板数据，运用固定效应和随机效应模型分析，结果表明数字普惠金融对农村居民收入具有显著的正效应。刘丹等（2019）利用同样年份29个省（自治区、直辖市）的面板数据，采用空间计量模型分析，结果表明数字普惠金融对农民非农收入增长具有显著的空间溢出效应。任碧云和李柳颖（2019）基于京津冀地区2 114个农村居民的调查数据研究表明，数字支付、数字借贷和数字服务可得性有助于促进农村包容性增长。何宏庆（2020）认为数字金融有助于促进乡村产业融合发展。吴寅恺（2020）认为实现脱贫攻坚与乡村振兴的有效衔接需要根据农村金融需求变化，发挥金融科技的积极作用。星焱（2021）认为数字金融能够降低交易成本，支持农村数字经济增长。此外，有研究表明数字普惠金融能够缩小城乡收入差距（宋晓玲，2017；张子豪、谭燕芝，2018；夏妍，2018；陈啸、陈鑫，2018；张贺、白钦先，2018；梁双陆、刘培培，2018、2019；马威、张人中，2021），缓解农村贫困问题（孙继国 等，2020；陈慧卿 等，2021；周利 等，2021）。

1.3.4　文献评述

综上所述，国内外关于农民收入增长的影响因素以及金融发展与农民收入增长关系的理论及应用研究成果已经较为丰富，为本书探索数字金融影响农民收入增长的作用机制提供了理论借鉴和逻辑起点，他们较为成熟的实证研究方法和计量手段值得学习。这些研究普遍认为加快农村剩余劳动力转移、加速农村人力资本积累、促进农业技术进步、推进农业规模化产业化经营、调整国家发展略、加大财政金融支农力度、强化农村基础设施建设、深化农村体制改革可以促进农民收入增长。尤其是发达国家在工业化进程中通过促进农村教育发展、农业技术进步、农村劳动力有序转移，进而确保农民收入增长与国家现代化同步推进的制度建设和政策措施给我国农民收入增长的政策安排提供了重要参考。应该说这些研究在当时的社会经济发展条件下找准了促进农民增收的方向，明确了目标，具有较强的现实应用价值。

随着社会经济转型发展，我国农民收入增长和农村经济发展面临新的社会经济环境，需要解决新的问题，这为研究农民收入增长和农村经济发展增添了新的内容，同时新的研究方法及研究材料也不断完善，为开展研究工作提供了新的应用工具和解决方案。当前数字金融发展日新月异，并带动新的商业模式的快速发展，以数字金融为核心的数字经济无论是对金融体系变革还是对社会经济系统演化都产生了深远的影响。深入研究数字金融对农民收入增长的作用机制及增收效应，并构建能促进农民收入持续稳定增长的数字金融政策体系，能促使农村居民在数字金融、数字经济发展中获取更多的收益，这对丰富数字金融发展理论的研究成果、缓解相对贫困、缩小收入分配差距、实施乡村振兴战略、推进"双循环"战略、实现2035年"全体人民共同富裕取得更为明显的实质性进展"的远景目标等均具有重要的理论价值和现实意义。

现有文献已经关注到数字金融与农民收入增长的正向联系，但是缺乏较为严谨的应用模型分析。研究视角、研究内容及研究方法较为单一，使得数字金融促进农民收入增长的作用机制及影响效应并未得到有效揭示和验证，因此无法明确数字金融促进农民收入增长和收入结构优化的作用机理，也不能因时因地地提出有效、可行的政策选择。我们应该认识到数字金融促进农民收入增长受到一系列客观条件的影响，政策目标的设定应该充分考虑各种约束条件，把握好时间异质性、个体异质性、空间异质性，政策研究应该特别强调可操作性和具体性，兼顾现实性与前瞻性。本研究将从中国社会经济的现实背景出发，用全新的视角、思路、理论、方法和技术手段，揭示和探索数字金融促进农民收入增长的作用机制及实际效果，结合数字金融和农民收入增长的未来趋势，提出能促进农民收入持续稳定增长的数字金融政策措施。

1.4　研究方法与数据

1.4.1　研究方法

借鉴金融中介理论、金融发展理论、经济增长理论及网络经济理论的研究成果，运用定量分析与定性研究相结合、理论分析与实证分析相结合、宏观分析与微观分析相结合的方法探索数字金融影响农民收入增长的作用机制及影响效果。其中涉及的主要研究方法如下：

（1）文献研究法和逻辑推演法。通过大量查阅金融发展、农村金融、数字金融、普惠金融、经济增长和农民收入增长等方面的文献归纳农民收入增长的影响因素、金融发展与农民收入的关系、促进农民收入的政策措施，进而通过逻辑推演探索数字金融影响农民收入增长的作用渠道，掌握现有的研究理论和研究方法，为后续实证分析和政策研究奠定理论依据。

（2）演绎与归纳分析法。采用数理模型分析数字金融对农户创业活动的影响，充实本书研究的数理及微观基础。根据现有文献资料分析农民收入增长的影响因素，根据金融理论、数字金融的相关原理归纳和提炼数字金融影响农民收入增长的作用机理，结合研究结论和实际情况提出推动数字金融发展、促进农民收入增长的政策建议。

（3）宏观计量与微观计量法。在检验数字金融发展影响农民收入增长的宏观效应时采用宏观计量方法，如面板工具变量法、面板广义分位数估计等。使用中介效应模型对传导作用机制进行检验，采用面板门槛模型对门槛作用机制进行识别，采用空间面板模型对空间溢出效应进行识别。在检验数字金融影响农民收入增长的微观效应及作用机制时采用微观计量方法，如 OLS、2SLS、PSM、分位数回归、Probit、IV-probit 模型等。这些计量检验为理论分析提供了经验证据，为政策研究夯实了实证基础。

1.4.2　数据来源

本书使用的数据主要来自国家法定或其他权威数据资料。其中主要包括以下两个方面：

（1）统计年鉴、统计公报、统计报告和研究报告。统计年鉴包括《中国统计年鉴》（1981—2020）、《中国金融年鉴》（1986—2019）、《中国财政年鉴》（1992—2019）、《中国农村统计年鉴》（1985—2020）、《中国证券期货统计年鉴》（1996—2019）、《中国人口与就业统计年鉴》（1988—2020）、《中国劳动统计年鉴》（1989—2019）、《中国城市统计年鉴》（1985—2019）、《中国农村住户调查年鉴》（1992—2010）、《中国住户调查年鉴》（2011—2020）、《新中国 60 年统计资料汇编》、《中国农村贫困监测报告》以及各省历年统计年鉴。统计公报、统计报告和研究报告的来源包括《国民经济发展和社会统计公报》《中国农村金融服务报告》《金融机构贷款投向统计报告》《区域金融运行报告》《中国互联网络发展状况统计报告》《消费者金融素养调查报告》《中国普惠金融指标分析报告》《农民工监测调查报告》等。

（2）重要数据库及网站。重要数据库包括万得数据库、CFHS 数据库、EPS 数据平台、北京大学数字普惠金融指数（2011—2018）、中国银行业互联网金融转型指数（2010—2014）等。重要网站包括中华人民共和国国家统计局（http://www.stats.gov.cn）、中国人民银行网站（http://www.pbc.gov.cn）、国家金融监管总局网站（http://www.cbirc.gov.cn）、中华人民共和国农业农村部网站（http://www.moa.gov.cn）、中国互联网信息中心网站（http://www.cnnic.net.cn）、中国互联网金融协会网站（http://www.nifa.org.cn）、各省统计局网站，网贷之家（https://www.wdzj.com）等。

1.5　研究内容与路线

1.5.1　研究框架

本书分为 8 个部分对数字金融影响农民收入增长的作用机制及影响效应进行深入探讨。各部分的具体内容如下：

第 1 章是导论。该部分主要介绍研究的背景，提出了研究的科学问题，并阐述了研究的目标及意义、国内外研究现状、研究的主要内容、研究方法、研究框架和技术路线安排，最后总结论文的创新之处及存在的局限，并为后文解决这些局限打下基础。

第 2 章是理论回顾与借鉴。该部分主要介绍与研究相关的金融中介理论、金融发展理论、经济增长理论、网络经济理论，并进行理论评述。这些理论研究对于加深数字金融与农民收入增长关系的认识具有理论借鉴及指导意义，有助于本书深入挖掘数字金融与农民收入增长的关系，为解决本书的研究问题提供了方向和理论支撑。

第 3 章是理论框架及研究假说。该部分主要对农民收入增长与数字金融的概念进行界定，进行机理分析并提出研究假说。在核心概念界定的基础上讨论，从经济增长和农户家庭创业的视角讨论了数字金融影响农民收入增长的间接作用机理，分析了数字金融影响农民收入增长的直接作用机理、非线性作用机理与空间溢出机理。最后提出了本书的研究假说，为后续的实证研究提供理论基础。

第 4 章是总体效应分析。该部分主要利用省级面板数据，采用面板固定效应、工具变量法、分组回归等方法检验数字金融对农民收入增长及农民收入结构的影响效应，以及数字金融在不同区域和不同收入分位数对农民收入增长的影响差异。

第 5 章是数字金融影响农民收入增长的非线性及空间溢出效应。首先，采用面板门槛模型、面板半参数模型、固定效应模型分析数字金融发展影响农民收入增长门槛效应；其次，采用面板门槛模型分析数字金融影响农民收入增长的人力资本门槛效应；最后，采用空间杜宾模型分析数字金融发展影响农民收入增长的空间溢出效应。

第 6 章是数字金融影响农民收入增长的作用机制分析：经济增长渠道。首先，建立经济增长模型分析数字金融发展对经济增长的影响，采用虚拟变量法分析不同社会经济条件下数字金融对经济增长影响的异质性差异。其次，建立中介效应模型分析数字金融通过经济增长渠道对农民收入增长的影响。

第 7 章是数字金融影响农民收入增长的作用机制分析：农户创业渠道。首先，采用 OLS、2SLS、PSM 分析农户数字金融行为对农户家庭总收入增长及收入结构的影响，并从社区层面分析农户数字金融行为外溢效应。其次，采用 Probit、Iv-probit、OLS、2SLS 分析数字金融对农户家庭创业选择、创业绩效以及非农业就业的影响，以讨论数字金融对农户家庭收入增长的作用机制。

第 8 章是研究结论与政策建议。该部分主要是提炼研究结论，依据研究结论提出切实可行的政策建议，并对后续研究进行展望。

1.5.2 技术路线

本书研究严格遵循理论研究、实证研究和对策研究的应用经济学逻辑思路。理论研究是本书研究逻辑起点，实证研究是对理论研究的检验也是确保理论研究能够应用于实践的关键环节，对策研究是本书研究的价值归宿，体现出本书研究的宗旨。本书研究的技术路线如图 1.1 所示。

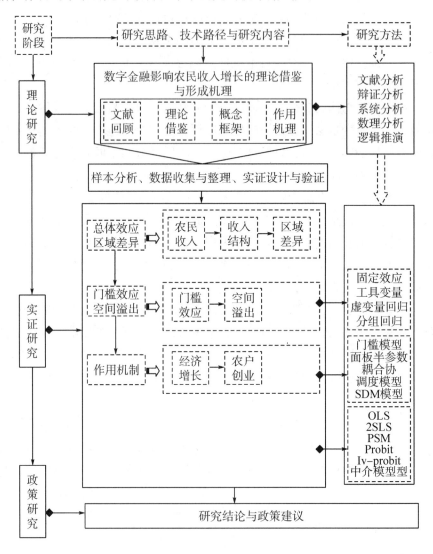

图 1.1 研究的技术路线

1.6 研究创新与局限

1.6.1 研究创新

数字金融已经成为学术界和实务界关注的热点问题之一，其对社会经济发展的重要意义已经受到广泛关注。相较于城市，我国农村社会经济发展严重滞后，农民持续稳定增收亟待寻求新的增长动力。本书从数字金融的视角切入，探索数字金融促进农民收入增长的作用机理，运用恰当的方法论证二者的关系。与现有的文献相比，本书的创新之处在于：

（1）研究视角方面。本书从宏观和微观两个层面分析数字金融对农民收入增长的作用机理并进行实证验证，现有研究通常仅从某一个层面来展开分析。宏观层面，从赋能实体经济的角度讨论数字金融通过经济增长效应对农民收入增长的影响，并逐步检验经济增长对农民收入增长的传递路径。研究结果表明，在样本期内，经济增长主要通过农村人口向城市转移来促进农民收入增长。微观层面，从支持农户家庭创业的视角讨论了数字金融对农户家庭增收的影响。研究结果表明，数字金融促进了农户家庭创业活动，尤其是机会型创业活动，并提升了创业绩效，从而促进了农户家庭增收。现有文献关注到数字金融对自雇型就业和受雇型就业的影响，但是很少从微观视角进行考察。本书比较了数字金融对创业家庭和非创业家庭就业活动的影响。结果表明，数字金融对非创业家庭的非农就业影响力度更大，即相对于自雇型非农就业，数字金融对受雇型非农业就业的促进作用更大。

（2）研究内容方面。很少有文献对没有使用数字金融的家庭能否从数字金融发展中获得好处进行考察，本书从社区层面考察了数字金融发展水平对不使用数字金融家庭的溢出效应。研究结果表明，社区数字金融水平对农民家庭收入、农民家庭创业及非农就业均有正向的溢出效应。关于数字金融对贫困户和非贫困户收入增长的影响，目前关注的文献也较少。本书比较了数字金融对贫困户和非贫困户的增收效应，结果表明数字金融的使用促进了非贫困户家庭增收，但是对贫困家庭的增收效应不显著。现有文献关注到数字金融对非农收入增长的影响，但是关于数字金融影响农业收入增长的研究文献较少。本书分析了数字金融对农业收入和非农业收入增长的影响，结果表明数字金融促进了农户非农业收入增长，抑制了农业收入增长。

（3）研究方法方面。本书将面板门槛模型、二次项面板模型及面板半参数模型结合起来以研究数字金融影响农民收入增长的非线性效应，将面板门槛模型与交互耦合协调度模型结合起来以研究数字金融的人力资本门槛效应。本书在研究数字金融农户增收效应时使用了 OLS、2SLS 及 PSM 模型，而现有研究在处理同类问题时通常只考虑了一种或者两种方法，本书尽可能将这些方法结合起来，以增强研究结论的可靠性。

1.6.2　存在的局限

当前数字金融实践正在全球范围内蓬勃发展，相关的理论研究并不成熟，本书的研究可能存在以下局限。

（1）受到数据可得性的影响，本书使用的微观数据主要来自于中国家庭金融调查（CFHS），田野调查可能存在不足。宏观数据方面，限于数据可得性，本书使用的数字金融数据主要基于"北京大学数字普惠金融指数"，缺乏传统金融机构数字化转型的系统数据和乡村数字金融发展水平的系统数据，随着相关数字金融数据库的健全，可以进行更加深入和全面的研究。

（2）数字金融发展还未经历一个完整周期，很多问题尚未完全暴露。虽然本书已经根据社会经济及技术变革的走向对未来趋势进行预判，但分析结论和政策建议依然存在前瞻性不足的问题，在后续研究中需要及时关注最新动态，对当前未能预见问题提出可行的解决方案。

（3）数字金融对农民收入增长的作用渠道是多方面的，有些作用渠道对农民收入增收的影响可能是负面的，虽然本书也有讨论数字金融风险、数字鸿沟产生的金融排斥等可能对农民收入增长产生的负向作用，但依然未能面面俱到。

2 理论回顾与借鉴

研究数字金融与农民收入增长的相关问题，首先应对前人的研究进行回顾和梳理，借鉴成功的经验。数字金融是通过互联网等新一代数字技术提供的金融服务，是金融服务与数字技术相互融合的新兴金融模式。数字金融本质上依然是金融，但更强调数字技术在金融服务中的应用。金融作为现代经济的核心，既可以通过影响使用者的行为选择，进而对其收入增长带来影响，也可以通过影响其他人的行为选择甚至影响宏观经济的运行结果进而对社会个体产生影响。因此，与本书研究相关的金融中介理论、金融发展理论、经济增长理论、网络经济理论可以为本书研究数字金融影响农民收入增长提供理论借鉴。本章对这些理论进行回顾，并讨论其对本书研究的借鉴意义。

2.1 金融中介理论

金融中介是现实金融体系运行中最重要的微观载体。社会经济主体的金融交易活动依靠金融中介来完成，金融体系的变迁也通过影响金融中介来实现。在现代市场经济中，储蓄向投资转化，围绕金融中介来展开，金融中介成为储蓄—投资转化过程中的基础性制度安排，这也使得金融中介成为现代经济活动的中心。金融中介理论是研究金融中介存在性的理论，是现代金融理论中最基础的部分。早期的金融中介理论关注交易成本和信息不对称，后来逐渐强调金融中介对风险管理、参与成本和价值增加的影响。数字金融本质上仍然是金融，属于金融中介的范畴，能够降低交易成本、缓解信息不对称、强化风险管理。因此，本小节主要从交易成本、信息不对称、风险管理三个角度对相关理论进行回顾。

2.1.1 交易成本理论

交易成本的存在是金融中介广泛存在的现实基础。Tobin（1965）认为金融中介组织专门从事金融活动，可以通过规模效应节约交易成本。Fama（1980）进一步指出，金融资产技术的不可分割性和非凸性导致完美的金融市场在现实中不复存在。相对于经济个体单独进行的一对一金融交易，金融中介的参与能够显著降低金融交易成本，这为金融中介专营金融活动提供了理论依据。从社会资金的整体配置情况来看，金融中介有助于提高储蓄和投资水平，并提高了经济主体在各种投资机会间分配资源的效率。金融中介通过金融交易的规模效应和范围经济，在固定成本不变或者缓慢增加的情况下，减少平均交易成本，进而降低总成本。由此可见，提高金融中介的市场份额和扩大经营范围对降低交易费用来说至关重要。除此之外，金融中介通过协调各方不同的金融需求，并利用"中介技术"创造出更多的金融工具和金融业务，进而扩大规模，降低交易成本。数字金融依托互联网等数字技术提供在线金融服务，数字技术使得金融机构突破了依靠物理网点和业务人员发展金融业务的局限，并大大缩短业务流程，减少交易环节，降低了金融交易成本，有效提高了金融服务效率。互联网增强了消费者学习金融知识的便捷性和针对性，并扩大了消费者的认识边界，一站式的多种金融业务的筛选和比较也降低了金融消费者的交通成本与时间成本。数字金融利用技术优势，在覆盖同样人群的时候，相比传统依靠网点扩张金融业务的模式，其成本显然要低很多。特别是随着移动互联网的发展，数字金融拓展业务范围的边际成本逐渐趋近于零。依托新兴的数字技术，金融机构能够实时监控和动态分析客户的行为特征，能够根据用户信用的动态变化及时做出恰当反应，有利于提高金融机构的风险定价与风险管控能力，降低金融服务的获客、监督、风控成本，并增强有效性。根据全球普惠金融合作伙伴组织（GPFI）的调查，采用电子化方式发放政府性资金的项目每年可以节约 13 亿美元。蚂蚁金融根据海量的用户量交易数据，结合用户行为特征对其进行信用评分，据此作为核定信用额度、发放小额贷款的依据。这使得这些过去难以在正规金融机构获得贷款的用户可以便捷地获得贷款，同时操作成本大幅度下降。在传统信贷条件下，单笔信贷的操作成本高达 2 000 元，而蚂蚁微贷的单笔操作成本仅 2.3 元

（贝多广、李焰，2017）。此外，相较传统金融模式，蚂蚁微贷的审批周期大为缩短，贷款不良率大幅降低，客户承担的实际贷款利息率也大幅下降，并节省了传统金融模式下需要支付的巨额隐性成本。数字技术在征信领域的应用也加大了征信行业的竞争，极大降低了征信成本。

2.1.2　信息不对称理论

20世纪70年代，金融中介理论研究的热点是利用信息不对称来解释金融中介存在的原因。Johnson和Hirshleifer（1970）提出，信息生产者将有价值的信息卖出后并不能保证信息被再次转卖或分享，围绕信息生产和转卖问题激发了金融中介的产生。Brealey et al.（1977）认为金融中介能够降低信息不对称，克服可信度问题。Campbell和Kracaw（1980）指出金融机构存在的原因在于可以生产潜在的投资信息，而这些信息在资本市场不能有效地生产出来。Boyd和Prescott（1986）研究发现，金融机构之间可以成立代理联盟以评价自己的投资项目，或者为投资者提供组合报价并从中获取收益。数字金融能够促进交易主体信息共享，降低信息不对称。数字金融依托互联网的便利性，通过汇聚、挖掘互联网产生的海量交易数据并结合其他用户行为特征，能够实现对用户信用评级的精准判断。通过大数据、深度学习、人工智能等技术挖掘用户数据，能够实现金融服务精准营销。通过实时监控和动态分析客户的行为数据，动态评估和调整用户信用评级，并根据信用评级变化及时做出反应，可以提高贷款全流程监督和监控的有效性。大数据信用评分技术降低了信息不对称程度，进而降低道德风险和减少逆向选择。大数据信用评分技术涉及"大数据采集"和"大数据分析"。"大数据采集"是运用大数据技术采集多源数据，除了传统银行征信系统的数据信息，还包括授信对象的社会关系、行为数据、地址信息等其他用户信息，从深度和广度上尽可能挖掘授信对象的信用信息。基础数据主要来自三个方面，分别是：①第三方合作伙伴提供的数据，既包括银行信贷及信用卡等传统结构化数据，也包括搬家次数、法律记录、缴税记录等非结构化数据；②用户授权数据，如电话账单、水电煤气缴费记录、调查问卷记录等；③互联网公开数据，如IP地址信息、用户搜索行为、社交网络数据，这些数据可以反映出用户的性格和行为特征，有助于深度挖掘借款人的信用状况，评估其信用风险。"大数据分析"是对海量原始数据进行分布式自动挖掘，通过数学模型提取原始数据的特征变量并形成不同特征值，然后根据设定的规则得出用户信用评分。大数据采集和分析产生的多维数据能够反映借款人的还款能力和还款意愿等"软信息"，与财务报表、银行征信、抵押资产等"硬信息"相结合，能够精准评估用户的信用状况。此外，人工智能的运用能够对用户的经济活动和金融行为进行实时监控并动态评估其信用变化情况。用户信用的准确评估和动态监测能够降低事前信息不对称产生的逆向选择和事后信息不对称产生的道德风险。

2.1.3　风险管理理论

作为经营风险的企业，根据用户信息对风险进行甄别并进行定价是金融机构的重要任务。Allen 和 Santomero 等学者（1996）认为原有金融中介理论的视野过于狭隘，这些研究过分关注金融中介在处理交易成本和信息不对称方面的作用。但事实上金融中介是风险转移、处理日益复杂的金融工具和市场难题的推进器。Morton（1989）指出金融中介具有以最低的成本在不同市场参与者之间配置风险的能力。金融机构通过各种金融创新活动，创造了大量的合成资产，其业务日渐集中于风险的交易和各种金融合约拆分和捆绑。Scholtens 和 Wensveen（2000）明确指出，风险管理从一开始就是银行的核心业务，银行总是持有并管理风险资产。Shiller（2013）认为人们通常由于惧怕失败而产生心理障碍，现代金融方案通常都能够帮助他们应对此类风险，并提出了全新的风险管理框架以保护国民财富。在这套框架中，金融有助于实现好的社会目标，个人不会因为技术进步而失业，家庭不会因为经济环境变化而遭受威胁。此外，Allen 和 Santomero（1996）认为降低参与成本是金融中介的重要任务。随着金融创新活动的频繁发生，金融工具越来越复杂，增加了市场参与者学习和掌握某种金融工具所花费的时间成本，提高了普通金融消费者参与金融风险交易和风险管理的难度。伴随着上述固定成本的增加，普通投资者的最佳选择仍然是选择持有有限的风险资产（Brennan，1975）。而金融中介机构可以利用专业优势及规模经济，代理普通投资者进行风险交易和管理，从而大大减少参与成本。数字技术改变了金融业务的表现形态，剥去技术的外衣，数字金融业务所面临的风险依然是传统金融业务所面临的风险，但是由于数字金融业务具有小额高频、客群下沉、开放合作、网络化等特点（杨兵兵，2020），所以数字金融业务的风险特征发生了变化。信用风险、操作风险、流动性风险在数字化条件下明显加大，传染性更强。数字技术增加了金融机构控制风险的难度，同时也提供了新的风险防控手段，提高了风险防范的能力。主要体现在三个方面：①大数据风控。通过多维数据甄别用户信用进而做出业务选择。②智能风控。运用人工智能等数字技术，提高风控精准性，推进差异化风控发展。③实时风控。实时监控及数据的高速传输驱动了实时风控的应用，提高了风控效率。

2.1.4 简要评述

交易成本和信息不对称是金融中介理论的两大基石（王海军和赵嘉辉，2015），降低交易成本和减少信息不对称是金融中介存在和发展的基础。就中国传统金融组织来说，分散的经济主体增加了金融机构提供金融服务的业务成本和管理成本，也提高了风险管理的难度。小微企业、农村居民的小额高频金融需求与大中型企业、城市居民的大额高频金融需求存在显著差异，金融业务表现出低收益、高成本、高风险的特征。在缺乏正规的银行信用记录、规范的财务数据、合格的抵押资产、政府担保的情况下，依靠传统信贷技术很难对用户的信用水平做出准确判断。在严重的信息不对称下，金融机构对小微企业、农村地区提供金融服务的风险和成本要远远高于大中型企业及城市居民。金融机构在服务小微企业、农村地区时，存在获客难、信息不对称以及风险高等问题。数字金融的兴起使得金融机构降低了交易成本和信息不对称，提高了风险防控能力，降低了金融服务门槛，有助于将金融服务下沉到小微企业、农村地区等传统金融弱势群体，提高其自我发展的能力。但是日益复杂甚至是风险极高的金融产品也提高了普通金融消费者学习和掌握金融工具的参与成本。另外，数字金融也加速了金融脱媒，对传统的银行、证券、保险等发起了挑战。对于如何科学分析评价当前数字金融引起的金融组织、金融产品、服务方式等方面的变革，金融中介理论提供了较好的理论借鉴。

2.2 金融发展理论

金融发展理论主要研究金融发展与经济发展的关系。尽管金融的作用很早就被人们意识到，但是直到 20 世纪 30 年代，金融体系在现代经济中的重要作用才逐渐引起人们的关注（韩玲惠，2003），20世纪中后期才形成较为系统全面的发展理论。20世纪30年代的大危机给全球经济造成巨大冲击，货币总量和利率水平进入金融研究的视野，但是对金融体系的关注依然不够。二战以后，随着全球殖民体系的瓦解，亚非拉等广大地区的殖民地和附庸国纷纷走向独立，广大发展中国家的经济发展问题成为西方经济学研究的热点，发展经济学随之兴起成为一门综合性的经济学分支学科。西方经济学者为促进发展中国家摆脱贫困、走向富裕，开始研究发展中国家金融制度落后、经济增长缓慢的原因，开辟了以研究发展中国家金融发展与经济发展为特征的金融发展理论（温涛，2005）。Gurley和Shaw（1955，1956）连续发表了《经济发展中的金融方面》《金融中介机构与投资—储蓄过程》两篇重要文献，分析了金融在经济中的作用，开启了这一领域的研究，其后金融发展理论不断丰富和完善，代表性的理论包括金融结构理论、金融抑制与金融深化论、金融功能理论、普惠金融理论等。

2.2.1 金融结构理论

Goldsmith（1969）研究了35个国家长达百年的金融发展历史，通过纵向和横向的国际比较研究，提出了金融结构理论，奠定了传统金融发展理论的基础（陈晓枫、叶李伟，2007）。在Goldsmith的著作《金融结构与金融发展》中，他把金融现象归纳为金融工具、金融机构、金融结构三个方面，发现这些国家的金融发展具有规律性的趋势，除非受到战争和通货膨胀的影响，否则很少有国家偏离这条道路，并指出金融发展就是金融结构的变化和演进，金融发展可能影响经济发展，研究金融发展就是研究金融结构的变化过程和趋势，指出了金融发展与经济发展关系问题的重要性及研究方向。金融结构理论从研究方法到基本结构对后续金融发展问题的研究产生了深远的影响。Goldsmith认为金融结构由金融工具和金融机构组成，其中金融工具包括债权债务凭证及所有权凭证，金融机构则是专门经营金融工具的企业。为了进行定量研究，Goldsmith提出了衡量一国金融结构和金融发展水平的存量和流量指标。这些指标主要包括经济中金融资产与实物资产的比值，金融工具中资产和负债的分布结构，金融机构和非金融单位中的金融资产分布特征，经济部门中金融资产和金融负债的重要性。其中，最为经典的指标是金融相关率，它是全部金融资产与全部实物资产的比值，能够衡量金融发展程度，其变化反映了金融上层建筑与经济基础在总量上的变化关系。比较各国金融相关率及经济发展特征可以发现，金融体系越发达，金融相关率越高。随着经济发展水平提高，金融相关率会逐步提高并作为经济发展阶段的一个尺度。Goldsmith 特别强调金融发展对经济发展的积极作用，认为金融活动导致了经济活动中的储蓄和投资主体分离，而完善的金融工具和金融机构明显促进了这一过程，进而有助于加速资本形成并提高整体资金的投资收益，促进经济增长。金融上层建筑为资金转移提供了便利，高效、充分竞争的金融体系会保证资金首先投向风险小、收益高、回收期短的地区、部门、行业和企业，进而提高稀缺资源的配置效率、经济运行效率，加速经济增长。Goldsmith 确立了研究金融结构与金融问题的基本分析框架，为后续金融发展理论的研究奠定了坚实的基础。

2.2.2　金融抑制与金融深化理论

Gurley 和 Shaw（1955）提出经济发展是金融发展的前提和基础，金融发展是经济发展的动力和手段，但是他们的研究对象仅限于发达国家。Mckinnon（1973）和 Shaw（1973）将这方面的研究进一步扩展到欠发达国家，在批判传统货币理论和凯恩斯主义的基础上，分别提出了"金融抑制论"和"金融深化论"。他们认为发展中国家存在着普遍的金融抑制问题，主要体现为金融结构二元化问题严重，货币化程度低，金融市场落后，金融体系效率低下，政府对金融利率及汇率进行了严格管制。政府对金融活动的干预使得资金价格扭曲，难以反映真实的市场供求，造成信贷资源供不应求，从而产生信贷配给。由于信贷资金的投向往往受到政府偏好的影响，金融体系配置资源的功能受到损害，从而不利于经济增长。解决这一问题的办法是消除金融抑制，实现金融自由化。Mckinnon 和 Shaw 认为金融发展对经济增长能起到促进作用，也能起到阻碍作用，关键在于政府的金融政策和金融制度。现实中很多发展中国家选择实施抑制性的金融政策和金融制度，政府强制干预金融活动、人为压低利率和汇率、执行信贷配额、实行严格的资本管制，这些原因导致金融体系发育不全，金融体系与实体经济长期停滞。金融深化的核心在于减轻政府对利率和汇率的管制程度，让市场决定资本的价值，即实现利率市场化、资本自由流动。如果利率实现自由化，作为资本价格的利率能够很好地反映出资本这种要素的稀缺程度。资本在市场机制的调配下能更好地被分配，金融体系能够更好地服务实体经济。麦金农修正了哈罗德-多马模型，用以说明金融深化对经济增长的贡献。哈罗德-多马模型认为实际产出的增长率与产出资本比及储蓄倾向具有正相关关系，麦金农认为储蓄倾向是关于经济发展程度及金融深化的函数。一方面消除金融管制会提高储蓄率，增加实际产出；另一方面，实际产出的增加会提高储蓄率，形成经济增长与储蓄相互促进的良性循环机制。

在 Mckinnon 和 Shaw 提出金融抑制与金融深化理论之后，一些经济学者继续拓展金融发展理论的研究框架，在吸收现代经济学研究成果的基础上，从不同的角度补充和丰富了 Mckinnon 和 Shaw 的理论（刘逖，1997），并建立宏观经济模型对金融抑制与金融深化理论进行扩充和实证研究，扩大了理论的分析视野和政策适用范围。Kapur（1976）研究了封闭经济体中的金融深化，摒弃了实际货币与实际资本的互补性假说，通过研究金融机构向生产性企业提供流动性资金的过程来说明金融发展对实体经济增长的影响。Kapur（1983）还将封闭模型扩展到开放经济，认为大幅汇率贬值政策将导致过度的短期资本大量流入。Galbis（1977，1982）基于不同技术水平的两部门模型从投资质量的视角分析了发展中国家的利率政策，他认为利率上升使得技术落后的部门存在内部融资现象，技术先进的部门则可以获得金融机构融资支持。金融机构的作用就是为两种部门间的资金转移提供便利，由于两种部门之间的投资收益率存在差异，金融部门通过引导金融资源的跨部门转移促进了实体部门的经济增长。Fry（1978）建立了动态金融发展模型研究通货膨胀与经济增长的关系。Fry 指出低利率引起的信贷资金过度需求将导致金融资源的非价格配给并进而产生经济扭曲，提高利率将会挤出低效率投资者，从而提高资源配置效率。Mathieson（1980，1983）考察了金融深化对投资数量的影响，认为利率上升将有助于消除信贷配给，适度的资本流入也有利于降低信贷配给，从而扩大投资数量。Horioka 和 Kindleberger（1984）提出金融阻滞论，论证了金融发展对经济发展的阻碍作用。Horioka 和 Kindleberger 认为发展中国家普遍存在金融抑制的现象，较低的货币化程度和低效率的金融机构阻碍了经济结构的调整和改革，因此，金融发展阻碍了经济发展。Molho（1986）提出了消费与投资的三阶段生命周期模型，Takao Fukuchi（1995）构建了由私营部门和公营部门组成的二元金融模型，从不同的角度对金融深化理论进行了补充和完善。金融深化理论一经提出便产生了极大的国际影响力，很多急于摆脱贫困陷阱的国家纷纷推行以自由化为导向的金融经济体制改革。但是在经历改革初期短暂的成功之后，这些推行自由化的国家在 20 世纪 80 年代末和 90 年代初大多相继发生金融危机，受到了通货膨胀和金融不稳定的威胁，国民经济受到沉重打击。针对金融深化理论与现实经济表现之间的矛盾，Mckinnon（1991）对金融深化理论进行了修正，提出了著名的金融自由化最佳顺序理论。

金融抑制理论认为政府对金融的干预扭曲了资金价格，不利于资源配置，从而阻碍了经济增长。但是该论断并没有得到东亚国家经济发展的经验支持。二战以后东亚经济得到快速发展，在这些东亚的发展中国家中或多或少都存在着金融抑制现象。根据金融抑制理论，这些国家存在严重的金融抑制，经济无法得到快速发展。但具有讽刺意味的是在那些推进自由化的国家，经济发展却面临重大问题。在此背景下，Hellmann、Murdock 和 Stiglitz（1990）将信息经济学理论引入金融分析，提出了金融自由化的一种新思路，也被称为"金融约束论"。他们认为，虽然金融抑制会阻碍经济发展，但是对发展中国家和转型经济体而言，在不具备金融自由化初始条件的情况下，盲目推进自由化不会取得预期的效果。他们从不完全市场的视角重新审视政府干预与金融深化之间的关系，强调政府在金融发展、金融稳定中的积极作用，认为合理的金融约束是金融自由化的必经阶段。金融约束的本质是通过政府干预为金融部门和民间部门创造租金，从而促进金融和经济发展。金融约束论为金融深化理论提供了新的分析框架，较好地总结了后进国家金融改革实践的经验和教训，被称为"金融深化的第三条道路"（帅勇，2001），为发展中国家的金融深化提供了新的路径选择。

2.2.3　金融功能理论

商业银行和金融市场是金融体系中的两种基本的金融组织形式，关于这两种金融组织形式的优劣，学术界曾经进行了持久的争论，并形成了银行主导论和市场主导论两大阵营。实际上，"银行主导型"与"市场主导型"金融体系是指融资的金融组织主体结构类型（白钦先，2005）。发展中国家金融发展面临构建以银行为主导还是以市场为主导的金融体系的现实选择问题。弄清楚以银行为主导的金融体系与以市场为主导的金融体系到底孰优孰劣，对发展中国家的金融发展的路径选择具有重要的现实意义。

支持银行主导论的学者认为金融中介具有以下几个方面的优势：首先，金融中介可以将储蓄在短期和长期投资之间合理分配从而减少流动性风险（Diamond & Dybving，1984）。其次，金融中介可以降低投资者搜寻和处理企业信息的成本从而有利于优化资源配置和加强企业控制，进而有利于经济增长（Diamond，1984）。最后，金融中介还可以降低跨期风险（Allen & Gale，2000），维持金融稳定。但是银行主导的金融体系也存在以下几个缺点：银行主导的金融体系不利于企业创新和新项目发展，在不确定的市场环境中银行效率可能不如金融市场，金融中介对企业的控制可能倾向于非效率性。

市场主导论的支持者认为金融市场具有以下几个方面的优势：证券市场规范的信息披露和活跃的兼并收购可以强化市场纪律、加强公司治理，进而提高资源配置效率（Scharfstein，1988），快速的证券交易降低了流动性风险（Levine，1991），公开股权有利于企业获取大规模长期资金（Holmstrom & Tirole，1993），分散的投资结构降低了风险分摊（Saint-Paul）。但是市场主导论也存在两个方面的不足：信息的外部性导致了投资者的搭便车问题（Stigliz，1985），且容易形成羊群效应；市场的高速流动性削弱了对企业的监控力度（Shleifer & Vishny，1986），加剧了企业内部人控制问题。

针对学术界对"银行主导型"与"市场主导型"金融体系孰优孰劣问题长期的争论，一些学者认为不应该把金融市场与金融机构对立起来，并提出了金融服务理论。Bodie 和 Merton（1995）在前人研究的基础上对金融功能进行系统研究，提出了金融功能理论。该理论认为，金融功能相比金融机构更具有稳定性，研究金融理论的分析框架应该集中在功能视角，而不是机构视角。根据该理论，金融的核心功能可以概括为 6 个方面：跨时空转移资源、风险管理、清算与支付结算、归集资源并细分股份、提供价格信息和解决激励问题。金融功能分析框架可以从金融体系、金融机构、金融活动、金融产品四个层面展开。Levine（1997）将金融功能归纳为资源配置和管理风险等 5 个方面，他认为金融系统提供的服务质量非常重要，金融结构安排对经济增长的影响可以忽略。La Porta et al.（2000）认为国家的法律体系是决定金融结构效率的关键因素，运行良好的法律体系有利于发挥金融中介和金融市场的功能。林毅夫等（2009）认为最优金融结构由经济发展阶段内生决定，在不同经济发展阶段，由于经济结构不同，从而形成对金融服务的特定需求。

2.2.4 普惠金融理论

20世纪80年代以来，在新自由主义的驱动下，全球金融活动快速扩张，金融业成为现代经济增长的主导产业。但是金融排斥现象在世界范围内普遍存在，与金融业的快速发展形成了强烈的反差。对现有金融体系缺乏包容性的反思使得普惠金融成为社会各界关注和讨论的热点问题。在国际组织和各国政府的推动下，有关普惠金融实践和研究取得了丰硕的成果。在早期的研究中，很多机构和学者在没有明确普惠金融内涵的情况下将普惠金融作为金融排斥的对立概念加以使用，如FSA（2000）、Leyshon和Thrift（1997）认为普惠金融与金融排斥交错关联，普惠金融就是金融排斥的削减。金融排斥最初仅指地理排斥（Leyshon and Thrift，1993），后来被延申至营销排斥（Morrison & Brien，2001）等方面。Kempson和Whyley（1999）进一步从价格排斥、条件排斥、评估排斥、营销排斥和自我排斥五个维度对金融排斥进行解构。澳洲银行从操作化角度将金融排斥分为核心排斥、可及性排斥与效应排斥三个维度（ANZ，2004）。金融排斥不仅受到地理位置、经济发展水平、产业结构、人口结构等宏观因素的影响，还与家庭收入水平、特定人群的语言、文化、民族及年龄等微观因素有关。Regan和Paxton（2003）认为普惠金融是一个不断演进的概念，理解普惠金融的关键是金融的需求宽度和参与深度。联合国2005年在推广"国际小额信贷年"活动时正式提出普惠金融这一概念，并呼吁在全球范围内建设普惠金融体系，以实现"根除极度贫困和饥饿"的千年发展目标，并将普惠金融定义为：一个能有效地、全面地为所有阶层提供服务的金融体系，特别是贫困和低收入群体。普惠金融不仅致力于对需求主体的包容，而且更注重供给主体在商业上可持续性。

有别于传统金融，普惠金融强调构建包容性的金融体系，目标是在任何群体需要金融服务的时候能够为其提供金融服务（焦瑾璞，2019）。"普"和"惠"高度概括了普惠金融的内涵。可得性、多样且适当的金融产品、商业的可行性和可持续性、安全与责任构成普惠金融的四个关键要素。普惠金融的目标是构建多层次、广覆盖、可持续的金融体系，对促进宏观经济增长，实现共同富裕，维护金融稳定和社会公平，改善社会民生都具有广泛而深远的意义。普惠金融是针对原有金融体系广泛存在金融排斥问题而提出的，其关注的重点主要是被排斥在原有金融体系外的弱势群体，这一群体通常无法从正规金融体系获得足够的金融服务。但是普遍存在的"普惠金融悖论"使得现实世界中的普惠金融发展举步维艰，数字金融恰好在解决传统普惠金融在成本和风控等方面面临的问题具有先天性潜力，数字金融与普惠金融一拍即合。2016 年 G20 杭州峰会提出了数字普惠金融的概念，通过了"数字普惠金融高级原则"，倡导各国通过数字技术促进普惠金融发展，开辟了数字经济时代普惠金融发展的新路径，也为数字金融的发展做出了价值定位。

普惠金融发展的动因可以归结为现实和理论两个层面（王修华 等，2014）。在理论层面，Yunus（1999）将信贷权提升到基本人权的高度，他认为人人都有获得金融服务的权力，为穷人提供信贷是消除世界性贫困最有力的武器。Yunus 的论断使得普惠金融理念得到国际社会的广泛认可。在现实层面，普惠金融是破解金融排斥、促进金融公平、解决小额信贷危机的现实需要。在世界银行和货币基金组织等国际机构的支持和推动下，金融可接触性调查（FAS）、全球金融包容性指标（Findex）等普惠金融数据库日趋完善，使得普惠金融从金融框架中的基本理念发展成为具有数据支撑的研究热点。经过 Beck et al.（2000，2007）、Sarma（2008）、Arora（2010）、Gupte et al.（2012）、Rahman 和 Coelho（2013）等学者的持续研究，普惠金融的评价指标体系逐渐完善，并被用于评价各国的普惠金融发展情况和指导普惠金融政策实践。

大量理论和实证研究考察了普惠金融对长期经济发展和个人福利的影响。在减贫方面，Wollerworth（2001）、Arun et al.（2006）等学者认为金融服务可以赋予穷人权力并减少贫困。Brau 和 Woller（2004）等学者指出由于金融服务在穷人中没有落到实处，金融服务在贫困发生率上没有取得显著的进展。Beck et al.（2008）、Chibba（2009）等学者的实证分析表明普惠金融的发展有助于消除收入不平等，减少农村贫困发生率。在经济增长方面，Mohan（2006）认为普惠金融使得金融资源分配更加的合理有效，产生了较高的投资回报。Andrianaivo 和 Kpodar（2012）利用非洲国家的数据研究表明，手机银行通过促进金融普惠进而促进经济增长，Diniz et al.（2012）对亚马逊地区的研究也得出了同样的结论。此外，还有很多学者研究普惠金融对改善居民消费和支出（Benerjee et al，2009）、促进投资（Karlan & Zinman，2010）、妇女赋权（Ashraf et al.，2010）、经济增长

（Corrado & Corrado，2017；Zhou et al.，2018）等方面的积极影响。

在政策主张方面，很多普惠金融的研究认为需要公共机构、私营机构和协调机构的参与和协调来促进普惠金融体系的发展。Ehrbeck et al.（2012）提出了政府在促进普惠金融发展中的三个职能，分别是弥合金融基础设施差距，制定消费者保护规则和实行包容性的金融创新审核，通过公共措施及市场干预促进金融交易量的增加。私人部门的职责是借助数字技术，采用零售支付手段，提供更多的金融服务渠道。此外，普惠金融发展需要权威性的协调机构领导和实施普惠金融战略。

目前普惠金融研究和实践均处在不断的发展和演变之中。学术界关于普惠金融的内涵至今仍未达成共识，普惠金融与金融排斥之间的转换机理和传导机制也缺乏有说服力的分析框架，缺乏对普惠金融的准确度量使得学者之间的研究结论差别很大，很多研究在理论模型和实证研究方面均无一致结论，如何设计可操作的普惠金融政策和实现路径也还需要探讨。理论框架构建、促进正规金融机构的有效参与、政府在不同制度条件下的作用、小额信贷机构发展目标的兼容性等方面的问题还需要深入研究（星焱，2015）。但是无论如何，普惠金融倡导的包容性理念已经深入人心，相关的理论研究和政策实践在不断推进，为现代金融体系的发展指明了方向。

2.2.5 简要评述

金融发展理论发展至今已经形成了庞大的理论体系，并紧随技术进步和金融实践变迁拓展新的研究领域，对发展中国家的金融发展和政策取向产生了重要影响。Goldsmith 从投资与储蓄分离和金融结构演进两个方面揭示了金融发展和经济增长的内在机制，指出了金融发展理论的研究方向。在研究当前数字金融发展的经济效应时，他的一些论点及研究方法值得本书借鉴。尽管 Goldsmith 在金融发展与经济增长关系的问题上未能得出比较确定的结论，但是这一问题的提出引起了经济学家的广泛关注。金融结构理论形成了金融抑制或金融深化理论的重要理论渊源。金融深化理论全面分析了发展中国家的货币金融特征，系统论证了金融发展与经济发展的辩证关系，揭示了导致发展中国家经济落后的金融因素，为发展中国家金融体系改革和货币政策制定提供了理论指导。金融深化理论在金融发展的问题上坚持市场化的取向，其政策主张被很多国家付诸实践，但是也引发了频繁的金融动荡与金融危机。金融约束理论在政策取向上依然是市场化的思路，但是其政策主张倾向于循序渐进的路径，因而更适合市场基础较为欠缺的国家和地区，为发展中国家的金融深化指出了"第三条道路"。金融功能理论从功能的视角试图弥合市场主导与银行主导两种金融结构孰优孰劣的争论。与传统金融相比，数字金融并不突出金融组织和金融机构，而是为了金融功能更有效地实现而形成的一种新的金融业态，其理论基础仍然是金融功能理论。数字金融的发展一方面使金融功能越来越不依赖于特定的金融组织和金融机构，另一方面又使金融功能在成本大幅降低的同时效率大大提升（吴晓求，2015）。普惠金融将公平的价值观引入金融发展理论，可以认为是金融发展的最终归宿。数字金融作为技术驱动下的金融创新，能够从金融功能、金融深化、金融结构、金融普惠等多个方面对现代金融体系产生深远的影响。金融发展的诸多理论也从不同视角为研究数字金融与农民收入增长问题提供了理论借鉴。

中国农村经济发展和农民收入增长困难，与中国金融处于抑制状态密切相关（温涛，2005）。经过改革开放40多年的发展，我国形成了庞大的金融体系，具有规模大、管制多、监管不完善的特征。这样的金融体系从金融深化理论的标准来看存在很多问题，金融深化理论认为金融管制会降低金融效率并阻碍金融和经济发展。事实上金融排斥不仅会直接抑制农业经济的发展，还会通过农业科技投入促进农业经济发展（黄红光，2018）。我国的对外直接投资（OFDI）也因此而遭受争议，我国的金融体系也因此成为中美贸易摩擦的核心分歧点（黄益平，2020）。虽然我国带有强烈政府干预特征的金融体系存在上述潜在问题，但是在过去相当长的时期，我国金融体系保持了基本的金融稳定，并没有阻碍我国经济的高速增长。随着近10年来经济增速逐步放缓和金融体系的系统性风险快速积累，原来有效的金融体系似乎不再奏效。其中一个重要的原因是我国经济进入中高收入阶段以后，经济持续增长更多依靠创新驱动和产业升级，而非投入更多的传统生产要素，但是带有抑制性特征且以银行主导的金融体系并不擅长促进居民创业和企业创新，也难以为居民家庭带来财产性收入。随着系统性金融风险的快速积累，经济高速增长和政府隐性担保这两大维持金融稳定的支柱正在弱化，深化金融改革成为支撑未来经济增长和金融稳定的首要任务。市场化成为金融体系改革的重要取向，金融创新成为金融发展的重要手段，与现实产业体系相适应并服务实体经济发展成为金融发展的最终归宿。在这些方面，金融结构理论、金融深化理论、金融功能理论、普惠金融理论可以提供很多有意义的借鉴。从近年驱动金融改革的因素来看,数字技术的作用不可忽视。传统金融体系对数字经济时代的不适应为互联网企业进入金融服务领域提供了绝佳的机会,规模巨大的以互联网公司为主导的互联网金融产业逐渐侵入传统金融机构的市场领地,从外部驱动着传统金融产业的数字化升级,并最终促成了我国数字金融的高速发展,而数字金融发展带来的农民收入增长效应及作用机制则是本书关注的核心问题。

2.3 经济增长理论

关于经济增长的理论最早可以追溯到亚当·斯密(Adam Smith,1776)的《国民财富的性质与原因的研究》(杨凤林 等,1996),现代经济增长理论则试图从资本主义经济的繁荣与衰退过程中总结经济增长的原因,预测经济增长的长期趋势。哈罗德(Harrod,1939)试图将凯恩斯的国民收入与就业理论长期化和动态化,随后多马(Domar,1947)和哈罗德(1948)相继提出了内容和结论相似的增长模型,即哈罗德-多马模型。20 世纪 50 年代,索罗(Solow,1956)、斯旺(Swan,1956)等人提出了新古典增长理论,他们将边际生产力理论、生产函数理论引入经济增长中来,开创了索罗-斯旺模型。新剑桥学派的代表人钱珀努恩(Champernowne,1953)和斯拉法(Sraffa,1950)等则以李嘉图的收入分配理论为依据,把收入分配和经济增长联系起来。20 世纪 80 年代中后期,随着罗默(Romer,1986)、卢卡斯(Lucas,1988)等人将技术创新、人力资本引入经济增长模型,经济增长理论进入一个崭新的阶段。随着经济增长过程中经济发展不均衡问题的出现,贫富差距不断扩大,资源环境对经济增长的约束不断加剧,探索一种机会均等的增长模式迫在眉睫。2007年亚洲开发银行首次提出包容性增长,随后得到社会各界的高度关注。本书从新古典经济增长理论、内生增长理论、包容性增长理论三个方面对经济增长理论进行回顾。

2.3.1 新古典增长理论

理论界对经济增长理论的系统研究起源于哈罗德-多马模型。哈罗德-

多马模型强调资本积累在经济增长过程中具有绝对重要性，提高储蓄率对促进经济增长是必要的。发展经济学的代表性人物罗斯托和赖维斯把提高储蓄率当做经济起飞并持续发展的关键。新古典经济增长理论的出现破除了对资本积累重要性的过度关注。新古典增长理论以 20 世纪 50 年代后期索罗和丹尼森等人对美国经济的研究为代表，占据经济增长理论统治地位近 30 年（杨凤林 等，1996）。该理论的假设前提是完全竞争市场、资本收益递减、规模报酬不变、外生技术进步。索罗模型认为，当经济处于稳态，外生技术进步以恒定速度增长，经济将在平衡路径上增长。当外生技术水平不变时，依靠资本积累带来的经济增长将会非常有限，经济最终将趋于停滞，投资刚好能够补偿固定资产折旧和装备新增劳动力，而不会形成净投资。因此，技术进步将成为推动经济增长的主要动力。丹尼森（Dension，1974）等人对美国经济增长的实证分析证实了索罗的观点。由于该模型将技术看做是经济增长的主要决定因素（Solow，1957），强调技术进步对经济增长的最终决定作用，故被称为技术决定的经济增长理论。索罗模型与哈罗德-多马模型均把技术进步看做是外生的、偶然、无成本的资源。卡莱斯基（Kalecki，1972）从自然增长率模型和实际增长率模型研究社会主义国家的经济增长理论，在各种约束条件下探索适度的增长率和合理的增长路径，解决投资与消费的矛盾。他认为社会主义的经济增长情况主要取决于投资的生产效应、设备损耗的负生产效应、改善设备利用程度三个方面，经济增长的限制因素来自积累与消费矛盾、劳动力供给和国际贸易状况。他认为社会主义经济增长的根本出路在于技术进步，并提出了促进技术进步主要方式：提高资本集约化程度，缩短设备寿命周期，提高设备生产利用率。

2.3.2　内生增长理论

阿罗（Arrow，1962）提出"干中学"模型，指出技术进步是增长模型的内在因素。假定每一个企业都按照规模收益不变的原则进行经营，在知识水平不变的条件下，产出将按照资本和劳动力投入的倍数增长。但是，企业增加资本存量的行为提高了知识水平，因此经济作为一个整体是按规模收益递增的原则运行的。罗默（Romer，1986）对"干中学"模型进行修改。他认为知识是生产函数中的投入要素，即使在完全竞争的竞争型均衡中，人均收入也可能持续增长，资本收益率也会增加。新知识作为长期经济增长的最终决定因素，来源于技术研发活动，但是技术投资本身是收益递减的。根据罗默的论证，在他的模型中外部条件、产品产出规模收益递增，知识产出规模收益递减，这三个因素与竞争性均衡保持一致。卢卡斯（Lucas，1988）认为新古典经济增长模型不是经济增长的有效理论，他对新古典经济增长模型进行了批判。他认为该理论无法解释国家间经济发展水平和增长速度差异，且关于国际贸易将使得国家间资本劳动比例与要素价格均等化的预期与现实不符。卢卡斯尝试利用人力资本解释经济增长率，证明了人力资本的增长率与人力资本生产过程中的投入产出率、人力资本在的最终产品的边际生产力成正比，与时间贴现率成反比。如果说罗默的贡献是把外生的技术进步因素转化为对新知识的投资来研究，从而将技术进步内生化，那么卢卡斯的贡献则是将人力资本引入增长模型，从而实现技术进步内生化。卢卡斯认为人力资本是技术进步的一种动力形式，从而将其引入索罗模型，并认为人力资本积累是长期经济增长的决定因素，并使之内化生，从而使其不同于技术外生的新古典增长模型。罗默模型与卢卡斯模型强调人力资本投资是经济增长的关键因素，人力资本的生产比物质资本积累更为重要。两者的共同结论是：研究部门的研究成果所带来的利益具有外部性，因此研究活动是次优的。卢卡斯模型分析表明充足的人力资本有利于经济的快速成长，人力资本不足则会成为经济持续增长的障碍。

较之新古典增长模型，罗默通过将知识引入增长模型，使得分析框架与现实经济情况的吻合度更高，因此罗默的理论更趋合理。该理论承认知识能够提高投资收益，从而说明各国投资收益率和经济增长率并非必然收敛。罗默等人认为技术进步并非偶然，而是知识不断创新和积累的产物。知识作为现代经济增长的基本要素，必须像投资机器设备一样投资知识。此外，他们认为投资可以促进知识积累，知识产生的价值又刺激投资增加，从而得出了投资能够促进一国经济持续稳定增长的结论。关于垄断，罗默的理论与新古典理论存在分歧，新古典理论认为垄断导致经济效率出现偏离，罗默却认为垄断为公司参与技术研究提供激励，有时会对经济增长起到关键性的作用。作为经济体系统的一个中心部分，技术是内生决定的，可以提高收益率。技术能使投资更有价值，投资也能使技术更有价值，两者相互促进，形成良性循环。内生经济增长理论显示出极大的价值，最大的影响是对经济政策的影响。能够引导政府认真考虑教育、投资、研发、知识产权等问题。在罗默理论的基础上，杨小凯将交易成本引入增长模型，刘易斯、贝克尔和诺斯等人将制度因素引入增长模型，进一步发展和完善了内生增长理论。

2.3.3 包容性增长理论

最近数十年，许多亚洲国家经历了经济的高速增长，大幅减少了贫困人口，但是社会贫富差距日益加剧。经济不平衡增长带来许多社会问题，为此世界银行、亚洲开发银行等国际组织先是提出了利贫增长，随后又提出了包容性增长。包容性增长的研究起源可以追溯到经济增长与减贫的相关研究。根据经济理论，经济增长可以通过涓滴效应等途径缓解贫困发生。但是经济增长的成果并非为所有社会成员平等享有。在1990—2005年，许多亚洲国家的经济高速增长，亚洲的贫困人口的数量由9.45亿降低到6.45亿（刘嫦娥 等，2011），在绝对贫困发生率显著下降的同时，相对贫困却不断增加（吴建新、刘德学，2012），这意味着经济增长的大部分成果被少数人占有，而贫困地区、少数民族等弱势群体并没有按比例享有经济增长的成果。为此，国际组织和研究者提出了共享增长、利贫增长等概念。其中利贫增长包括两个层面的含义：穷人不仅能够获得绝对收入增长，并且收入增长的速度高于富人。由于利贫增长关注的焦点在于穷人，相对来说，包容性增长的内涵和外延均更加广泛。从研究范围来看，包容性增长关注的重点不再局限于穷人，而是全体居民。

（1）包容性增长的概念

自2007年亚洲开发银行在研究报告《新亚洲、新亚洲开发银行》中提出了包容性增长的概念，很多学者从过程、结果、收入、非收入等多个维度对包容性增长的概念进行界定。亚洲开发银行（以下简称亚行）[①]（2007，2008）将包容性增长的概念界定为能够创造和扩展全体社会群体均能平等获取的经济机会，全体社会群体能够参与并分享经济增长的成果。亚行对包容性增长的观点具有两个特点，一是采用了前瞻性方法，二是强调机会包容性的同时兼顾成果共享。Ali 和 Son（2007）关注社会机会的益贫性，强调为全体群体社会成员尤其是弱势群体创造更多机会，认为收入和非收入的不平等主要与机会的获取有关。当社会机会向穷人等弱势

---

① 2008年4月亚洲开发银行在《2020战略：亚洲开发银行 2008—2020 年长期战略框架》中，对包容性增长做出进一步界定。

群体倾斜时，经济增长的包容性会自然产生。Ali 和 Son 将教育和医疗两个非收入因素纳入包容性增长的范畴，拓展了包容性增长的研究范围。Ali 和 Zhuang（2007）将包容性增长定义为能够促进机会增加且为社会成员平等共享的增长。只有当所有社会成员都能平等参与且对经济发展做出贡献时经济才具有包容性。从这个意义上说，包容性增长更加强调经济发展过程中的机会平等，而非经济发展的结果。在机会均等的情况下，社会成员在社会经济发展中取得的成就不受个人环境的影响，只与个人的努力状况和聪明才智有关。世界银行（2009）将生产性就业作为包容性增长的一个重要方面，因为从长期来看生产性就业是减贫的最佳办法。Rauniyar 和 Kanbur（2010）直接指出包容性增长就是机会均等的增长，并伴随机会不平等的下降。Klasen（2010）将包容性增长定义为参与过程与分享结果的非歧视性。可以看出，对于包容性增长学者们很难做出一个全面而准确的定义。从政策目标看，就是要通过包容性增长实现减贫和缩小收入差距。因此，科学的定义需要考虑增长、减贫与不平等之间的关系。

（2）包容性增长的测度与评价

Ali 和 Son（2007）通过构建社会机会函数度量包容性增长，并绘制机会曲线评价包容性增长。根据 Ali 和 Son 的研究，社会机会函数由社会平均机会和机会分配的情况决定，为了反映对穷人创造机会比为其他人创造机会更为重要，通常对低收入群体拥有的社会机会赋予更大的权重。该方法比较合适评价诸如健康、教育等单向指标的包容性增长，评价国家和地区层面的总体包容性增长则不适用。由于包容性增长具有多目标性，如何在平等与增长速度之间权衡是度量包容性增长的重要问题。Mckinley（2010）构造了一个度量包容性增长的综合指数，并评价了菲律宾等 6 个亚洲国家的包容性增长情况。该指数包括经济增长、就业增加、经济设施利用，减少极端贫困、一般贫困和不平等，提高人的能力，提供基本社会保障四个维度。虽然该指数可以度量国家和地区层面的社会经济包容性增长情况，但是由于该指标体系的设置主要参照亚洲开发银行的对外援助目标，权重赋值带有主观性，应用到具体国家的包容性增长评价中需要对相应的指标及指标权重进行调整。中国学者在借鉴国外研究成果的基础上，结合中国的实际情况，建立了相应的指标体系以评价中国经济的包容性增长。于敏和王小林（2012）在 Mckinley 的研究基础上，从经济增长可持续性、贫困与不平等、经济机会公平性、社会保障四个维度构建了中国经济包容性增长指标体系，研究结果表明中国经济增长具有包容性趋势特征，但是包容性水平较低。陈红蕾和覃伟芳（2014）从全要素生产率（TFP）的视角测度了中国经济包容性增长，认为东部地区的包容性 TFP 的增长速度要高于中西部地区。徐强和陶侃（2017）采用广义 Bonferroni 曲线测度中国包容性增长，认为国家层面的经济增长达到"基本包容"的状态，相对于城镇地区，农村经济增长的包容性较低。

（3）包容性增长的影响因素

为探索影响包容性增长的影响因素，相关学者从金融发展、国家战略等方面展开研究。Greenwood 和 Jovanovic（1990）认为金融发展与收入不平等存在倒 U 形关系。Claessens 和 Perotti（2007）从金融发展、金融准入、金融准入不平等等方面研究了金融与不平等的关系，认为降低金融约束能够提高资本配置效率，减少收入不平等。Beck 等（2009）认为金融准入对促进包容性增长具有重要作用。Chakrabarty（2009）提出融资包容性对包容性增长有重要影响，他认为低收入群体往往融资困难，提高融资包容性能够减少贫困发生率、降低收入不平等。穷人和小企业往往无法从正规金融渠道获得贷款，投资于健康、教育等方面的资金严重不足。收入水平的高低、拥有财富的多少、社会信用体系建设程度是影响融资包容性的重要因素。降低支付、融资、理财、保险等金融服务的成本，提高金融服务可获得性，有助于促进低收入群体参与金融市场，获得平等的收入增长机会。鉴于国家之间发展差距不断加大的事实和国内居民收入分配差距悬殊的问题，林毅夫（2011）提出了理解包容性增长和经济发展的新结构经济学分析视角，并提出比较优势战略与反比较优势战略的概念。根据林毅夫的观点，采用比较优势战略的国家可以获得较高的经济增长率，减少农业人口，促进减贫并缩小收入差距。Higgins 和 Prowse（2010）研究了贸易对包容性增长的影响。张勋和万广华（2016）评估了中国农村基础设施对包容性增长的影响，认为座机电话、自来水等农村基础设施提高了包容性增长水平。张勋等（2019）、马德功和滕磊（2020）研究了数字金融对中国包容性增长的影响，认为数字金融促进了创业机会的均等性，从而有利于经济包容性增长。陈燕（2020）将碳减排约束和环保支出引入包容性增长模型，研究结果表明碳减排约束降低了经济增长包容性。宋冬林（2020）的研究表明，中国农业供给侧改革促进了包容性增长，并具有负向的空间溢出效应。此外，学者们根据研究结论，从基础设施、经济增长、公共政策、社会安全网、金融发展等方面提出了促进包容性增长的政策建议。

2.3.4 简要评述

上述增长理论为本书研究农民收入增长提供了很好的理论借鉴。哈罗德-多马模型强调物质资本的绝对作用，形成了经济增长的"资本决定论"。新古典理论强调技术进步对长期经济增长的关键性作用，做出了开创性的贡献，相对"资本决定论"来说是巨大的进步。但是新古典经济增长理论假定技术进步率是外生决定的，这不得不说是一个缺憾。内生增长理论将R&D、人力资本、不完全竞争引入经济增长的分析框架，使得经济增长理论更加契合经济现实。根据内生增长理论，经济的增长是以知识积累为基础，技术进步、人力资本、劳动分工、制度变迁等因素共同作用的结果。

从理论渊源来看，凯恩斯的国民收入理论是哈罗德-多马模型的理论起点。但是哈罗德-多马模型克服了凯恩斯的分析局限，将凯恩斯理论长期化和动态化，并试图找到经济体系长期均衡增长的条件，从而拓展了凯恩斯理论的研究范围。二战后，很多发展中国家劳动力充裕、资本极为匮乏，哈罗德-多马关于资本积累决定经济增长的观点契合了当时发展中国家的实际，具有现实进步意义。但是哈罗德-多马模型存在明显的缺陷，比如假定资本产出比保持不变，实际上排除了技术进步对经济增长的影响，很难对现实中的资本过剩和劳动力失业现象做出合理的解释。很难想象，长期内技术进步不会对资本产出比产生影响。哈罗德-多马模型诸多局限限制了该模型对现实经济增长的解释力。

新古典增长理论将资本、劳动力、技术甚至土地等生产要素引入经济增长模型进行全面分析，体现出了其理论的优点。该理论认为经济增长不仅取决于资本积累和劳动力增长，更取决于技术进步率。索罗确立了技术进步决定经济增长的观点，丹尼森等人发现索罗余值并将其归结为技术进步因子。相对于哈罗德-多马的资本决定论，新古典增长理论具有巨大进步。但是新古典理论也存在严重缺陷，使得该理论与现实之间严重脱节。其理论缺陷主要表现在三个方面，首先，自由市场能够实现充分就业的假定与现实不符；其次，生产过程中资本与劳动任意替代在现实中并不存在；最后，该理论将长期经济增长的决定性因素，即技术进步作为外生变量而不加以研究，存在着明显的缺憾。

内生增长理论自身正在演化过程中，还缺少由众多经济学家共同接受的基本理论模型。确切的说，内生增长理论是一些持相同或者类似观点的经济学家所提出的理论所组成的一个松散的组合体。在过去相当长的一段时期，我国依靠廉价劳动力优势，通过大规模投资发展劳动密集型产业，并积极加入国际分工体系取得了巨大的经济增长成就。基于技术外生的新古典增长理论和哈罗德-多马模型对我国的经济增长及政策实践均具有较强的解释力。随着我国经济由高速增长向中高速增长转变，过去依靠要素投入拉动经济高速增长的模式已经难以为继，只有通过持续创新和技术进步才能持续推动我国经济高质量发展。此时，内生增长理论的丰富研究成果能够为研究我国现阶段的经济增长问题提供较好的理论借鉴。

包容性增长理论将公平的价值取向引入经济增长的分析中，更多强调经济发展的结果。对于经济过程研究却没有像其他经济增长理论一样建立起完善的理论分析模型，更多是从理论或者政策层面讨论经济增长问题。现有文献对理解包容性增长提供了帮助，但是由于该理论的提出时间较短，还有待进一步完善。首先，包容性增长的定义显得较为庞杂，准确界定包容性增长的核心内涵并取得共识是开展进一步研究的基础。其次，需要厘清包容性增长、收入不平等与减贫三者之间的关系。再次，需要开发新的模型将增长与收入分配的动态性结合在一起。最后，系统数据的缺乏限制了对包容性增长的深入研究。包容性增长理论也受到部分学者批评，Mickinley（2009）指出将"机会平等"作为实现包容性增长的基础条件，也就是"机会均等下的共同增长"，看似合理，实则不然。现实中的穷人面临很多难以克服的约束条件，使其难以达到与他人相同的起点。Saad-Filho（2010）认为从利贫增长到包容性增长是一种退步，因为包容性增长最终回到了传统的政策药方。此外，包容性增长过度夸大了经济增长的减贫作用，忽视了积极的分配政策对包容性增长的作用。随着社会发展水平的提高和人们对社会公平的持续关注，包容性问题已经成为评价经济发展质量的重要尺度，也是我们评价数字金融发展质量的重要参照标准。

2.4 网络经济理论

当今社会互联网已经深入到社会的每一个角落，特别是对于伴随着互联网发展成长起来的网络"原住民"（即出生在网络普及之后的一代人，主要是指"90后"和"00后"这一代）来说，互联网就如同空气一样重要，影响到人们的生产生活各个方面。长期的网络实践和理论探索缔造了网络经济特有的理论体系。本书从主要从网络商品理论、双边市场理论、长尾理论进行回顾。

2.4.1 网络商品理论

（1）网络商品生产理论

互联网是网络生产的载体，知识和信息是生产的核心要素，又是网络生产的结果。依靠无限扩展和边际效应递增的特性，互联网使社会生产的效率成倍增加。由于信息和知识可以长期反复使用，理论上可以被无限制的复制、存储、传输和加工，突破传统资源稀缺性的限制，使得社会生产成本大幅降低。此外，信息的充分交流可以使得社会生产和消费能够更加精准地匹配，促进各类社会资源的高效配置，避免了各种不必要社会摩擦和资源浪费，从而使得社会经济的运转效率成倍放大。

边际收益递增是网络产品生产的基本规律。如图 2.1 所示，相对于工业产品生产的边际收益递减的规律特征，从成本曲线形态来看，体现为边际成本曲线先下降后中升（见图 2.1 中 MC 曲线），网络生产表现出随生产扩大而收益递增的趋势，从成本曲线形态来看，体现为边际成本曲线逐渐下降（见图 2.1 中 MC′曲线）。网络生产边际收益递增的特性主要来源于三个方面。一是边际成本随规模扩大而递减。网络产品在第一次生产出来以后，大量复制的边际成本几乎为零。二是信息产品价值具有积累增值和传递效应。对信息的连续投资不仅可以获得产品本身的正常投资收益，还能通过集成形成信息增值与连续传递的扩散效应。三是随着网络规模的扩大产生的虚拟集聚效应，使得网络生产的效率和效益能以级数级放大（赵海军，2018）。

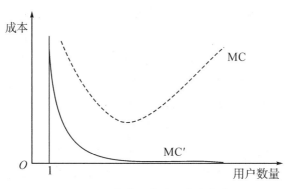

图 2.1　网络商品的边际成本曲线

（2）网络商品供给理论

与传统经济中价格与供给相互影响不同，在网络经济中，供给与价格的关系是单边撬动关系，即供给决定价格，价格对供给的影响有限。这是由网络生产边际收益递增的规律所决定的。边际收益递增规律决定了网络经济具有先占优势，使强者更强，最终形成赢家通吃的垄断格局，胜利者获得绝大部分市场甚至全部市场，而失败者被淘汰出局。互联网产品虽然边际成本接近于零，但是投入往往是一次性的，成本回收则需要漫长的过程，竞争失败意味着全部投资无法收回。为了实现赢家通吃，互联网企业纷纷提供免费下载、免费邮件等"免费午餐"，为推广新业务的互联网企业不惜花费巨资采取向消费者发放红包、购物补贴等措施以吸引更多的用户使用自家产品，提前抢占市场份额。一方面，互联网企业通过占有入口优势，使用户形成路径依赖，增加产品使用的"转移成本"，行业领先者在取得链接、流量、收入优势的条件下，辅以免费或者低价的基础服务，可以阻击后来者。另一方面，在原有的系统锁定大量的客户资源以后，可以构建互联网生态圈，为客户提供一站式综合性服务，提高新进入者的门槛。因此，互联网企业在形成可持续的赢利模式之前，通过"烧钱"争取更多的客户，培养消费者的使用习惯，占据流量入口和锁定客户资源就成为网络经济时代的通行做法。在边际报酬递增规律的作用下，降低价格可以达到垄断市场和大幅增加利润的双重作用。

（3）网络商品需求理论

网络商品需求理论建立在网络外部性的基础上。马歇尔（1980）提出外部性理论，后来引起很多学者的研究。所谓的"外部性"，是指经济行为主体在生产和消费的过程中给其他经济主体带来的非自愿成本或收益，但并没有因此进行相应的偿付或者获取对应补偿。外部性使得经济活动私人成本与社会成本、私人收益与社会利润出现了背离。在互联网经济环境中，任何经济主体的生产与消费都与别人的经济结果相联系，外部性问题普遍存在。这是因为网络产品具有兼容性特征，用户从网络中获得的效用会随着用户数量增加而递增。网站数量和用户数量的增加会增强互联网的整体功能，从而使得所有用户的效用增加，而具有强大功能的网络能够吸引更多潜在用户的加入。网络用户与网络功能的这种正向驱动模式，反映了互联商品强大的网络外部性。这一特征使得互联网商品具有了一定公共物品的属性，但是由于人们接入和使用互联网依然需要支付一定的费用和成本，并且互联网商品的提供者可以通过身份验证、后台权限控制等方式对用户行为加以限制，因此市场机制依然会起作用。如图 2.2 所示，在网络外部性的作用下，网络功能与用户规模形成的正反馈系统使得网络经济中边际效用呈现递增的趋势（见图 2.2 中的 MU′曲线）。这使得网络商品的市场需求曲线不再是向右方下倾斜，而表现出上升的趋势。

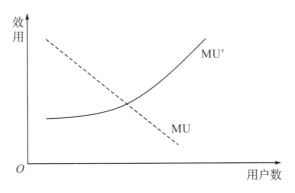

图 2.2　互联网产品的边际效用曲线

（4）网络商品价值实现理论

互联网的发展极大地解放了人的个性，开始出现了个性化经济现象。为满足网络产品个性化需要，形成了差别规模经济，即在差别化生产、灵活制造、小批量生产的基础上形成的规模经济。互联网的广泛链接性能够使得分散在各个角落的差别性需求低成本地聚合在一起，在现代计算机控制下的柔性生产条件下，差别性规模经济具有了较高的商业价值，而且在某些情况下比单一规模经济更胜一筹。在网络经济条件下，知识和信息成了最重要的生产要素。由于外部性、积累效应的存在，知识和信息不仅能给生产知识和信息的经济主体带来递增收益，而且能够为全社会带来递增收益，成为网络经济条件下经济增长动力源泉。相对于以要素投入驱动的传统经济增长，互联网时代的经济增长具有如下特征：一是知识的创造和信息的积累成为推动经济增长的根本动因，知识和技术密集型的新型产业成为经济增长的火车头。二是创新成为一种经济机制和技术过程，是经济增长的主要源泉，各种创新成果的涌现不但改变了市场竞争态势和企业管理模式，也改变了社会生活方式。三是企业的竞争转向知识和信息的竞争，全球网络和技术标准使得企业可以在全球范围配置资源，推动资源在全球范围内优化配置。四是人力资本在经济增长中的作用提升，信息和知识由人类活动产生并加以利用，只有充分发挥主观能动性，大力加强知识技能培训，才能在庞杂的网络世界提取有用信息，加速知识的更新和积累，提高劳动创造价值的能力。

2.4.2 双边市场理论

双边市场是区别于单边市场的一种市场结构，是现代经济中的重要组成部分（朱振中、吕廷杰，2005），近年也有研究者使用多边平台代指双边市场。双边市场研究是现代网络产业经济学研究的重要组成部分（程华，2014）。双边市场的概念可以追溯到1833年美国掀起的"便士报纸"运动（熊艳，2010）。在一个市场中，如果两组不同类型的参与者通过中间平台进行交易，并且其中一组参与者从中间平台获得的收益取决于另一组参与者的数量，即市场存在"交叉网络外部性"，Armstrong（2006）将这样的市场称为双边市场。Rochet和Tirole（2004）提出了"价格结构非中性说"，认为平台企业对其中一边用户收取的费用变化会影响到另一边用户进入平台的数量，从而影响对另一边用户的收费。也就是说，假定平台向交易双方索取的总价不变，用户价格结构的变化会对平台的需求量和交易量产生直接的影响。黄民礼（2007）认为平台将买卖双方同时凝聚到平台进行交易，交叉网络外部性的存在使得平台企业采取的价格结构变化会影响平台的交易数量。王海军和赵嘉辉（2015）进一步指出"交叉网络外部性"和"价格结构非中性说"本质是相同的，共同构成了双边市场的判定条件。双边市场满足的三个条件是：存在两种或者多种不同类型的用户；不同类型的用户之间存在交叉网络外部性；平台企业需要维持足够数量的不同客户，并提供交易服务。

与传统的单边市场不同，双边市场的特征是第三方平台会介入交易活动。其中，平台一般是指电子商务平台，其基本功能是利用互联网技术为用户提供交易服务的场地和环境。以平台的建设运营主体为依据进行分类，电子商务平台可以分为自营电子商务平台、第三方电子商务平台、自组织电子商务平台（李艳，2014）。电子商务平台的扩张使得双边市场不断拓展，在巨大的竞争压力下，传统单边市场逐步开始转型（赵海军 等，2018）。在这样的背景下，以互联网企业为创新主体的数字金融快速成长，并具有浓厚的双边市场特征。我国数字金融的创新主体主要是以蚂蚁金融、腾讯支付、京东金融、百度金融等为代表的多边网络平台。这些平台在各自核心业务的基础上聚合了大量用户之后，开始向多个方向发展业务，竞争行为表现出明显的双边市场特征（程华，2014）。相对于传统金融机构在以消费者为中心、以区块链和大数据等创新技术为载体创新金融产品和服务、重构金融业务流程及创新金融组织等方面的平庸表现，以互联网企业为代表的新兴金融机构利用网络平台积累海量的用户信息及行为数据开展金融创新活动，推出了贷款融资、支付清算、基金销售、信用评估、数字保险等金融业务。这些产品和服务内嵌在平台企业原有的业务体系中，利用原有的渠道实现金融业务与非金融业务、各类金融业务之间的有机融合，并相互促进，形成正向反馈体系。各项业务功能的叠加与强化驱动了数字金融在用户数量和产品规模上的爆发性增长。

以业务类型为划分依据，数字金融可以分为网络支付（网银支付、第三方支付）、网络融资（P2P 网贷、网络小贷款、网络众筹）、互联网保险、互联网基金、互联网证券经纪、数字货币、大数据征信等。在这些业务中，网络支付、互联网基金相对较为成熟，对传统金融的运营模式有很强的替代性。这些业务依托多边互联网平台延伸发展而来，借助原有的渠道降低了用户参与门槛，节省了交易的成本，提高了交易的便捷度。其中，网络支付、P2P 网贷、众筹等业务具有很强的双边市场特征。程华（2014）认为以互联网企业为主体的数字金融对非金融多边平台存在依附性。蚂蚁金服、腾讯、京东、百度等几大巨头的数字金融业务从非金融业务衍生而来，具有范围经济的典型特征。在发展初期，金融业务对平台非金融业务积累的用户基础具有较强的依附性，随着用户数字金融使用习惯的形成，金融业务逐步形成体系，对非金融业务的依附性有所减弱，但是高效的综合性金融业务与非金融业务提供的交易场景相互强化，提高了互联网企业的金融业务竞争力。不同平台的特质影响了平台延伸金融服务的能力，如阿里原有的电商业务、腾讯原有的社交业务与金融服务有着天然的紧密性，再加上规模庞大的用户基础，促进我国数字金融行业两大巨头的形成，其他的数字金融平台很难与之匹敌。

除了对原有非金融业务的依赖，网络支付、P2P 网贷、众筹等金融业务本身具有多边平台市场特征。如支付宝、微信支付是提供类似银行卡清算服务的多边平台，付款方和收款方通过支付平台形成双边市场。在网络支付的多边平台上的交易行为具有双边市场特征。首先，网络支付平台具有明显的外部性。其中，直接的外部性体现在使用支付平台的用户越多，平台提供者会越有动力优化平台的功能和业务流程，以满足更多消费者个性化需求，提高消费者从支付平台获得的便利性和效用；交叉网络外部性体现在越多消费者使用支付平台越能够提高平台对商家的吸引力，使用支付平台的商家越多，对消费者带来的便利性就越明显。网络支付平台具有价格结构非中性特征。支付宝、微信支付等网络支付企业往往通过对消费者免费，但是对商家收费的价格机制来扩大其使用范围，从而获得更大的收益（王海军、赵嘉辉，2016）。这种交易的双边都依赖于支付平台，使得平台企业可以向一边用户收取较高的费用，对另一边用户通过低收费、免费甚至是补贴的方式来吸引更多用户参与，从而使得平台具有一边用户向另一边用户进行交叉补贴的特性。网络支付的双边市场通过与银行以及网银系统、基金保险业务的一体化运作，形成了包括综合性金融服务、消费者、商家、支付平台及其紧密相关的非金融业务在内的数字经济生态网络。P2P网络借贷、网络众筹属于多边平台网络产业，同样具有典型的双边市场特征。P2P网络贷款是企业提供融资服务平台，投资方和借款方通过借贷平台形成双边市场。网络众筹是融资主体借助众筹平台发起项目融资，投资者对项目进行投资并在将来获取预期回报的融资模式（冯乾、唐航，2015）。平台上的投资者越多，筹资者越容易在P2P网贷、众筹平台成功融资，筹资者越多，投资项目也越丰富和多样化，投资者越能发现适合自身风险特征和回报要求的投资机会。

在双边市场条件下，数字金融平台企业发展的关键是将双边用户吸引到平台上进行交易。这要求平台企业发现双边用户潜在的互补性，并帮助用户实现价值，从而产生跨边网络外部性，即两边的用户的数量、质量、行为特征会相互影响。跨边网络效应的存在使得任何一边用户的不足均会降低平台对另一方用户的吸引力，因此，平台企业需要考虑"先有蛋还是先有鸡"的起步难题（Katz & Shapiro，1985；Caillaud & Jullien，2003）。在多边平台发展的初期，平台企业需要采取措施建立起突破临界点的用户规模，以形成双边用户的正反馈效应，确立自身在市场中的地位。如支付宝最初为淘宝用户提供担保交易，对交易双方均实施免费策略，借助淘宝在电商领域的巨大市场份额，支付宝迅速成为用户数量最多的第三方支付平台。微信支付则捕捉到发红包这一民间流行文化并加以利用，迅速成为与支付宝并驾齐驱的行业巨头。多边数字金融平台同时为两类用户提供服务，可以向两边用户收费。由于双边市场具有价格结构非中性特征，使得平台不必要求每一边的收费均大于服务成本，这为双边市场中"免费午餐"的现象提供了经济学理论基础。面对用户的多归属行为，价格结构非中性特征也为平台采取手段促使用户由多归属向单归属转变提供了更多策略选择。网络外部性的存在使得数字金融行业中的马太效应明显。拥有较大规模用户的平台可以更好地满足交易双边的互补性需求，并吸引更多的用户加入，从而使得行业发展具有自我加强的特征。数字金融平台常常在非金融业务基础上衍生发展，通过金融业务、非金融业务的集成创新和关联生长机制促进各个业务的快速成长，降低了消费者、商家、支付平台、金融机构在各种业务间的转换成本，提高了用户黏性，形成了无所不包的数字金融平台。强势平台"赢家通吃"的发展趋势加强了行业垄断性，常常呈现出寡头垄断的市场格局。

2.4.3 长尾理论

（1）长尾理论概述

长尾（The Long Tail）这一概念最初由克里斯·安德森（Chris Anderson，2004）提出，用来描述亚马逊等网站的商业和经济模式。实际上，"长尾"是幂率（Power Law）和帕累托分布（Pareto）特征的口语化表达。1897年帕累托（Pareto）通过大量调查发现，英国80%的财富掌握在20%的人手里，财富分配在人口中的极不均衡。他认为在任何一个组合中，最重要的约占20%，其余的80%是次要的，后来被约瑟夫·M. 米兰（Joseph M. Juran）等人概括为帕累托法则（二八定律），后来进一步概括为帕累托分布。帕累托法则长期被市场视为圭臬。如图2.3所示，少数头部产品和市场备受关注，成为竞争的重要目标，而众多的长尾产品和市场往往无人问津。但是安德森指出，只要商品的存储和流动渠道足够多，展示场地足够宽广，当商品的生产和销售成本急剧下降时，这些需求不旺和销量不佳的长尾产品共同占据的市场份额可以和头部产品的市场份额相匹敌甚至更大。

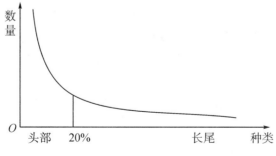

图 2.3　长尾模型

长尾理论很好地诠释了当代互联网商业模式兴起背后的理论逻辑，是互联网时代的新理论，是知识经济下的一种全新的商业战略模式（唐海军，2009），颠覆了传统的"二八定律"①。过去在"二八定律"的影响下，企业只关注重要的人和事，而以银行为代表的传统金融部门则是将二八定律用到极致的典型代表。银行家将少数的大企业和富人奉为贵宾，让其享受"VIP"待遇，有专人为其提供服务，因为这些企业和富人是银行利润的主要来源。而对于其他绝大多数的普通客户，银行只提供基本的金融服务，其中很多服务由自助设备提供（赵海军 等，2018）。但是根据长尾理论，银行应该重视长尾客户，开发长尾市场。这种集少成多、积沙成塔的方式所创造的市场规模可以积累足够大甚至超过头部市场份额。当前中国几大互联网金融巨头取得成绩恰好佐证了长尾理论的可行性。长尾理论是互联网时代商业环境变化的产物，长尾理论的实现需要满足三个条件：长尾产品的数量要远远大于头部产品；整体份额能够和头部份额抗衡；获取产品和交易产品的成本处于超低水平。

　　（2）数字金融发挥长尾效应的策略

　　延长长尾。获取可持续的经济收益依然是数字金融发展的驱动力量，而大规模、高频率的客户交易是获得持续收益的必备条件之一。吸引投资者并增加投资者的交易意愿，提高用户规模和交易频率是网络经济发展的核心任务。数字金融具有金融和互联网的双重属性，但是更强调互联网等数字技术在金融产品和服务方面的运用。链接技术和信息处理技术的发展，创新了数字金融应用场景，改善了数字金融的服务质量和用户体验，降低了用户的搜寻和交易成本，有效管控了金融风险，提高了金融产品和服务的收益，吸引了更多的金融消费者参与数字金融市场，对金融机构的生存和发展至关重要。因此，延长服务对象长尾、扩大服务范围、实现规模经济和范围经济是数字金融发展的重要策略。以蚂蚁金服为例，2013年6月上线的余额宝用了不到半年时间即成为中国最大的货币基金。到2016年年底，余额宝资产规模突破8 000亿元，用户数量超过3亿，其中农村用户超过1亿。余额宝不断向农村地区渗透，吸引大量游离在传统金融机构外围的用户将零散资金存入余额宝。余额宝的用户众多，但是金额不大，个人投资者的比例高达99%，其中72%的投资者投资金额不足1 000

----

　　① 唐海军（2009）认为作为互联网出现后企业商业运营环境变化的直接后果，长尾理论只是在特定角度下看问题，没有也不可能否定二八定律，只是在新的环境下对二八定律的补充和完善。

元（赵海军 等，2018）。余额宝取得成功后，各类"宝宝类"理财产品不断出现，但是时至今日，余额宝依然是各"宝宝类"理财产品的领头羊。余额宝为广大长尾用户带来了资金增值的机会，规模庞大的长尾用户也成就了余额宝，使得如今的余额宝有如此的规模和影响力。

加厚长尾。为用户持续创造价值是金融机构获得长久、持续、稳健收益的基础，损害客户的利益无益于竭泽而渔、杀鸡取卵。数字金融需要不断提高金融产品的创新能力，加强投资者教育，有效提高投资者对金融产品的接触和了解程度，开发受欢迎的金融产品和服务。同时，数字金融平台间应加强合作，利用各自优势产生协同效应，实现互利共赢。只有为用户持续创造价值，用户参与交易、投资的意愿才会提高，参与深度才会增加，才能实现长尾用户整体向上移动，从而使得每个用户为金融机构创造更多的收益。

驱动头部向长尾转移。数字金融用户以年轻人为主，他们大多是互联网的"原住民"，处于生命周期的发展期，容易接受新的事物，对理财投资、创业融资有更多的需求。余额宝、零钱通等产品既具有似活期存款的支付功能，可以随时取用，又提供了与银行定期存款相当的收益，其创造的比传统银行更为灵活、收益更高、信息披露更全面的理财方式吸引了大量互联网用户将资金从传统金融机构转移到互联网理财市场，不断驱动头部用户向长尾转移，蚕食传统金融机构的客户基础（见图 2.4）。

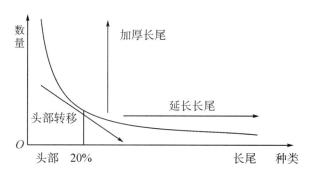

图 2.4 数字金融的长尾策略

2.4.4 简要评述

网络经济理论是我们分析数字金融的重要理论借鉴。数字金融作为金融服务与数字技术的结合自然具有网络经济的基本特征。网络经济具有的规模经济、范围经济效应有助于我们深入分析数字金融农民增收效应的特点，网络平台的双边市场特征有助于理解数字金融行业诸多现象的内在原因，长尾效应则为数字金融普惠性提供了经济学理论解释。在现实中，小微企业、农村居民等是金融需求的"长尾"部分，互联网等数字技术的运用可以提高对"长尾"用户的甄别能力，以较低的成本满足其金融服务需求。在传统金融市场中，存在"超常态"的信贷配给，小微企业、农村居民等"长尾"用户往往被排斥在正规金融体系之外。金融供给曲线呈"弯臂型"，数字金融通过网络平台聚合不同类型的交易者，扩张金融交易的可能性边界，提高了资金的匹配效率，可以在一定程度上改变"弯臂型"供给曲线的位置，弥补适量的供给缺口，减轻信贷配给的程度，促进金融资源的合理配置。这为促进普惠金融体系建设，解决小微企业、农村居民等"长尾"用户融资困境提供了新的视角。

3 理论框架及研究假说

本章首先对数字金融和农民收入增长的概念进行科学辨析，然后重点讨论数字金融影响农民收入增长的作用机理。其中，数字金融影响农民收入增长的作用机理包括间接作用机理、直接作用机理、非线性作用机理及空间溢出作用机理。最后，提出本书的研究假说，为后文的实证分析打下理论基础。

3.1 核心概念界定与辨析

3.1.1 数字金融

数字金融是数字技术与金融服务深度融合的产物。所谓的数字技术包括互联网、云计算、大数据、区块链、人工智能等为代表的新一代信息技术。数字金融与互联网金融、金融科技等是一系列金融创新的谱系概念。互联网金融这一概念最初由谢平在 2012 年"中国金融四十人论坛"提出，并对中国互联网金融进行了开创性和系统性研究（谢平、邹传伟，2012；谢平 等，2014，2015）。谢平等认为互联网金融是不同于商业银行间接融资，也不同于资本市场直接融资的第三种金融模式。通常谈及的互联网金融，即狭义的互联网金融，主要是指电子商务企业、第三方支付企业、P2P 平台等互联网企业基于互联网技术开展的金融业务，广义的互联网金融还包括传统金融机构利用互联网技术开展的金融业务。互联网金融是传统金融互联网化所引发的业务模式变革（黄金老，2017），其本质依然是金融，其使命是普惠金融和廉价金融（2016）。从更根本的角度来看，互联网只是科技因素的一种，随着大数据、云计算、区块链等数字技术在金融领域的广泛应用，互联网金融已经很难涵盖这一新的金融业态。美国将基于信息技术和互联网技术的金融创新称为"金融科技"（Fin Tech），英国则将类似的业务称为"补充金融"（Alternative Finance）。2016年，金融稳定理事会（FSB）第一次在国际层面对金融科技做出定义，认为金融科技是通过技术手段推动的金融创新。由于互联网金融涵盖的内容较窄，而金融科技更强调新技术对金融业务的辅助、优化和支持，于是数字金融的概念顺势而出，成为包括互联网金融和金融科技的一个更广泛的概念。

关于数字金融的界定，本书沿用大部分学者的观点，认为数字金融是指传统金融机构与互联网企业利用互联网和信息技术实现资金融通、支付、投资及其他金融服务的新型金融业务模式，是数字技术与金融服务的融合体，既包括新兴的互联网企业从事的金融业务，也包括银行、保险、证券等传统金融机构利用数字技术开展的金融业务（黄益平，2018；张勋等，2020；封思贤、徐卓，2021）。这一概念与人民银行等十部委提出的《关于促进互联网金融健康发展的指导意见》（银发〔2015〕221号）对互联网金融及金融稳定理事会对金融科技的定义基本一致[①]。数字金融本质上还是金融，它只是利用互联网、区块链、云计算、大数据、人工智能等创新技术进行了很多金融创新，金融的核心属性——中介性、风险性并没有改变。数字金融的业务种类有很多，涵盖支付、投资、融资、保险等多个领域，通常包括互联网支付、网络借贷（包括P2P等网络贷款）、众筹（包括产品众筹、股权众筹）、互联网基金销售、互联网信托、互联网消费金融、互联网信用评分等方面业务。提供普惠且精准的金融服务是数字金融的核心（腾磊、马德功，2020），相对于传统金融服务，数字金融具有低成本、便捷、覆盖广和可持续等优势，有助于提高金融的普惠性和提升金融服务实体经济的质效。

关于数字金融的度量，在宏观层面主要通过构建指数来反映数字金融的发展情况，现有研究大致可以分为两类（唐松 等，2019），一类是基于网络搜索热度构建情绪指数（沈悦、郭品，2015；Li et al.，2017），另一类是基于结构化数据构建数字金融指数（郭峰 等，2016；郭峰 等，

---

① 从直观上理解，互联网金融更多被看作是互联网公司利用数字技术开展的金融业务，而金融科技更突出技术特性，相对而言数字金融这一概念更加中性，覆盖范围更广泛（黄益平，2018），更关注金融的本质。沿用以往研究的惯例，本书不区分数字金融、互联网金融以及金融科技之间的细微差别。

2019）。由于与数字金融相关的概念快速更迭（唐松 等，2019），根据网络热搜构建数字金融情绪指数可能陷入"疲于更新"与"不尽完善"的两难困境，不一定能够真实反映数字金融的发展水平。而郭峰等根据蚂蚁金融海量用户交易数据构建的数字金融指数更能细致全面地反映我国数字金融发展情况。基于上述分析，本书在宏观分析中采用北京大学数字金融研究中心编制的中国数字普惠金融指数（省级层面）作为数字金融的代理变量。在微观层面，由于数字支付是数字金融的基础设施，也是用户参与其他数字金融服务的前提条件。农户家庭成员是否参与数字支付通常可以体现农村家庭享有的金融服务水平（尹志超 等，2019），同时限于数据的可得性，本书借鉴尹志超和张栋浩（2018）、谢家智和吴静茹（2020）的方法，将数字支付作为农户家庭数字金融的代理变量。

数字金融伴随着电商的兴起应运而生，并基于互联网平台的可延伸性扩展各类金融业务。从互联网企业主导的数字金融发展路径来看，数字金融经历了电子商务、互联网支付、互联网金融、综合性金融业务、全能型金融服务集团等发展阶段（万建华 等，2017）。其特点是伴生于电子商务平台，具有跨界性、广泛链接性、垄断性、服务对象普惠性等特征。随着数字金融的发展，传统金融机构也纷纷通过数字技术拓展金融业务，并加强与互联网科技公司的融合发展。到目前为止，数字金融所展示的最大优势就是支持普惠金融发展（黄益平，2018），其提供的普惠金融服务在改善小微企业融资、提高低收入群体的金融服务可得性、促进社会经济包容性发展等方面的重要作用得到国际社会的普遍认同。2016 年 G20 杭州峰会正式提出数字普惠金融议题，认为数字普惠金融是泛指一切通过使用数字金融服务促进普惠金融的行动，G20 峰会通过的《G20 数字普惠金融高级原则》倡导各国根据具体情况制订国家行动计划，利用数字技术推动普惠金融发展，成为国际上首个推广数字普惠金融的指引性文件（胡滨、程雪军，2020）。我国政府高度重视数字金融发展，把数字金融作为推进金融供给侧改革、改善小微企业融资困境、提升金融服务实体经济质效、促进金融资源回流农村、缓解农村金融排斥、推动城乡融合、促进乡村振兴的重要手段，对数字金融改善农村金融困境和促进农民增收寄予厚望。

3.1.2 农民收入增长

从字面上看，农民收入增长由农民、收入、增长三个关键词组合而成。本书就三个关键词展开分析。汉语农民一词语出《谷梁传·成公元年》:"古者有四民。有士民,有农民,有工民,有商民。即士农工商四民。"晋朝范宁注:"农民,播殖耕稼者。"《现代汉语词典》的定义和这一解释完全相同,即农民是长时期从事农业生产的人。但是在学术上农民是一个有争议的概念,要弄清楚农民具体包括哪些人是一件不容易的事情(王小华,2015)。在发达国家,农民(farmer)就是务农者,即经营农场的人,是与渔民(fisher)、工匠(artisan)、商人(merchant)等并列的职业概念。根据这一定义,凡是从事农业生产的人员就是农民,不从事农业生产的人员就不是农民。然而在欠发达国家,农民一般不被称为 farmer 而被视作 peasant。汉语中农民的主要对应词 peasant 的定义则远比 farmer 复杂。我国法律界和政策制定者在认定农民时使用了一个极为简单的办法,即户籍标准。农民成为"农业户口"者的代名词,凡是具有农村户口的居民(不管他从事何种职业)就是农民,具有城镇户口的居民(不管他从事何种职业)就是城市居民。由于我国户籍管理除了执行家庭人口登记的职能外,还与就业、医疗、住房、教育等多项社会福利待遇紧密相关,"农民"的身份属性越来越突出,以至于几乎掩盖了其职业属性。总之农民的概念具有多维特性,在研究中对其进行明确界定是必要的。在本书的研究中,我们将农民界定为农村居民,是指全年经常在家或者在家居住 6 个月以上,而且经济生活基本与本户连成一体的人口。

农民收入增长可以分解为农民收入和增长两个概念。本书对农民收入度量采用国家统计局提供的农民人均收入指标,即农村居民人均可支配收入(2013 年以前为农村居民人均纯收入),这是具有公开数据来源的农村居民人均收入指标。根据国家统计局的定义:农村居民可支配收入指农村居民可用于最终消费支出和储蓄的总和,即农村居民可以自由支配的收入,即包括现金收入,也包括实物收入。按照收入的来源,可支配收入包含四项,分别为:工资性收入、经营净收入、财产净收入和转移净收入。其中,工资性收入指就业人员通过各种途径得到的全部劳动报酬和各种福利。经营性净收入指住户或住户成员从事生产经营活动所获得的净收入,是全部经营收入中扣除经营费用、生产性固定资产折旧和生产税之后得到的净收入。经营性净收入的计算公式为:经营性净收入=经营收入-经营费用-生产性固定资产折旧-生产税。财产净收入指住户或住户成员将其所拥有的金融资产、住房等非金融资产和自然资源交由其他机构单位、住户或个人支配而获得的回报并扣除相关的费用之后得到的净收入。转移净收入计算公式为：转移净收入＝转移性收入－转移性支出。转移性收入指国家、单位、社会团体对住户的各种经常性转移支付和住户之间的经常性收入转移。转移性支出指住户对国家、单位、住户或个人的经常性或义务性转移支付。如果按照收入是否来自农业，可以将农民收入划分为农业收入和非农业收入。其中，非农业收入包括经营性收入中的非农业收入与工资性、财产性、转移性收入之和。对于增长，在经济学领域就是指连续发生的经济事实的变动，其含义是指每一单位时间的增多或减少，可以采用相对值或者绝对值来衡量。本书更多采用相对值来衡量，农民收入增长通常是指农村居民收入水平的持续增加，即当前农民收入相对于上一期农民收入的增长倍数或者增长率。在本书的实证研究中，我们将农村人均可支配收入取对数来表示农民收入增长。

3.2　间接作用机理

数字金融促进农民收入增长的间接路径侧重于微观层面的农户创业和宏观层面的经济增长两个方面。创业行为和经济增长是提升居民收入的两个重要因素（杨伟明 等，2020），随着数字经济的快速发展，数字金融对上述两个方面的影响力度正在不断加强。在宏观经济增速不断下行、就业机会明显不足的背景下需要寻找新的驱动力量，改善农户创业行为，提高自我发展能力，促进经济增长，增加经济机会，进而拓展增收渠道，促进农民收入增长。而在这些方面，数字金融可能发挥关键性的作用。

3.2.1　农户创业

（1）数字金融与农户创业

农户创业活动是活跃农村经济、促进农村经济发展重要途径。鼓励和支持农户创业活动不仅有利于创业农户的家庭收入增长，同时也为其他非创业农户带来了就业机会，拓展了其增收渠道，促进了其收入增长。在我国工业化、城市化的进程中，相对滞后的农村社会经济发展水平导致上亿农村居民背井离乡，通过外出务工获取劳务收入以改善家庭成员的生存状态。对于大部分进城务工的农民来说，城市只是工作环境比较良好、工资待遇较高的地方，但他们在城市难以找到归属感和对未来的稳定感（付义荣，2016）。部分农民工虽然有留在城市发展的想法，但是由于缺乏有效的路径和相应的渠道在城市安身立命，不得不长期过着候鸟般的生活。一旦现实环境出现了有利的发展机会，这些渴望改善现状的农村群体往往会对创业活动表现出极大的兴趣，积极投身创业活动以谋求一份长久的生计。在传统的技术手段下，农村金融发展面临着天然障碍，在抑制性金融政策和传统金融机构"嫌贫爱富"等多重因素的作用下，农村居民难以获得金融服务或者金融服务存在严重不足，农户创业活动也因此受到金融约束的制约，并降低了创业绩效（彭克强、刘锡良，2016）。数字金融发展降低了农村金融的获客成本和风险管理成本，提高了农村地区金融服务的有效供给和需求水平，推动了农村金融行业的有效竞争和金融产品服务的多样化，增强了农村金融的功能，缓解了农村金融约束，提高了金融服务可得性，降低了农村居民的创业成本，有助于促进农村家庭的创业活动。

下面根据 Evans 和 Jovanovic（1989）的思路，阐述数字金融对农户家庭创业的影响。假设农户家庭成员在脱离传统低效的农业生产后有两种职业选择，自主创业或成为雇佣工人。如果选择成为雇佣工人可以获得工资收入 w，如果选择创业可以获得营业收入 π。其中，营业收入 π 的表达式如下：

$$\pi = \partial \theta k^{\alpha} \mu \qquad (3.1)$$

式中，∂ 代表创业成功的概率，这里假设创业者具备足够的创业知识和理性，并能够根据经济环境、行业发展趋势等因素对创业成功的概率做出准确的判断；θ 表示创业者具有的企业家才能；k 表示创业项目需要投入的初始资本金；α 为资本的产出弹性系数（$0 < \alpha < 1$）；μ 为随机扰动项，满足对数正态分布，反映了独立同分布的外生冲击对创业产出的影响。假定创业失败时，营业收入为 0，即创业者期初投入的资本金完全丧失。于是，在期末创业者的净收入 π^e 为：

$$\pi^e = \pi - (1 + r)[c(z, d) + k - z] \qquad (3.2)$$

式中，r 为利率，z 为创业者的初始禀赋，$c(z, d)$ 表示投入资本 k 以外的其他成本，如融资成本、运营成本等，这些成本是初始禀赋 z 和数字金融 d 的函数，并且 c 对 d 满足边际递减规律，表明数字金融提高了金融产品服务的便捷性、可及性，并降低了金融服务的门槛和交易成本，数字金融推动的商业模式变革拉近了农村经营活动与全国性大市场之间的距离，提高了创业项目的经营效率和降低商业交易的成本。从绝对成本来看，c 随初始禀赋增加而增大。通常初始禀赋较大，资金需求也较多。从相对成本来看，初始禀赋 z 对 c 的影响则随禀赋的增加而下降。拥有较高禀赋的创业者受到的融资约束程度较低，其融资成本也相对较小。较高的禀赋也为创业项目经营提供了各方面的便利。$c(z, d) + k - z$ 表示创业者因自有资金不足而需要从外部市场融入的资金，$(1 + r)[c(z, d) + k - z]$ 表示期末需要偿还的外部融资本金及利息。假设创业者可以获得的外部融资是初始禀赋的函数 $f(z)$，并满足：

$$0 \leqslant k \leqslant z - c(z, d) + f(z) \tag{3.3}$$

如果创业者的目标是使得创业净收入最大化，则创业选择可以转化为选择适当的初始资本 k 以实现创业净收入最大化，即：

$$\max \partial\theta k^\alpha - (1 + r)[c(z, d) + k - z] \tag{3.4}$$

于是有 k 的最优值为：

$$k^* = (\frac{\partial\theta\alpha}{1 + r})^{1/(1-\alpha)} \tag{3.5}$$

当 k 满足式（3.3）时，企业家才能 θ 满足如下条件：

$$\theta \leqslant \frac{1 + r}{\partial\alpha}[z + f(z) - c(z, d)] \tag{3.6}$$

此时，创业项目的营业收入为：

$$\pi = (\partial\theta)^{\frac{1}{1-\alpha}}(\frac{\alpha}{1 + r})^{\frac{\alpha}{1-\alpha}}\mu \tag{3.7}$$

如果式（3.7）得不到满足，则意味着最优期初投资得不到满足，企业面临信贷约束，即 $z + f(z) - c(z, d) < k^*$，创业者期初最大的资本投入量为 $z + f(z) - c(z, d)$，创业项目获得营业收入为：

$$\pi = \partial\theta[z + f(z) - c(z, d)]^\alpha\mu \tag{3.8}$$

由于创业者可以在创业与被雇佣就业之间选择，只有当创业项目的净收入大于被雇佣带来的收入时，创业才是理性的选择，即满足：

$$\max\{\partial\theta k^\alpha - (1 + r)[c(z, d) + k - z]\} \geqslant w + (1 + r)z \tag{3.9}$$

当创业活动没有受到信贷约束时，θ 应该满足：

$$\frac{1}{\partial}w^{1-\alpha}(1 - \alpha)^{\alpha-1}\frac{(1 + r)^\alpha}{\alpha} \leqslant \theta \leqslant \frac{1 + r}{\partial\theta}[z + f(z) - c(z, d)]^{1-\alpha}$$

$$\tag{3.10}$$

当创业活动受到信贷约束时，θ 应该满足：

$$\theta > \max\left\{\frac{1+r}{\partial\theta}(z+f(z)-c(z,d))^{1-\alpha},\right.$$

$$\left.\frac{w}{\partial}\left[(z+f(z)-c(z,d))^{-\alpha}+\frac{(1+r)}{\partial}[z+f(z)-c(z,d)]^{1-\alpha}\right\}\right.$$

(3.11)

尹志超等（2019）认为，当 $z+f(z)-c(z,d)$ 趋近于无穷大时，θ 只需要满足式（3.10）的前半部分，即：

$$\frac{1}{\partial}w^{1-\alpha}(1-\alpha)^{\alpha-1}\frac{(1+r)^{\alpha}}{\alpha}\leqslant\theta$$

(3.12)

因此，当存在外部融资需求时，$f(z)$ 是影响创业决策的重要因素，金融市场越发达，获得的贷款越多，创业者受到的融资约束越小，更有可能促进个体做出创业决策。数字金融提供了网络贷款、众筹等融资渠道，提高了金融机构的竞争程度和风险承担能力，大数据征信体系极大缓释了金融机构对信贷记录、财务数据、抵押资产和政府担保等传统信贷技术的过度依赖，改善了信用环境，提高了金融决策效率，缓解了信贷约束，有助于改善农户创业行为。

此外，$c(z,d)$ 也是影响创业活动的因素之一，$c(z,d)$ 是数字金融 d 的减函数，当不存在数字金融时，c 的值取决于初始禀赋 z，即 $c(z,0)$；当数字金融 $d>0$ 时，$c(z,d)<c(z,0)$，数字金融降低了创业项目的融资成本、管理成本，放宽了创业市场的准入门槛，鼓励农村居民进行创业活动。特别是移动支付、电商小额信贷等数字金融服务通常与电子商务等创新型商业模式融为一体，在极大低降低创业成本的同时，也提高了经营业绩。扫码支付等移动支付方式减少了产品服务供求双方的交易成本，促进了消费需求。移动支付的使用也为农村创业商户开展电子商务、进行线上交易等提供了可能。线上交易的发展缓解了因距离产生的沟通协调成本，打破了交易的地域限制，扩大了产品服务的交易边界和市场范围，开辟了小农户对接大市场的通道。农村的创业者不仅能够通过互联网将产品销往世界各地，还能获取及时有效的信息来源，及时接收交易对手关于商品和服务的反馈信息，有利于创业者及时纠正产品和服务存在的问题，提供适销对路的产品和服务。产品众筹等新型融资模式在解决创业资金的同时也为产品打开了销路，有助于增加农户创业成功的概率并提升创业绩效。

（2）农户创业与家庭增收

农户创业活动能直接促进创业家庭的经营性收入增长。尽管从短期来看，创业活动可能带来收入的减少，但是从长期来看，持续的农户创业行为是繁荣农村经济的必要途径，对提高农村家庭的收入水平也是必要的。通过创业活动，农户可以建立起广泛的社会网络关系，为家庭积累社会资本，改善农户创业效果。这是因为广泛的社会网络关系使家庭与家庭之间可以共享信息，帮助家庭获取各种资源，增强了家庭抵御风险的能力（徐伟 等，2011）。汪发元等（2014）指出农户自主创业收入比务工收入的增长空间大，对农户收入增长具有显著的正向影响，有利于农村居民收入水平提高。

农户创业活动也创造了更多的就业岗位，提供了更多的工作机会。创业过程是创业机会、创业者和资源共同作用的结果（Timmons，1999），其中创业者的企业家才能是整合创业机会、创业资源是最为关键的因素。对于大部分不具备企业家才能的农村居民来说，获得一份收入不错的工作可能更为重要。数字金融促进了农户家庭及整个社会的创业水平提高，不仅有助于解决创业家庭的就业问题，更为重要的是为其他非创业家庭带来了工作机会。因此，从某种意义上说，促进农户增收的关键是解决农户家庭成员的就业问题。在当前宏观经济增速不断下行、就业机会明显减少的背景下，农户自主创业在解决该问题上尤为重要。一方面，农户自主创业可以实现自我就业，提高家庭收入和消费水平；另一方面，农户自主创业可创造大量的工作岗位，吸纳农村剩余劳动力，降低社会失业率（石智雷等，2011），为更多的农村家庭带来收入增长的机会。

3.2.2　经济增长

（1）数字金融与经济增长

经济增长是积累国民财富、增加居民就业机会的重要途径，也是宏观经济政策的基本目标。只有实现较快的经济增长才能增加居民收入、提高群众生活水平。促进经济的较快增长也有利于解决其他一系列的社会经济问题，如失业、社会保障、环境污染、"三农"问题等。在经济转型、增速下滑的背景下，探索驱动经济增长的新力量，激发经济增长潜力显得尤为重要。在数字经济时代，数字技术驱动的数字金融正逐渐成为驱动经济增长的新动力。金融的本质是服务实体经济，我国以商业银行为主体的金融体系在服务实体经济方面存在不足，具体表现为金融服务的普惠性较低，利率市场化不彻底，直接融资比例不高，对创新创业的支持不足，刚性兑付和政府隐性担保比较普遍，系统性风险逐渐积累（黄卓，2018）。在过去的十几年中，中国数字金融创新和使用突飞猛进，数字金融的发展水平和普及程度在世界范围内都处于领先地位，并推动着商业银行的数字化转型，引领中国迈入数字金融时代。数字金融泛指传统机构和互联网公司利用数字技术开展金融业务。在中国，数字金融主要有两种表现形态，一种强调科技的属性，另一种强调金融的属性。在推动经济转型升级和创新驱动的宏观经济背景下，数字金融能否更有效地服务普惠金融主体，提升金融服务实体经济的质效，推动经济增长和产业结构转型，是衡量中国数字金融是否健康发展的重要标准。数字金融促进经济增长的作用主要体现在支持创业活动、促进技术创新、扩大消费、促进投资活动等方面，其中数字金融对创业活动的影响前文已经做了分析，接下来从促进技术创新、扩大消费和促进投资三个方面分析数字金融对经济增长的影响。

第一是技术创新。技术进步是保证经济长期持续增长的决定因素（Romer，1990）。尤其是当前全球经济低迷、国际局势复杂多变、中国经济处于增长动力换挡关键期的国内外约束背景下，通过技术创新推动经济内涵式增长已经成为推动经济高质量增长的重要抓手（张军扩 等，2019）。激励市场主体的创新意愿和创新能力成为实施创新驱动战略和国际国内"双循环"战略的关键。事实上，虽然中国的科技创新改革取得了巨大进步，但是企业自主创新能力相对不足（唐松 等，2020），创新活动存在"创新质量太低""政策性迎合"等特征（黎文靖、郑曼妮，2016），导致专利创新在全球技术链中存在"底端锁定"困境。企业技术创新是一种长期的高风险投资活动，具有投入沉没性、过程不可逆、产出不确定等特征。由于受到"高调整成本"和"高融资成本"的困扰，企业的持续创新活动需要稳定充足的资源作为保障（王玉泽，2019）。因此，低价高效的金融支持是企业创新活动得以提质增效的重要因素。中国传统金融体系以银行为主导，且存在较强的金融抑制问题，这种现实金融体系的发展不充分、不平衡在一定程度上约束了企业创新活动，制约了金融服务实体经济的质效（黄益平，2018）。唐松等（2020）认为传统金融在支持企业创新活动中存在着"属性错配""领域错配""阶段错配"的结构性问题，金融资源流出存在显著的流动性分层，这在很大程度上压制了企业在创新发展上的潜在驱动力。

传统金融体系中企业创新活动所面临的金融困境在新发展阶段需要创新性的金融模式加以解决。借助人工智能、大数据、云计算、区块链等新一代数字技术蓬勃发展的重要契机，金融服务也加强了与新兴技术的有机融合，形成了一种新型金融模式，即数字金融（郭峰 等，2016），并成为国内外学者的研究热点（黄浩，2018）。以高效、共享、便捷、低成本、低门槛为特征的数字金融，通过精准化的用户画像、精细化的风险定价和集约化的业务流程（Demertzis et al.，2017）提高了金融服务的精准度与决策效率，驱动了企业技术创新活动。数字金融发展能够有效缓解企业，尤其是小微企业"融资难、融资贵"的问题，并能够驱动企业降低杠杆、稳定财务状况，在线办公、在线会议等技术应用将距离遥远的科研人员联系在一起，并以数字化的方式实时共享知识、技术、研发进程，拉近创新企业技术与世界先进技术的距离。这些都有助于增加创新主体，促进企业技术创新产出的增加，并提高创新质量。数字金融特别是移动支付驱动下的电子商务、O2O等新兴商业模式通过互联网将全国市场链接成一个整体，并与国际市场不断融合，有效扩大了创新产品的市场半径，缩短了创新产品与消费者见面的时间，降低了市场沟通成本。在这种背景下，只要是创新的产品和服务能够满足市场需求，就能在巨国效应下将创新技术快速变现，为企业的创新活动提供更大的支持和激励，有助于形成正向的反馈循环，加速企业技术创新活动。

第二是居民消费。国内外研究与实践经验表明居民消费的持续增长是经济稳定和高质量发展的重要因素。改革开放以来，我国居民的消费需求总量、消费结构都发生了巨大变化。在对接经济全球化的过程中，被称为经济增长"三驾马车"的投资、消费、出口步调逐渐不一致，投资和出口发展势头强劲，而消费需求长期低迷，直到近年，消费需求才有所回升。当前，我国经济增速放缓，国际市场复杂多变，投资与消费的结构性矛盾日益突出，为应对国内外复杂严峻的经济形势，中央在 2020 年提出"双循环"战略，即"加快形成以国内大循环为主体、国内国际双循环相互促进的新发展格局"。如何完善国内消费市场，激发居民消费潜力，拉动消费增长，从而促进经济转型升级、推进"双循环"战略实施、促进经济增长成为影响中国经济高质量发展的重要环节。传统的消费理论，如杜森贝利（Duesenbery）的相对收入假说、弗里德曼（Friedman）的持久收入假说、莫迪利安尼（Modigliani）的生命周期理论以及赫尔（Hall）的随机游走理论等，倾向于从跨期消费平滑的角度分析消费的影响因素，但居民在现实中面临的各种约束使得跨期消费无法完全实现。数字金融的发展提升了支付交易的便捷程度、提高了金融服务可得性、缓解了信贷约束、降低了预防性储蓄需求，进而促进了居民消费增长。

首先，数字金融所推动的移动支付对居民消费产生了深远的影响。以电子计算机的发明和应用为标志的互联网革命涉及能源技术、生物技术等诸多领域，给经济活动和社会生活带来了全方位的冲击（江小涓，2018）。随着互联网对社会经济活动的深度渗透与跨界融合，催生了一系列新的商业模式和经济新业态，中国的数字经济高速发展，数字金融行业应运而生。支付宝、微信等移动支付服务相继出现并不断发展壮大，使得居民获得更加便捷、高效、安全的数字金融服务。由于具有较低的准入门槛，数字金融具有相当的普及性和包容性，为受到传统金融排斥的小微企业、低收入群体带来了福利。互联网发展所推动的数字金融普及提升了支付便利性，为居民消费提供了新的动力。在移动支付出现以前，居民外出购物消费时需要携带现金或者银行卡。随着移动支付技术的发展，线下商家二维码扫码支付模式逐步普及，居民购物已经不再需要携带现金和银行卡，只需要通过手机扫码即可以完成购物支付，大大缩短了购物时间，降低了购物成本，提升了支付的便捷性和购物体验。根据购物时间模型（Hopigp Time Moded）可知，如果居民消费受到现金约束，那么居民需要去银行取钱来满足其消费支出（Ljungqvist & Sargent，2004）。因此，居民对现金的依赖性越强，其消费水平越低。数字金融所推动的移动支付使得居民消费不再需要去银行取钱就能满足消费支出，节省了交易时间和交易成本，从而能够提高消费水平。

其次，网络消费金融降低了居民流动性约束。随着电商、移动支付的发展，网络消费金融快速扩张，成为刺激和扩大消费并促进消费升级的重要推力。目前我国网络消费金融的代表性模式主要有三种。第一种是植根于电商的综合性平台，以蚂蚁金服和京东数科为代表。第二种是分期购物消费金融平台，以趣分期、分期乐等为代表。第三种是基于家装、教育等消费场景的分期贷款平台，以百度金融为代表。近年来，我国网络消费金融呈现爆炸性增长，同时消费升级明显，服务类消费支出占比持续上升，消费内容已经从物质转向医疗健康、休闲娱乐、教育培训等方面。网络消费金融大行其道的基础在于大数据征信体系的成功实践。网络消费金融机构借助大数据技术收集了众多场景下经济主体的行为数据，能够准确为用户画像，特别是建立在电商平台、社交网络基础上的消费金融机构利用其海量的用户交易、社交数据，精准识别用户的信用风险并进行信用评分，以此作为提供消费金融服务的基础，而消费金融数据的积累进一步扩充了交易主体的信用记录，并进一步推动了消费升级。目前国内结合消费场景推出的消费金融服务已经较为常见，支付宝提供的"花呗""借呗"，京东商城提供的"京东白条"，唯品会提供的"唯品花"，海尔金融提供的"0元购"等消费信贷服务相当于为居民额外开通了一张信用卡。根据流动性约束理论（Liquidity Constraint Theory），无论流动性约束在何时发生，均会降低居民消费。借贷市场的不完美的使得居民无法按照最优路径进行借贷和消费。互联网消费金融缓释了居民流动性约束，释放了受压抑的消费需求，进一步促进了消费，并且场景化的金融服务使得消费金融更加亲民，居民在日常生活场景中均可以接受数字金融提供的投资、融资、消费、保险等金融服务。此外，很多商家对芝麻信用评分达到一定门槛的用户提供免押金的消费服务，促进了居民的消费行为。在数字经济快速发展的背景下，网络消费金融在促进消费需求、推动消费升级方面发挥了积极作用。

最后，数字金融降低了预防性储蓄。面对不确定的经济环境，居民会通过增加预防性储蓄从而减少消费支出。在移动支付、网络融资等快速发展的同时，网络保险业务也出现了爆发性增长。随着网络保险公司发展带来的竞争冲击，传统保险公司也积极布局线上业务，通过网络渠道向居民提供多样化的保险服务，极大提高了居民保险服务的可得性。阿里巴巴等电商平台联合保险机构向消费者提供了便利的小额消费保险，水滴筹、轻松筹、360大病筹等公益众筹平台则为因重大疾病等原因陷入困境的家庭提供了便利的社会援助的渠道。水滴筹官网显示，截至2020年8月底，水滴筹已经成功为经济困难的大病患者免费筹得超过330亿元的医疗救助款，其中，脑出血、肺癌、白血病、乳腺癌、肝癌等疾病累计筹款金额均超过10亿元，累计超过3亿爱心人士提供了爱心捐助。数字金融发展提高了整个社会的保障水平，缓解了预防性储蓄需求，提高了居民消费水平。虽然互联网个人大病求助平台确实抓住了大病救助的痛点，依托商业运作，能够更有针对性地切入大病救助，在解决一部分大病患者的医疗费用难题上发挥了积极作用，搭建起了社会公众关于大病救助的互助桥梁，帮助了不少陷入大病泥潭中的困顿家庭，为众多急需大病救助的人群重新点燃了希望，但由于监管仍有不足，这些平台在运行过程中也暴露出伪造病历筹款牟利、伪造筹款链接骗取筹款、职业筹款推广人筹款抽佣等问题。整体上，

第三是投资活动。根据金融功能理论，集聚并分配社会资金是金融体系最基本的功能。数字金融降低了金融服务门槛，在更大的范围实现了资金的筹集与分配，促进了创新创业活动，提高了社会投资活动水平。数字金融建立的大数据征信管理系统以及众筹融资模式的兴起，有效降低了资金供求双方的信息不对称，能够更加准确识别出优质的项目和企业，降低了贷款信用风险，提高了投资效率。互联网金融机构的强势崛起，改变了金融行业的竞争格局，强化了金融机构之间的竞争，加速了金融业市场化进程，进一步提高了金融体系集聚和分配资金的效率。传统金融机构为应对新型金融机构的挑战积极拥抱数字金融，纷纷进行金融科技战略布局，提高了服务实体经济的能力和效率。数字金融与电子商务相互成就，并衍生出共享经济、直播电商等新兴商业模式，缩短了生产者和消费者之间的空间距离，降低了产品服务提供者与消费者之间的信息沟通成本，使得社会投资更加符合社会发展的需求，减少了无效投资和重复投资，提高了投资质量并衍生出了新的投资领域。总之，数字金融提供了更多投资资金来源，开创了新的投资领域，提高了社会投资水平、投资效率及投资质量。

（2）经济增长与农民收入增长

经济持续增长是提高城乡居民收入水平的重要保证。经济增长促进了地区产出物的增加，能够为解决"三农"问题夯实物质基础。社会整体物质水平的提高会通过"涓滴效应"使经济增长的福利自然流动到农村地区。理论和实践表明经济增长能够解释大部分农民收入增长。人均 GDP 较高的国家，农民收入水平也较高。从我国各地区的实际情况来看（见图3.1），经济发展与农民收入水平高度关联。北京、上海、江苏、浙江等经济发展水平较高的省份，农民收入水平也相对较高。从更根本的角度来看，解决农民收入增长问题的关键是增强农民持续增收的动力。农民增收动力包括农业内部动力和农业外部动力（尹成杰，2006）。内部增收动力主要是指通过扩大耕地面积和种植规模、改善农业生产经营管理、提高农业技术水平、降低农业生产成本等措施挖掘农业生产内部的增收潜力进而形成的促进农民收入增长的能力。外部增收动力是指依靠国家政策、劳动

力转移、科技支持等措施拓展农业外部增收渠道进而形成的促进农民收入增长的能力。外部增收动力一般表现为农民从事非农产业经营、农民工进城务工就业、政府部门实行的惠农扶持政策措施等。理论上促进农民增收需要内部动力与外部动力相结合（尹成杰，2006），尤其是在我国农村人口过多、农民人均占有土地资源很少的现实背景下，仅靠农业内部很难提供持续的增收动力，因此拓展农业外部增收渠道，增强外部增收动力成为促进农民收入持续增长重要途径。林毅夫（2002）指出以提高农业生产率为主要目标的农村发展战略在增加农产品供给、改善城乡居民营养方面做出了很大贡献，但是发展中国家的农村贫困问题并没有因此得到解决。其原因在于，农村人口过多，农产品收入弹性和价格弹性较低，"谷贱伤农"的问题使得农产品增收与农民增收并非必然正向关联，解决农村贫困问题必须以减少农村劳动力为主要战略目标。姜松等（2013）认为财政金融支农政策是冲减农业生产风险，促进农村经济发展和农民收入增长的两把"利剑"。经济增长是农村剩余劳动力转移的助推器，解决农村剩余劳动力最终要靠经济增长（陈朔、冯素杰，2005）。政府支农政策受政策目标和财政实力的影响，而财政实力最终由经济发展水平决定，政府的政策目标也会随着经济发展阶段而调整。虽然助农政策最终与经济增长有关，但是短期内受政府意志的影响较大，且主动权不在农民手中。而农村劳动力及农村人口的非农化与城市化转移更多体现为经济增长带来的机会增加，反映了农村居民积极主动利用产业结构变迁和城市化机会促进自身收入增长和提高生活水平的努力。因此，本书主要从产业结构升级和城市化两个方面讨论经济增长对农民收入增长的传导路径。

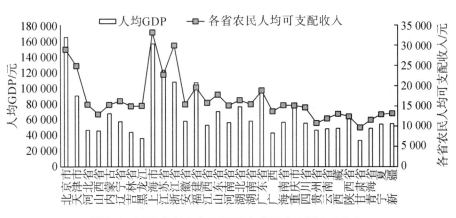

图 3.1　2019 年各省人均 GDP 与农民人均可支配收入

一是产业结构升级。实践与理论研究表明，经济增长会带来产业结构升级，产业结构升级导致的农村劳动力非农化转移则是促进农民收入增长的重要途径。经济发展促进产业结构升级主要体现在两个方面，即需求和供给。从需求方面来看，人均 GDP 的提高会使居民消费结构发生变化，进而使得生产结构和经济结构发生变化。相对于非农产业，农业的收入弹性较小，经济增长对非农产业的需求要远远大于农业产业的需求。从供给的角度来看，生产技术进步推动产品结构的不断变动。由于受到投资回报率、收入弹性、价格弹性等方面的影响，非农领域的技术进步往往大于农业技术进步，这进一步促进了产业结构升级。改革开放以来，我国第一产业的比重不断下降，由 1978 年的 27.7%下降到 2019 年的 7.1%，非农产业比重不断提高。第二产业比重在 2006 年达到峰值，此后不断下降，而第三产业比重则不断上升。2019 年，我国三次产业占国民经济的比重分别为7.1%、38.6%、54.3%（见表 3.1）。从横向来看，2019 年北京、上海的第一产业比重已经不足 1%，天津的比重仅为 1.32%，但是新疆（13.10%）、青海（10.25%）、甘肃（12.15%）、云南（13.08%）、贵州（13.60%）、四川（10.37%）、广西（15.96%）、河北（10.06%）、内蒙（10.83%）、吉林（10.98%）、黑龙江（23.50%）、海南（20.24%）12 个省份的第一产业比重依然较高，产业结构升级存在很大的空间。

产业升级导致了就业结构调整，有利于农村劳动力向工业和服务业转移，解放了束缚在农村小块土地上的劳动力，从而促进了农民收入的增长。在经济发展的早期，农业部门和非农部门存在较大收入差距，非农部门的发展提供了大量的就业岗位，有利于农业部门的剩余劳动力顺利转移，拓宽了农村居民的增收渠道，进而有利于农民增收。根据配第-克拉克定理，随着经济发展和国民收入水平提高，国民经济的主导产业首先转向第二产业，然后再转向第三产业。随着主导产业的变迁，劳动力首先由第一产业转向第二产业，然后再向第三产业转移。相较于第二产业，以服务业为主的第三产业对劳动力的吸纳能力更强，更有利于农业劳动力转移和农民收入增长。2007 年以来，我国第一产业和第二产业的比重均不断下降，第三产业比重不断上升，并在 2012 年（45.5%）超过第二产业（45.4%）成为国民经济的主导产业。2019 年我国三次产业劳动力比重分别为 25%、28%、47%（见表 3.1）。劳动力密集的服务业比重上升提供了更多非农就业的机会。但是相对于增加值比重，第一产业依然承载了太多的劳动力，农业劳动力转移的空间依然巨大，任务依然艰巨。农村劳动力非农化转移也缓解了农业经济的过密化问题，使得农业生产规模不断扩大，促进了农业技术的采用，从而有利于农业生产率的提升。近年来，农村土地流转和农业新型经营主体得到了一定发展，促进了农业现代化转型，这些都有利于农村居民增收。如图 3.2 所示，农业比重较低的省份，农民收入水平通常较高，反之亦然。因此，产业结构升级是经济增长影响农民收入增长的重要路径。

表 3.1 1978—2019 年中国经济增长与农民收入

年份	人均 GDP	第一产业/%		第二产业/%		第三产业/%		城镇化率/%	农民收入
		增加值	劳动力	增加值	劳动力	增加值	劳动力		
1978	385	27.70	70.53	47.70	17.30	24.60	12.18	17.92	134
1985	866	27.90	62.42	42.70	20.82	29.40	16.76	23.71	398
1990	1 663	26.60	60.10	41.00	21.40	32.40	18.50	26.41	686
1995	5 091	19.60	52.20	46.80	23.00	33.70	24.80	29.04	1 578
2000	7 942	14.70	50.00	45.50	22.50	39.80	27.50	36.22	2 253
2001	8 717	14.00	50.00	44.80	22.30	41.20	27.70	37.66	2 366
2002	9 506	13.30	50.00	44.50	21.40	42.20	28.60	39.09	2 476
2003	10 666	12.30	49.10	45.60	21.60	42.00	29.30	40.53	2 622
2004	12 487	12.90	46.90	45.90	22.50	41.20	30.60	41.76	2 936
2005	14 368	11.60	44.80	47.00	23.80	41.30	31.40	42.99	3 255
2006	16 738	10.60	42.60	47.60	25.20	41.80	32.20	44.34	3 587
2007	20 494	10.20	40.80	46.90	26.80	42.90	32.40	45.89	4 140
2008	24 100	10.20	39.60	47.00	27.20	42.90	33.20	46.99	4 761
2009	26 180	9.60	38.10	46.00	27.80	44.40	34.10	48.34	5 153
2010	30 808	9.30	36.70	46.50	28.70	44.20	34.60	49.95	5 919
2011	36 302	9.20	34.80	46.50	29.50	44.30	35.70	51.27	6 977
2012	39 874	9.10	33.60	45.40	30.30	45.50	36.10	52.57	7 917
2013	43 684	8.90	31.40	44.20	30.10	46.90	38.50	53.73	9 430
2014	47 173	8.60	29.50	43.10	29.90	48.30	40.60	54.77	10 489
2015	50 237	8.40	28.30	40.80	29.30	50.80	42.40	56.10	11 422
2016	54 139	8.10	27.70	39.60	28.80	52.20	43.50	57.35	12 363
2017	60 014	7.50	26.98	39.90	28.11	52.70	44.91	58.52	13 432

年份	人均GDP	第一产业/%		第二产业/%		第三产业/%		城镇化率/%	农民收入
		增加值	劳动力	增加值	劳动力	增加值	劳动力		
2018	66 006	7.00	26.11	39.70	27.57	53.30	46.32	59.58	14 617
2019	70 581	7.10	25.10	38.60	27.50	54.30	47.40	60.60	16 021

注：数据来源于历年《中国统计年鉴》，人均 GDP 和农民收入的单位为元。

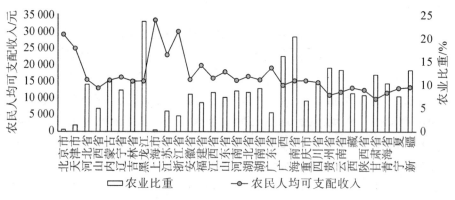

图 3.2　2019 年各省农业比重与农民人均可支配收入

二是城市化。经济增长是多种因素共同作用的结果，而很多因素只存在并集聚于城市这样的综合性功能区域，经济增长的同时促进了城市化发展。关于经济增长促进城市化的理论机制的研究可以追溯到古典分工理论。亚当·斯密在《国民财富的性质与原因的研究》中指出，分工能够促进生产力的提高，但是分工的前提是人口的集中和贸易的发展。而分工的发展反过来又促进了人口的集中，从而促进城市的形成。马克思和恩格斯从农工商的分离来研究城市形成的原因，认为城市的出现源于社会分工。根据区位理论，生产要素通过选择最合适的区域集聚起来，而被选择的区域通常具有教育、交通、市场、环境、资源等方面的优势，随着更多的生产要素向该区域靠拢会形成综合性生产体系，而这一体系的不断发展会促进城市的产生。中国东部沿海城市的形成和发展，正好验证了区位理论的实践价值。内生增长理论通过城市化与人力资本和知识外溢之间的互动机制来讨论城市化，经济增长越快的地方越有利于人力资本积累，人口越密集的地方越容易形成知识外溢，进而其城市化水平也越高。杨小凯创立的新兴古典经济学从分工和专业化的视角讨论经济活动，认为社会分工和生产专业化促进了产业集聚。为降低交易费用人们会选择适宜的区域集中居住，从而促进城市的产生和发展。李清娟（2003）认为产业结构演进决定了城市的自我发展能力。因为产业结构演进使得城市在要素配置、技术创新、医疗卫生、文化教育、社会保障、市场活力等方面具有无法比拟的优越性。从我国各地区的实际情况来看，经济发达的省份城市化水平也往往较高，反之亦然。

城市化推动的农村人口、农村剩余劳动力转移，是增加农民就业机会、促进农民收入增长的重要途径，城市化也有助于促进农村人力资本积累、提高财政涉农支出效率、推动农业技术进步，进而促进农民收入增长（吴欣，2016）。吴敬琏（2002）认为通过土地改革以来半个多世纪的努力，我国"三农"问题依然没有取得重大进展，原因在于农村人口和农村剩余劳动力过多，人均占有资源尤其是人均占有土地资源过少，农业用地存在明显的规模报酬递减的特征，农业生产率提高缓慢，而成本却快速提升。在上述基本条件没有发生改变的情况下，其他措施在提高农业生产率、增加农民收入方面将收效甚微。因此，实现农村剩余劳动力转移是解决"三农"问题的关键。胡鞍钢（2003）认为中国"三农"问题源于"四个比重"持续下降[①]，加速城镇化是解决"三农"问题的根本途径。林毅夫（2003）认为减少农民数量、促进农村富余劳动力向城镇和非农产业转移，对繁荣农村经济、解决"三农"问题具有重要战略意义。因此，妥善解决农村劳动力转移及相关问题，就能提高农民收入，缩小城乡收入差距。张车伟和王德文（2004）发现农民收入增长的来源发生了根本性变化，由依靠经营性收入为主转向依靠劳动报酬收入为主，并且农民收入增长来源出现了单一化趋势。农民收入问题不再是单纯的农业问题，而更多地与农民非农就业问题相关联。因此，农民收入增长的问题也就成了如何解决农民非农就业问题。蔡继明等（2007）认为"三农"问题是制约我国经济可持续发展的重要因素，而城市化则是解决"三农"问题、促进农民增收、缩小城乡差别的根本途径。在巨大的人口压力下，我国农业长期存在着"过密化""内卷化"困境。黄宗智和彭玉生（2007）指出我国农业的低收入和农村劳动力过剩问题，必须等待进一步的城镇化才有可能解决。如果政府措施得当，农民隐性失业问题可以在10年间改善，农民低收入问题可以在25年间得到缓解。过去40多年，中国是世界上城市化速度

---

① "四个比重"持续下降是指农业GDP的比重下降，农业劳动生产率相对全国平均劳动生产率下降，农民人均收入与人均GDP的比值下降，农业收入占农民收入的比重下降（胡鞍钢，2003）。

最快的国家之一，大规模的人口从农村进入城市，尤其是东部沿海城市吸纳了大量的农村剩余劳动力和农村人口。快速推进的城市化为近 3 亿农民工提供了工作机会，减少了农民剩余劳动力和农村人口，增加了农民收入。但是我国农村人口依然较多，各地区城市化发展并不均衡，城市化还有很大的提升空间。统计数据显示，截至 2019 年年末，我国城市化率为60.6%，还有 5.5 亿人口长期居住在农村，约占总人口的 39.4%。如图3.3 所示，从各省份城市化发展的情况来看，北京、上海、天津已经充分实现城市化（城市化率均超过 80%），但是其他省份的城市化还有很大的提升空间。特别是西部省份城市化水平整体较低，其中西藏（31.62%）、甘肃（48.51%）、云南（48.91%）、贵州（49.02%）的城市化率不足50%，新疆、宁夏、青海、陕西、四川、广西的城市化率低于全国平均水平。从城市化与农民收入的关系来看，城市化率较高的省份，农民收入水平也往往较高。因此，即使在当前大力推进乡村振兴的背景下，推进城市化、促进农村人口向城市转移依然是促进农民收入增长的重要渠道。

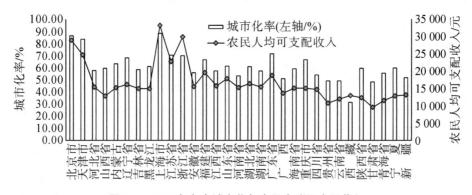

图 3.3　2019 年各省城市化与农民人均可支配收入

3.3　直接作用机理

数字金融影响农民收入增长的直接作用机理侧重于数字金融为农村居民和企业提供有效的金融服务，挖掘农业农村内部增收潜力，提升农业经济竞争力，促进现代农业发展，繁荣农村经济，进而从农业农村内部增强农民收入增长的动力，促进农村居民持续增收。我国农村金融市场主要面对分散的小农和乡村中的小微企业，传统农村金融市场存在严重的金融排斥，难以满足农业农村经济发展所需要的金融服务①，严重制约了农业农村经济发展和农村居民收入增长。数字金融通过互联网平台提供金融服务，对物理网点、人工服务、营业时间的依赖程度大为降低，具有更强的时空穿透性，能够提供7×24小时连续不间断的金融服务，有效降低了金融服务的成本和客户准入门槛，扩大了金融服务的覆盖范围，为农业农村经济发展提供了便捷、安全、低成本的支付、融资、理财、保险等综合性金融服务支持，从而有助于提高农村资源配置效率，提高农业市场化、产业化、现代化水平，促进农业农村经济的发展和农民收入增长。在数字经济时代，数字金融已经成为农业农村经济发展、农民收入增长不可或缺的条件。

（1）数字金融降低了金融服务的使用成本，提高了农村居民有效金融需求水平

发达的互联网使数字金融服务通过移动终端就可以办理，而且整个交易流程标准化，应用程序更简化，服务方式更便捷，能够降低农户使用金融服务的时间成本、交通成本。互联网提供了丰富及时的财经资讯以及获取各种金融知识便捷渠道，农户不再需要到物理网点了解掌握金融产品的作用、功能和使用条件，有效降低了农户学习使用金融服务的参与成本。不断迭代更新的APP界面使得数字金融服务更加亲民，具有更好的用户体验，增强了农村居民使用金融服务的意愿。数字金融驱动的新兴线上商业模式吸引了大量农村居民参与在线商务活动，客观上促进了新的金融需求的产生。这些将有助于缓解农村地区的金融服务有效需求不足和金融排斥问题。同时，随着新兴互联网金融机构进入农村金融市场，金融机构之间的竞争日益激烈，使其不断创新金融产品和服务，这也刺激了互联网支付、互联网信贷、投资理财、互联网保险等创新服务和产品的快速发展，成为了传统金融产品和服务的补充，满足了农户对不同作用、不同功能、

---

① 农村金融交易规模小、交易频率高，缺乏有效的抵押和担保，或抵押较少，建立信用所需的信息难以获得或者获取成本过高，因此要求金融服务具有简便性、灵活性、及时性。再加上农村经济尤其是农业收入的不稳定性、低收益性、自然风险与市场风险并存等特征，使得农村金融交易成本、资金使用成本、金融交易的风险均比较高。传统正规金融机构不仅不愿意涉足农村金融市场，其形成的一整套的规避风险的措施甚至禁止了农村金融交易的发生，使得农村经济发展所需要的金融服务往往因为正规金融服务供给短缺和非正规金融成本过高而难以得到有效满足。

不同抵押担保条件的金融产品和服务的差异化需求。农村地区不同群体和处在不同发展阶段的资金需求主体，对金融服务需求种类和需求程度并不一样，数字金融利用大数据、移动互联网和区块链等信息技术，创新出更多的金融产品和服务，满足了不同经济主体的多样化多层次金融服务需求，进一步缓解了农村地区的信贷约束，为农业农村经济发展提供了成本可负担、商业可持续金融服务。这意味着很多即便不符合传统金融体系抵押担保条件的农户，在数字金融条件下也可以通过多样化的渠道实现资金融通和风险管理，以保障和改善其家庭生活条件，有利于提高其收入水平。

（2）数字金融降低了金融服务成本，提高了金融服务可得性，降低了农村居民融资约束

低成本和高收益是金融机构共同的价值取向和追求目标。金融的核心是跨越时间和空间的价值交换，但是传统金融体系存在着严重的农村金融排斥。通过铺设物理网点及招聘业务人员拓展金融业务往往需要比较高的成本，这使得高质量、多样化的金融服务很难触及农村区域，特别是偏远地区的农村，其金融服务极为匮乏。信贷机构为了降低经营成本，通常会倾向于将信贷资金发放给可以摊薄每单位金融服务成本的大中型企业，对于分散的小额金融服务，特别是偏远农村地区的金融服务，由于收集用户相关信用信息比较困难，贷款的使用监督及催收管理也极为不易，这使得传统金融机构不愿意为农村居民提供信贷服务。数字金融基于互联网虚拟空间开展各类金融业务，互联网的泛在性（Ubiquitous）特征使得数字金融的边际成本几乎为零，能够有效降低各类交易主体期限匹配和风险分摊的市场交易成本，使金融服务门槛大大降低。例如，随着移动终端、身份验证与人脸识别等数字技术的发展成熟并广泛应用于金融领域，资金支付、远程开户等业务都可以通过移动终端进行，能大大节省建设金融物理营业网点、招募大量业务人员产生的巨额投资成本。随着数字金融业务模式的兴起和移动终端的普及，大数据、云计算、人工智能技术能够以较低的成本对海量的用户数据进行提取、储存、处理、分析和应用，开发更加有效的大数据征信模型和风控管理系统，有效缓解农村金融服务的信息不对称问题，有助于提供更加精准的金融服务。

对大多数小农而言，自身资本积累极为有限，增加信贷投入对提高农

民收入水平而言是必不可少的（Lewis，1954）。数字金融提供了网络借贷、众筹、供应链金融等多种形式的融资服务，为农村经济发展提供了多样化多层次的融资选择。金融机构利用大数据征信构建的风险管理系统降低了对信贷记录、财务报表、抵押担保等传统信贷技术依赖，降低了金融服务弱势群体的成本和风险，提高了农村居民和小微企业融资服务的可得性，缓解了农业农村经济发展面临的融资约束。如图 3.4 所示，在传统信贷市场中，由于资源稀缺性和信息不对称性，实际的供给曲线 S′往往呈现"臂弯"形特征，并位于完全竞争市场供给曲线 S 的上方。这是因为信贷市场存在逆向选择和激励效应，当利率超过某一水平后，银行的预期收益率会随着名义利率的上升而下降。当银行预期收益最大时，均衡利率为 R^*，均衡贷款量为 Q'，对应的信贷缺口 $Q'Q^*$ 通过信贷配给来实现。如果存在非市场力量将利率压低到 R_1 的位置，将会产生"超常态"的信贷缺口。此时，银行可以提供的信贷配给不足以覆盖利率下降产生的信贷缺口，从而导致信贷供给不足。王馨（2015）认为我国小微企业长期融资难的问题与"超常态"的信贷配给有关。相对于城镇，农村金融市场竞争不足，抑制更为严重，因此农村金融市场的"超常态"的信贷配给问题可能更为突出。数字金融解决小微企业融资有其内在优势，有利于解决小微企业融资市场信息不对称的问题，降低小微企业的融资成本，提高金融机构的风险防范能力，推动供给曲线向右移动。比较典型的例子是 P2P 平台撮合"长尾市场"达成交易，蚂蚁金服等基于电商的数字金融平台对小微企业和个人消费者提供了资金支持，扩展了融资渠道，并通过大数据征信有效控制了信贷风险。大数据、云计算、人工智能等先进的数字技术可以提升金融机构信息处理速度、质量与准确度，大大降低了金融服务的运营成本，并有效分散了小微信贷风险；互联网科技公司加入金融服务业增强了金融体系的竞争程度，推动金融体系的市场化改革，提高了金融体系的运行效率，推动金融供给曲线向右移动。数字金融降低了信贷成本，扩大了信贷交易可行性边界，改善了农业农村经济面临的信贷约束，有利于农村居民增收。

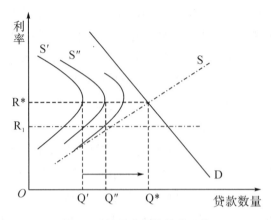

图 3.4　信贷市场中信贷配给

（3）数字金融提供了便捷的支付方式，为农村居民生产经营活动提供了便利

数字金融提供了便捷、安全、即时的数字支付网络，与传统支付方式相比，网络支付摆脱了时间和空间的限制，通过智能手机和平板电脑等移动终端设备，使那些即使身处偏远地区的农村居民也可以获得高效快捷的支付服务，提高了那些难以从传统金融机构获得金融服务的小微企业、农民及其他低收入群体的金融供给水平，改善了小微企业、"三农"和偏远地区的金融服务质量，在较大范围上提升了金融对实体经济的造血功能。数字金融具有高效、即时、便捷及低成本等优点，其规模效应可以将单笔交易成本降低到极致，突破了传统金融服务的"二八定律"。主流网络支付平台不仅提供支付服务，还提供转账、理财、保险及购物分期等综合性服务，极大丰富了金融服务的种类。2004 年，支付宝开启了担保交易的第三方交易模式，以解决淘宝交易中买卖双方不信任问题。2007 年，支付宝开始独立服务阿里巴巴以外的支付场景。近年来，二维码支付、刷脸支付、指纹支付快速发展，为线下小额便民支付提供了方便。数字支付已经成为数字金融的基础设施，为农村居民及小微企业经营带来了交易便利。随着农村基础设施的完善，数字金融推动的电商、直播带货等新型商业模式给农产品出山带来了便利，提高了小农户对接大市场的能力，推进了农产品市场化水平，提高了农业生产的集约化程度，提高了农业现代水平与市场竞争能力。便利的支付方式带来生活便利的同时提高了生产经营效率，有利于农民收入增长。

（4）数字金融为农村居民提供了参与财富管理和风险管理的机会

理财是优化农村居民金融资产配置和平滑消费的必要手段。作为一种新兴的理财模式，互联网理财可以触达更多的用户，更好地培养农村居民理财意识，提高农村居民的金融素养，更有效地推动普惠金融发展。互联网理财并不是简单的理财线上化，还通过智能化和数字化手段为居民提供决策支持等增值服务，在居民财富管理、金融资产配置、消费升级等方面发挥重要作用。数字金融提高了农村居民理财服务的可得性。互联网理财平台的起投门槛较低，为无法参与传统理财服务的农村居民提供了更多理财的机会。大部分互联网理财周期短、手续费少，用户能够在手机客户端灵活地操作，显著提升了不同资金水平用户的理财服务可得性，使农村居民选择不同理财产品时更加便利。互联网理财平台能够对诸多信息进行整合，提高了信息透明度，便于投资者在不同理财产品之间进行比较选择。智能投顾问能够满足不同层次投资者的理财服务需求，帮助用户从多样化的投资产品中选择与自身资产状况和风险承担能力相匹配的资产组合。人工智能能够精准捕捉不同用户的理财需求，设计个性化多样化的理财产品，并将合适的产品卖给合适的人。数字金融能够降低金融机构运营成本，缩小大中小金融机构之间的差距，让有实力的中小金融机构在理财市场中立足，提升整个行业的投资管理能力和服务品质，进而有助于农村居民获得优质的理财服务，实现资产保值、增值。

数字金融提供了方便的在线保险服务，有利于农村家庭分散风险，提高保障水平。相对于支付、理财、融资服务而言，保险服务更多体现为保障功能。这有利于农村居民在不确定的环境中增强抵御风险的能力，改善生产条件，提高家庭收入和生活水平的稳定性。相对于支付、信贷服务，农村居民的保险服务更为缺乏，能够获得的人身财产保障程度较低，因病、因灾、因残致贫的现象时有发生。互联网保险的发展，方便了农村居民获得了便捷的财产与人身保险服务，提高了其抵御风险的能力。网络公益众筹的发展为遭受重大疾病的家庭提供了对抗病魔的融资渠道。在农村地区，尤其是偏远的农村地区以及农业主产区，农业收入依然是农村家庭收入的重要来源，保障农业生产的稳定性对农民增收具有重要意义。但是农业生产面临自然风险和市场风险的双重风险，这种高风险导致农民收入增长不稳定。针对农业生产的保险服务主要有应对自然灾害的农业保险及特色农产品保险，应对市场价格波动的价格保险，以及既保自然风险又保市场风险的收入保险。但是由于中国传统农业生产规模小，传统农业保险交易成本高，勘灾、定损、理赔困难，导致保险公司和农户的参与意愿均不高。近年来涉农保险机构开始探索农业保险数字化转型，保险公司利用手机 APP 等线上工具开展保险宣传教育、投保信息采集、保险费收缴以及赔付金理赔，运用遥感、无人机等技术实现勘灾、定损、理赔，降低了保险运营成本，推动了农业保险的扩面、提质、增效，为农业生产经营提供了风险保障，增强了农业生产的风险防御能力。2020 年的新冠疫情，加速了农业保险全流程数字化，进一步提高了农业保险的效率。互联网人身险和其他财产保险加速了线上业务布局，并积极推出了长期保障性产品，降低了保险门槛，有利于农村家庭获得方便快捷的保险服务，以抵御意外风险带来的冲击。

3.4 门槛效应作用机理

3.4.1 数字金融本身的门槛效应作用机理

建立在互联网等数字技术基础上的数字金融具有网络经济普遍存在的外部性特征，具有明显的规模经济和范围经济效应（见图 3.5），并存在城乡发展的非均衡性，从而使得数字金融对农民收入增长的影响可能存在门槛效应。

第一，数字金融具有规模经济特征。一是用户规模。网络经济具有广泛的外部性特征，根据麦特卡夫定律（Metcalf Law），互联网的价值与接入的网络用户数量的平方成正比。数字金融依托互联网提供了金融产品服务，因此满足网络经济外部效应这一特征（王馨，2015）。在数字金融领域，任何经济主体关于金融产品的生产和消费都与别人的经济结果相关联，外部性问题普遍存在。用户数量增加激励了金融产品服务的创新，促使数字金融服务提供商改进和完善金融产品服务的功能，增加互补品的供给数量并降低价格，从而增强数字金融网络的整体功能，使得所有用户效用增加，功能强大的数字金融网络能够吸引更多潜在用户加入。数字金融用户与数字金融网络功能之间的正向驱动，反映了数字金融强大外部性特征。这种用户与用户、用户与数字金融供给方之间的有效互动形成了数字金融发展的金融"加速器"机制，提高了数字金融的价值。在网络外部性的作用下，数字金融功能与用户规模形成的正反馈系统使得参与数字金融的农村居民从数字金融发展中获得的经济价值随着数字金融覆盖率的提高而递增。二是业务规模。首先，使用金融服务均具有一定固定成本，业务量越高，单位业务分摊的固定成本就越低。其次，在大数据金融模式下，数字金融机构需要收集足够的用户数据以对用户进行信用评估，只有当用户的信用评分达到预定的门槛值，才能享受相应的金融服务。如蚂蚁金服根据芝麻信用评分确定用户的信用额度，合作商家则规定达到特定信用评分条件的用户可以享受住酒店"免押金"等服务。这意味用户需要不断积累业务量以提升自己的信用评分，当评分达到预设的门槛值，数字金融的价值得到更进一步跃升。

第二，数字金融具有范围经济特征。数字金融的边际价值不仅随着用户数量增长而增加，还会随着金融业务种类的增加而增加，这对供给方而言则意味着服务成本减少。数字金融的范围经济在一定程度上源自互联网平台的可延伸性和广泛链接性，由此带来了数字金融的跨界融合，为消费者提供越来越多样化的金融服务，促使各项业务之间协调发展，形成良好的正反馈效应。可延伸性是指在互联网上完成一项业务后可以派生出其他业务。广泛链接性对数字金融意义非同小可，链接越广，则流量越多，资源越多，价值越高，没有链接的数字金融平台就如同一座孤岛，没有任何意义。数字金融不像传统金融那样产业界限分明、难以逾越。在互联网环境下，产业之间界限比较模糊，金融业务与非金融业务，各类金融业务之间容易发生跳转。从数字金融发展的过程来看，互联网金融伴随着电子商务和社交网络的兴起应运而生，其发展经历了电子商务、互联网支付、互联网金融、综合性金融业务、全能型金融服务集团等阶段。电商平台和社交网络是轻资产式的虚拟营业场所，当这些平台具有一定流量和用户基础后，就会将业务延伸到互联网金融，实现电商、社交与金融一体化，构成金融生态圈。国内蚂蚁金融、腾讯金融等互联网金融巨头的发展路径无不如此。电子商务与数字金融形成了正反馈效应，网络支付为电子商务发展提供了实现条件，电子商务为互联网金融提供了可以延伸的各种应用场景。比如，支付宝开创了虚拟账户和担保交易的支付模式，在当时信用环境较差的情况下，很大程度上解决了网络交易双方由于信息不对称导致的信任缺乏问题，极大地促进了电子商务和支付宝自身业务的发展，催生了蚂蚁金服旗下众多的金融业务类型。不仅互联网公司借助电商的客户和流量规模开发了各种金融业务，而且商业银行、保险公司、证券公司等主流传统金融机构也借助互联网做支付、网贷和理财等提供一站式的金融产品服务。由于数字金融的范围经济特性，金融机构相互跨界加速了金融混业发展。数字金融的跨界发展使得不同数字金融业务之间相互交融，可以针对小微企业和农村居民的金融需求提供各种不同的金融产品服务，能够创造比任何单一金融产品更大的价值。在综合式、一站式的金融体系中，数字金融服务使用者节省了因金融需求不同而与各种金融业务提供者建立联系的成本，而且由于不同金融业务之间存在的信息共享机制，使得数字金融机构有动力约束自己的不良行为，这进一步提高了金融效率，提升了数字金融的价值。

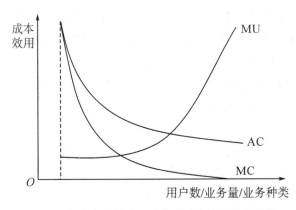

图 3.5 数字金融的边际成本递减和边际效用递增

第三，数字金融具有城乡非均衡发展特征。与互联网普及的城乡非均衡发展类似，数字金融也存在着城乡非均衡发展特征，这对农民收入增长可能带来两个方面的影响。首先，在数字金融发展的早期，数字金融的使用者主要以城镇居民为主，农村居民的参与活动较为有限。随着数字金融发展，城市用户扩张趋于饱和，而农村由于通信网络改善和互联网普及率大幅提高，成为数字金融用户的快速增长点。这意味着在早期阶段，数字金融对农民收入增长的影响较小，随着数字金融在农村的快速渗透，对农民收入增长的影响会逐步增强。其次，数字金融扩张存在"新人"激励效应。数字金融网络的形成是一个渐进过程，在网络扩张过程中有些人属于先期进入者，另一部分人则属于新进入者，网络外部性使得数字金融对新进入者存在激励效应。如图 3.6 所示，图中内部椭圆表示先期进入者形成的由 N 个人组成的网络，外部椭圆表示另外 N 个人加入后形成的由 2N 个人组成的网络（这些人可能是自愿加入的，也可能是网络强行扩张后被动加入的），方框表示网络的最大边界，外部椭圆与方框之间的部分表示潜在进入者。假定原有网络的总价值是 C，则每个人获得的价值是 C/N。当网络人数扩大到 2N 时，根据梅特卡夫定律，网络的总价值是 2^2C，平均每个人的价值为 2C/N。对于整个网络来说，由新加入者带来的价值增值是 3C，其中 2C 属于网络新进来者，C 属于网络先期加入者。数字金融的网络外部性使得新进入者获得的边际价值高于先期加入者，由此形成了数字金融的"新人"激励效应。当网络足够大时，数字金融网络能够为新加入者提供足够大的边际收益进而吸引更多潜在用户的加入，由此形成了数字金融网络的加速扩张机制，而网络扩张给新进入者提供的较多的边收益成为数字金融改善收入分配的基础。由于数字金融业务是由城市逐渐拓展到农村地区，相对于城市居民，农村居民无疑是数字金融领域的新进入者，能获得较高的边际价值。

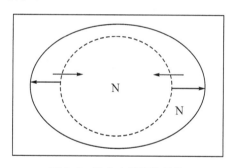

图 3.6　数字金融网络扩张

3.4.2　人力资本门槛效应作用机理

现代经济增长理论认为人力资本是一切资源中最为重要的资源，在经济增长中的作用远大于物质资本。人力资本不仅直接影响劳动生产率，还影响技术选择适配性（姜雨、沈志渔，2012）以及对知识和技术的吸收能力（王军、常红，2020），从而影响其他要素的产出效率。数字金融为所有用户提供相对公平地享受金融服务的机会，但是这种机会的实现程度与数字基础设施建设程度及居民金融素养水平等方面密切相关，而人力资本是影响农村居民学习能力、金融素养等个人能力的重要因素，对数字金融的农民增收效应可能产生重要影响，其影响主要有以下三个方面。

第一，较低的人力资本不利于农村居民接触互联网及数字金融。数字金融建立在互联网等数字技术的基础上，接入互联网是农村居民使用数字金融的前提条件。用户除了需要拥有智能手机等终端以接入互联网的物质条件以外，具备基本的识字能力、电脑和网络操作技能对享受数字金融服务同样重要。随着数字金融覆盖面的快速扩张，互联网技能缺乏与文化水平限制已经成为制约农村居民使用数字金融的主要因素。事实上，截至2020年12月我国仍有4.16亿非网民人口，非网民以农村地区为主，农村非网民占总数的62.7%[1]。在不上网的多个原因中受不懂电脑和网络操作技能以及不懂拼音等文化水平限制的比例分别高达51.5%和21.9%，远远高于因没有电脑等上网设备所占的比例。与全国相比，农村地区该类问题则更为严重。数据显示，2016年农村居民因不懂电脑操作技能而不上网的比例高达68%[2]，知识的缺乏及认知不足导致农村居民互联网使用需求较弱，进而严重阻碍了数字金融在农村地区的普及。此外，年龄因素、上网设备不足及网络连接等问题也是阻碍农村居民接触互联网进而阻碍其使用数字金融的重要原因。

第二，人力资本影响农村居民对数字金融业务的需求。数字金融产品内涵丰富，包括最基本的支付业务，以及在此基础上衍生的货币基金、信贷、保险、投资、信用等扩展性金融业务。这些业务分为生存型、保障型和发展型等不同层次，不同知识储量的居民对数字金融的需求会存在显著差异（梁双陆、刘培培，2018），因此其获得的收益也明显有区别。调查数据显示我国约72.7%的农村网民文化水平在初中及以下[3]，农村居民使用较为频繁的数字金融业务分别为网络支付和网上银行，也有其他数据显示，81.21%的农村用户对数字金融的使用止步于支付宝和微信支付[4]，对其他类型的数字金融产品的使用程度较低。人力资本不足导致的金融素养缺乏可能影响了农村居民在其他数字金融业务上的使用，进而对农村居民获得的收益产生影响。

第三，人力资本影响农村居民使用数字金融的质量。如果用户对数字金融的使用仅仅限于支付等最基本的功能，那么人力资本所导致的收益差异可能不太明显；但是当数字金融通过支付、投资、融资等方式影响居民

---

① 中国互联网信息中心（CNNIC）. 第47次中国互联网发展状况统计报告，2021年2月。
② 中国互联网信息中心（CNNIC）. 第38次中国互联网发展状况统计报告，2016年6月。
③ 中国互联网信息中心（CNNIC）. 2015年农村互联网报告，2016年8月。
④ 上海财经大学. 中国农村互联网应用报告，2018年6月。

的创业、就业及投融资等方面的决策时，不同人力资本所产生的影响就不得不加以考量。此外，随着数字金融产品的创新演化，很多结构复杂、风险极高的金融产品被不断创造出来。这些产品的复杂程度远远超出一般金融消费者的理解范畴，高度创新的数字金融服务与低水平金融素养的金融用户所形成的错配势必会降低金融效率，加剧金融风险，甚至招致巨大损失。就当前我国农村网民学历结构来看，网民的文化水平与数字金融高速创新的节奏明显不相匹配。数字金融创新对用户产生的这种"挑剔性"使得只有少部分具有较高教育水平和金融素养的合格用户才能全面参与数字金融市场，文化水平较低和金融素养不足的用户为了不被"薅羊毛"，理性的选择是根据自己的风险承受能力和收入水平有限参与数字金融市场。但现实情况要糟糕得多，常有消费者因购买高风险数字金融产品而蒙受损失。

第四，随着数字金融产品和服务的迭代更新，其操作流程越来越便捷，使用成本越来越低，这有可能降低数字金融对人力资本的要求，使得年老、教育水平较低的农村居民也能够通过简单的学习从而能够使用数字金融服务。因此，在某种程度上，数字金融在这些方面的发展可能更加倾向于将低人力资本的农村居民纳入金融服务范围，相对于具有较高人力资本的群体，数字金融的便捷化、低成本对低人力资本的农村居民的增收效应可能更为明显。基于上述分析，数字金融发展及不同维度对人力资本的匹配要求存在差异。

3.5 空间溢出机理

人类社会经济活动依靠特定地域空间来展开，围绕生产、分配、交换和消费的整个经济循环过程通过资金、商品、人口及信息的流动将乡村、城市、交通运输点、商业中心、金融服务等经济中心紧密联系在一起，组成一个经济活动系统。中国是一个统一的大市场，各种资源在区域的流动较为充分，数字金融对农民收入增长存在着空间溢出效应。除了数字金融发展本身具有空间集聚性（郭峰 等，2019）以外，至少还存在着以下两个方面的原因。

首先，农民收入增长存在着空间关联性。改革开放以来，农民收入中农业收入、经营性收入的比重越来越低，非农收入、非经营性收入的比重越来越高。较高的农民收入增长意味着较高的非农产业发展水平和较为充分的就业机会。在交通成本以及基于地缘关系形成的语言、习俗、饮食等多种因素的共同作用下，相近区域之间的模仿学习的成本相对较低，相似的社会经济条件也使得这种模仿学习行动可能更容易取得成功，而频繁的人口流动，尤其农村人口的跨区域流动，强化了相近区域间农民收入增长的关联性。现代信息技术的发展则进一步打破区域间的信息阻隔，促进了区域间的社会经济联动性，增强了区域农民收入增长本身的空间关联性。

其次，数字金融、数字经济的发展，有利于知识的溢出，降低了社会分工因地理距离产生的沟通协调成本，使得当地的经济活动可能转移到其他地区。建立在互联网等数字技术基础上的数字金融具有网络经济的基本属性，它将各个区域的金融、经济活动链接成一个整体，通过扩散效应，使经济发展水平较高的地区带动经济发展水平较低的地区的经济发展，同时伴随着农村人口非农化、城市化的转移，对农民收入增长产生正向的空间溢出效应。数字金融也可能产生负向的空间溢出效应，数字金融减轻了资金、信息、技术等跨区域流动的障碍，使得各种生产要素能够方便快捷地流向高收益地区，从而产生集聚效应，因此一个地区的发展可能是以另一个地区的衰落为代价的。

根据以上分析，本书提出如下研究假说。

假说1：数字金融具有低成本、便捷性、广覆盖、可持续等优势，有利于降低信息不对称并突破弱势群体的金融服务门槛约束，提升了农村金融服务的有效需求和供给水平，提高了金融服务的普惠性和包容性，从而促进农民收入增长。

假说2：数字金融对农民收入增长的影响存在基于自身发展水平和人力资本的门槛效应，并具有空间溢出效应。

假说3.1：数字金融通过中介变量和渠道，有效带动农民收入增长。

假说3.2：数字金融有助于提高金融服务实体经济的能力，通过经济增长效应，数字金融能够有效带动农民收入增长。

假说3.3：数字金融有助于促进农户家庭创业并提高创业绩效，从而有效带动农民收入增长。

3.6　本章小结

　　本章主要对农民收入增长与数字金融的概念进行界定，分析了数字金融影响农民收入增长的作用机理。研究认为，数字金融对农民收入增长的作用主要通过间接作用和直接作用机制来实现。间接作用机制是指数字金融促进了经济增长和家庭创业，进而带动了农民收入增长。直接作用机制是指数字金融发展降低了交易成本，提高了农村金融有效需求及供给水平，有效缓解了农村排斥，为农村经济发展提供了金融服务支持，从而促进了农民收入增长。由于数字金融发展具有规模经济、范围经济、城乡非均衡发展等特征，数字金融发展对农民收入增长的影响可能存在基于自身发展水平的门槛效应；考虑到人力资本在数字金融发展及现代经济增长中的重要作用，数字金融发展对农民收入增长的影响可能存在人力资本门槛效应；考虑到经济活动的空间关联性，数字金融发展对农民收入增长的影响可能存在空间溢出效应。

4　总体效应分析

从数字金融影响农民收入增长的作用机理可知，数字金融可以通过多种方式对农民收入增长产生影响。事实上，数字金融作为数字技术与金融服务相结合的产物，能够降低金融服务成本和金融服务门槛，突破金融机构营业网点和营业时间的限制，扩大服务边界和提高金融服务实体经济的质效（星焱，2021），契合了小微企业和农村居民对金融产品服务创新的需求，有助于拓展农民增收渠道，促进农民收入增长。本章从宏观视角出发，采用线性面板模型讨论数字金融影响农民收入增长的总体效应。具体地，采用2011—2018年的省级面板数据检验数字金融各维度对农民收入增长与收入结构的影响，从地区差异的角度进行异质性分析，并讨论数字金融对不同收入群体的增收效应。

4.1　引言

拓宽农民增收渠道，促进农民收入增长是"三农"领域的热点议题，也是"三农"工作的中心任务。受宏观经济"三期叠加"[①] 的影响，农村居民外出就业面临严峻挑战，在农业生产成本"地板"和农产品价格"天花板"的双重挤压下，农民收入持续增长面临较大的压力，突如其来的新冠疫情也对农民收入增长带来负面影响。理论和实践研究表明，影响农民收入增长的因素包括资本要素、科技进步、人力资本、劳动力转移、基础设施建设、农业产业发展、国家的财政金融政策等。其中，金融作为现代

---

① "三期叠加"是中国经济发展的阶段性特征，分别是"增长速度换挡期""结构调整转型期""前期刺激政策消化期"。

经济的核心，在推动经济增长和促进城乡居民收入增长方面发挥重要作用；但是我国传统的金融体系存在严重的金融抑制问题，金融服务缺乏普惠性，难以完全覆盖到小微企业、农民等低收入群体，难以触达老、少、边、穷地区。针对农村地区金融服务严重不足，党中央在 2003 年提出要系统性解决农村金融问题，建立了大量的村镇银行、小额贷款公司，并启动了农村信用社改革等重要政策措施，这对改善农村金融服务发挥了很大作用。但是农村金融仍然处于资金净输出的状态，农村融资难、融资贵的问题尚未得到根本性扭转。农村金融面临可持续性问题，综合性金融服务面临严重不足，农村经济发展和农民收入增长支持乏力，需要寻求新的动力促进农村居民持续增收。

数字金融快速发展可能为农民收入增长带来新的机会。随着互联网、云计算、大数据、人工智能和区块链等数字技术的快速发展及其在金融领域的广泛应用，人类社会逐步迈入数字金融时代。数字金融作为数字技术与金融服务高度融合的产物，具有低成本、广覆盖、可持续的优势，降低了信贷服务对财务报表、信贷记录、抵押担保等传统信贷技术的依赖，提高了金融服务的可得性，通过促进消费投资、激励创新创业、支持新的商业模式等途径提升了金融服务实体经济的能力，为农民收入增长带来了更多的机会。数字金融有望通过金融组织与金融服务等方面的创新，不断缩小数字鸿沟，解决农村普惠金融发展长期面临的低收益、高成本、效率与安全难以兼顾等瓶颈问题，惠及被传统金融排斥的大量农村居民，有助于缓解他们的金融约束，使其获得便利且低成本的支付、投资、融资、保险等金融服务，并改善他们的消费行为，促进他们的创业、投资、经营及就业活动，提高农村资金配置效率，促进农村经济发展，进而促使农民收入增长。

4.2 模型构建、变量选取与估计策略

4.2.1 模型构建

根据第 3 章的理论分析，数字金融具有低成本、便捷性、广覆盖、可持续等优势，有利于降低信息不对称并突破弱势群体的金融服务门槛约束，提升了农村金融服务需求的有效性和供给水平，提高了金融服务的普

惠性和包容性，从而促进农民收入增长。为此，借鉴以往的研究文献[①]，构建如下面板计量模型检验数字金融对农民收入增长的总体效应。

$$\ln IN_{it} = \beta_0 + \beta_1 \ln DF_{it} + \beta_2 NHTZ_{it} + \beta_3 \ln H_{it} + \beta_4 TRADE_{it} + \beta_5 \ln NJ_{it} +$$
$$\beta_6 \ln HF_{it} + \beta_7 CZ_{it} + \beta_8 JR_{it} + \mu_i + \varepsilon_{it} \qquad (4.1)$$

其中，IN 表示农民收入，β_0 表示截距项，DF 表示数字金融，NHTZ 表示农户投资，H 表示农村人力资本，TRADE 表示贸易开放水平，NJ 表示农业机械化水平，HF 表示化肥使用量，CZ 表示财政支农水平，JR 表示金融支农水平，μ_i 表示个体固定效应，ε_{it} 表示随机误差项。

4.2.2 变量选取

被解释变量：农民收入增长。本书选取农村居民人均可支配收入（NI）及其四个分项指标，即人均经营性收入（JY）、人均工资性收入（GZ）、人均财产性收入（CC）、人均转移性收入（ZY），作为衡量农民收入的代理指标。采用各省消费者价格指数进行调整并取自然对数得到实际农民收入增长。其中，2011—2012 年的人均收入用农村居民人均纯收入替代。

核心解释变量：数字金融。目前国内能够获得的较为全面地反映省域数字金融发展水平的指数是北京大学数字金融研究中心发布的"北京大学数字普惠金融指数"，该指数基于蚂蚁金服集团关于数字普惠金融的海量数据编制，能够较为全面地从总体层面及各维度层面反映数字金融动态演化过程，具有横向和纵向的可比性，体现了数字金融服务的多层次和多元化特征，具有较大的研究价值和可信度（郭峰 等，2019），在最近的很多实证研究中得到广泛的应用（谢绚丽 等，2018；张勋 等，2019；钱海章等，2020）。由于数字普惠金融总指数及各维度指标均包含了数字金融的有用信息，单独使用其中某一指标可能无法全面反映数字金融对农民收入

[①] 关于控制变量的选择，目前从省域层面研究数字金融影响农民收入增长的经典文献数量不足，从仅有的少数文献来看，刘丹等（2019）在研究中控制了城镇化、农村投资水平和农民教育水平等变量，陈丹等（2019）在研究中控制了产业结构和财政支农等变量。本书参考了农村金融影响农民收入增长的文献，如黄寿峰（2016）在研究中控制了农户自有投资、产业结构、农业机械化、化肥投入、财政支农等变量，温涛和何茜（2020）在研究中还控制了农村人力资本等变量。结合上述文献，本章将农户投资、农村人力资本、农机、化肥、财政支农纳入控制变量，同时借鉴张勋等（2019）的做法，控制了金融支农以区分数字金融和传统金融对农民收入增长的影响，由于我国经济高度开放，且各省之间的开放程度存在差异，因此也将贸易开放程度纳入控制变量。根据本书的理论分析，数字金融可能通过经济增长影响农民收入增长，而城镇化和产业结构可能是经济增长影响农民收入增长的渠道，因此没有将产业结构和城镇化纳入控制变量。

增长的影响，可能导致对分析结果的片面解读。因此，选用数字普惠金融总指数（DF）及其三个一级维度指标，即覆盖广度指数（DF1）、使用深度指数（DF2）和数字化程度指数（DF3），以全面测度省域数字金融的发展情况。其中，数字普惠金融总指数衡量数字金融总体发展水平，覆盖广度指数、使用深度指数和数字化程度指数分别反映数字金融电子账户的覆盖广度、各类数字金融业务（包括支付、货币基金、信贷、保险、投资及信用）的实际使用总量、使用深度、数字金融的便利性和低成本（郭峰等，2019）。

控制变量的选择如下：农户投资（NHTZ）采用扣除住宅投资的农户固定资产投资与农业 GDP 的比值衡量农户生产性固定资产投资；农村人力资本（H）采用农村 6 岁以上人口平均教育年限①作为代理变量；农机使用情况（NJ）采用每公顷农机总动力作为代理变量；化肥使用情况（HF）采用每公顷使用化肥折纯量作为代理变量；财政支农（CZ）采用财政农林水事务支出与农业 GDP 的比值度量财政支农强度；金融支农（JR）采用农业贷款与农业 GDP 的比值度量金融支农水平，以控制传统农村金融发展水平对农民收入增长的影响；贸易开放程度（TRADE）采用按当年平均汇率折算的人民币进出口总额与 GDP 的比值来度量。上述变量的原始数据除了数字普惠金融数据来自北京大学数字金融研究中心外，其他变量数据来源于历年《中国统计年鉴》《中国劳动统计年鉴》《中国人口与就业统计年鉴》《中国农村统计年鉴》和《中国农村金融服务报告》。上述变量中，农民收入和数字金融指数、农村人力资本、农机、化肥取自然对数，其他变量直接采用比值数据。相关变量的描述性统计如表 4.1 所示。

表 4.1　变量描述性统计

变量	符号	含义	观测值	平均值	标准差	最小值	最大值
被解释变量	lnIN	农民收入增长	240	8.910	0.401	7.926	9.943
	lnJY	经营性收入	240	7.912	0.399	6.477	8.609
	lnGZ	工资性收入	240	7.969	0.644	6.368	9.555
	lnCC	财产性收入	240	5.195	0.763	3.431	7.364
	lnZY	转移性收入	240	6.926	0.666	5.602	8.623

---

① 教育年限赋值如下：文盲＝0 年，小学＝6 年，初中＝9 年，高中及中职＝12 年，大专以及以上＝16 年。

表4.1(续)

变量	符号	含义	观测值	平均值	标准差	最小值	最大值
核心 解释 变量	lnDF	数字金融	240	5.073	0.670	2.909	5.934
	lnDF1	覆盖广度	240	4.904	0.832	0.673	5.869
	lnDF2	使用深度	240	5.058	0.644	1.911	5.992
	lnDF3	数字化程度	240	5.392	0.734	2.026	6.117
控制 变量	NHTZ	农户投资	240	0.068	0.039	0.001	0.243
	lnH	人力资本	240	2.045	0.078	1.771	2.282
	TRADE	贸易开放度	240	0.260	0.281	0.012	1.494
	lnNJ	农机使用情况	240	2.709	0.370	1.513	3.294
	lnHF	化肥使用情况	240	6.786	0.395	5.795	7.600
	CZ	财政支农	240	0.480	0.690	0.126	4.853
	JR	金融支农	240	0.730	0.544	0.186	3.901

注：变量前面的 ln 表示对变量取自然对数，由于西藏的农户投资数据缺失，本章的模型分析不包括西藏的样本。

4.2.3 估计策略

在省略汇报的覆盖广度、使用深度和数字化程度的相关性检验中，本书发现三个指数之间显著正相关，相关系数均超过了0.7的门槛值。因此，在回归中分别使用这三个指数，避免引发多重共线性问题。本书采用固定效应模型（FE）和随机效应模型（RE）进行估计，并根据 Hausman 检验结果确定模型的具体形式；考虑到可能存在自相关和异方差，因此使用能够同时处理截面异方差、自相关和组内自相关的 SCC[①] 方法对模型进行修正；对模型可能存在的内生性问题，采用滞后项作为工具变量，利用广义矩估计法（GMM）和有限信息最大似然估计法（LIML）进行处理，对估计结果进行稳健性检验；采用分组回归和虚拟变量回归反映数字金融增收效应的区域差异；采用广义分位数回归反映数字金融对不同收入分位数农民收入增长的影响。根据 Demirgü-Kunt 和 Levine（2009）等人的观点，在

---

① 为了获取 Driscoll 和 Kraay（1998）提出的"序列相关—截面相关—异方差"稳健标准误，DanielHoechle（2007）编写了 XTSCC 程序提取 Drisc/Kraay 稳健标准误，相对于传统的 FE 或者 RE 模型，SCC 方法能更有效地处理组内自相关、组间异方差和同期相关问题。下文用"FE/SCC"表示使用 SCC 修正后的 FE 模型。

各种计量方法的假设与现实情况存在差异的情况下，如果通过不同计量方法得到类似的结果，即可以认为估计结论是稳健的。

4.3　计量结果分析

4.3.1　数字金融与农民收入增长

（1）基准分析

Hausman 检验拒绝了随机效应模型（RE），Greene（2000）组间异方差检验、Wooldridge（2002）组内自相关检验及 Pesaran（2004）、Priedman（1937）和 Frees（1995、2004）截面同期相关检验分别拒绝了"组间同方差""无组内自相关""无截面同期相关"的原假设。因此，本书采用固定效应 SCC 模型（FE/SCC）来修正固定效应模型（FE）。表 4.2 报告了固定效应 SCC 模型（FE/SCC）的估计结果。从模型（1）~模型（4）可以看出，无论是数字金融（lnDF），还是覆盖广度（lnDF1）、使用深度（lnDF2）、数字化程度（lnDF3），与农民收入增长均表现出显著的正相关关系，其弹性系数分别为 0.249、0.196、0.248 和 0.192。考虑到本书的解释变量对农民收入增长的影响可能具有滞后效应，且金融类变量的时滞效应通常较短，故将数字金融变量及所有控制变量滞后一期对农民收入进行估计。从模型（5）~模型（8）可以发现，数字金融及各维度对农民收入增长具有显著的滞后效应，数字金融及各维度指数的弹性系数分别为 0.216、0.168、0.214 和 0.166。可见，无论是当期还是滞后一期，无论是总指数还是各维度指数，数字金融对农民收入增长均有显著的促进作用。考虑到各省数字金融发展的平均值由 2011 年的 40 上升到 2018 年的 300.2，数字金融对农民收入增长的促进作用是可观的。

控制变量的估计结果表明，农户投资生产性投资（NHTZ）的估计系数为负向，仅在部分模型中通过了显著性检验，这可能是因为我国农业生产依然以小规模经营为主[1]，分散的小额投资难以形成有效的规模经济，

---

[1] 根据农业农村部《农村经营管理情况统计总报告》的数据，2011—2017 年我国农户家庭经营土地规模在 10 亩（1 亩约为 666.7 平方米）以下的比重为 85.94%~85.43%，经营规模在 50 亩以上农户的比重不足 1.5%。

难以促进农民增收。此外，农户投资去向较为单一且效率低下，难以对农民增收起到应有的作用。人力资本（lnH）的估计系数为正向，在部分模型中通过显著性检验，表明农村人力资本提高能够促进农民收入增长。农机使用（lnNJ）的估计系数不显著，表明农业机械化对农民收入增长的促进作用有限。近年来，我国农机社会化服务水平有所提高，促进了农机使用量增加和农业生产分工的专业化，对"三农"而言最大的好处是解放了束缚在小块土地上的劳动力，解决了农民外出务工和经营工商企业的后顾之忧。农业机械化带来的增收效应主要是针对提供专业化服务的少数规模大的农户，而大多数农户则需要出让货币以换取专业化服务。贸易开放程度（TRADE）在多数模型中显著为负；化肥使用（lnHF）与农民收入增长显著负相关；财政支农（CZ）的估计系数显著为负数；金融支农（JR）的系数显著为正。

表 4.2　数字金融与农民收入增长（FE/SCC）：基准回归

模型	(1)	(2)	(3)	(4)	(5)	(6)	(7)	(8)
解释变量期间	当期解释变量				滞后一期解释变量			
lnDF	0.249***				0.216***			
	(7.79)				(8.52)			
lnDF1		0.196***				0.168***		
		(6.95)				(7.61)		
LnDF2			0.248***				0.214***	
			(8.06)				(8.31)	
LnDF3				0.192***				0.166***
				(8.85)				(10.31)
NHTZ	-0.276	-0.311	-0.570**	-0.777**	-0.0921	-0.146	-0.380**	-0.472**
	(-1.31)	(-1.36)	(-2.44)	(-3.01)	(-0.88)	(-1.27)	(-2.88)	(-2.99)
lnH	0.458*	0.374	0.548	1.366***	0.438**	0.373	0.541	1.183***
	(1.95)	(1.35)	(1.64)	(3.92)	(2.76)	(1.86)	(1.81)	(3.98)
TRADE	-0.147**	-0.304***	-0.262**	0.0414	-0.206**	-0.369***	-0.326**	-0.0401
	(-2.55)	(-6.00)	(-2.57)	(0.24)	(-3.45)	(-13.02)	(-3.39)	(-0.22)
lnNJ	-0.0355	-0.0428	0.0140	-0.0840	-0.0469	-0.0504	0.00320	-0.0968
	(-1.66)	(-1.56)	(0.46)	(-1.68)	(-1.71)	(-1.39)	(0.08)	(-1.68)
lnHF	-0.425***	-0.519***	-0.499***	-0.369**	-0.281***	-0.366***	-0.349***	-0.175
	(-6.62)	(-8.60)	(-5.82)	(-2.45)	(-6.58)	(-7.63)	(-8.16)	(-1.35)
CZ	-0.0350***	-0.0308**	-0.0579**	-0.0886***	-0.0277**	-0.0240*	-0.0556*	-0.0823***
	(-3.53)	(-2.74)	(-2.55)	(-7.14)	(-2.83)	(-2.01)	(-2.36)	(-7.04)
JR	0.0648**	0.0691*	0.0771	0.141***	0.0584**	0.0647**	0.0758	0.129***
	(2.71)	(2.54)	(1.64)	(8.01)	(2.89)	(2.69)	(1.71)	(8.64)

表4.2(续)

模型	(1)	(2)	(3)	(4)	(5)	(6)	(7)	(8)
解释变量期间	当期解释变量				滞后一期解释变量			
常数项	9.720***	10.89***	9.964***	7.791***	9.054***	10.09***	9.233***	7.101***
	(17.24)	(17.47)	(19.34)	(6.00)	(21.62)	(17.67)	(20.98)	(6.70)
个体固定效应	YES	YES	YES	YES	YES	YES	YES	YES
观测值	240	240	240	240	210	210	210	210
Hauman 检验	0.000 0	0.000 0	0.000 0	0.000 0	0.000 0	0.000 0	0.000 0	0.000 0
R-squared	0.882 0	0.861 8	0.819 2	0.765 0	0.886 9	0.858 9	0.816 5	0.764 3

注:*、**、*** 分别表示10%、5%、1%的显著性水平,括号内为 t 统计量。

(2) 稳健性估计

为缓解因遗漏变量、相互因果及数字金融发展指数测度误差等导致的内生性问题,分别将数字金融总指数及各维度指数的滞后项作为各自的工具变量对内生性进行控制,采用过度识别的广义矩估计法(GMM)和有限信息最大似然估计法(LIML)进行稳健性检验,表4.3为稳健性检验估计结果。数字金融的内生检验在10%的显著性水平接受原假设,表明内生性不严重。覆盖广度的内生检验在1%的水平拒绝原假设,表明存在内生性;弱工具变量检验 Cragg-Donald Wald F 值远大于10,表明不存在弱工具变量问题;Hansen-J 检验的 P 值均大于0.1,表明不能拒绝过度识别原假设。因此,工具变量的选择的是恰当的。GMM 和 LIML 的估计结果显示覆盖广度的系数为正,且通过1%的显著性检验。使用深度和数字化程度的内生性检验在1%的显著性水平接受原假设,表明内生性不严重。上述分析表明即使考虑了内生性问题,数字金融及各维度对农民收入增长的正向促进作用依然具有稳健性,数字金融发展已经成为农民收入增长的重要驱动力。

表4.3 稳健性检验(工具变量 GMM 和 LIML)

模型	(1)	(2)	(3)	(4)	(5)	(6)	(7)	(8)
方法	GMM	LIML	GMM	LIML	GMM	LIML	GMM	LIML
lnDF	0.451***	0.450***						
	(22.57)	(22.37)						
lnDF1			0.456***	0.457***				
			(27.24)	(27.21)				
LnDF2					0.579***	0.582***		
					(17.46)	(17.57)		

表4.3(续)

模型	(1)	(2)	(3)	(4)	(5)	(6)	(7)	(8)
方法	GMM	LIML	GMM	LIML	GMM	LIML	GMM	LIML
LnDF3							0.626***	0.749***
							(8.58)	(9.28)
控制变量	YES	YES	YES	YES	YES	YES	YES	YES
个体固定效应	YES	YES	YES	YES	YES	YES	YES	YES
观测值	150	150	180	180	180	180	180	180
滞后工具变量阶数	L(2/3)	L(2/3)	L(1/2)	L(1/2)	L(1/2)	L(1/2)	L(1/2)	L(1/2)
内生性检验	0.1774	0.1774	0.0009	0.0009	0.4576	0.4576	0.1310	0.1310
弱工具变量检验	364.526	364.526	916.993	916.993	33.957	33.957	47.175	47.175
Hansen-J 检验	0.1075	0.1109	0.0001	0.0005	0.1076	0.1109	0.0000	0.0009

注:*、**、*** 分别表示10%、5%、1%的显著性水平,括号内为 z 统计量,内生性检验报告 P 值,弱工具变量检验报告 Cragg-Donald Wald F 统计量,Hansen-J 检验报告 P 值。

（3）进一步讨论

数字金融提供了支付、融资、理财等丰富多样的在线金融服务,为农民收入增长提供了重要的金融支持。表4.4进一步报告了数字金融各项业务发展对农民收入增长的影响。估计结果显示,数字金融各项业务的估计系数均为正,且通过1%的显著性检验,表明数字金融各项业务发展有助于促进农民收入水平提高。从各项业务对农民收入增长的作用强度来看,支付、信贷、保险等基础的金融服务对农民收入增长的作用最强,信用服务的增收效应最弱。这可能是因为支付、信贷、保险等金融服务要么直接支持农户生产经营活动,要么直接促进财产性收入增长,但是信用业务则是获取其他某些金融服务的条件之一,其对收入增长的直接作用可能相对较小。这说明提高基础金融服务的供给水平依然是促进农民收入增长的重要途径。

表4.4 数字金融各项业务对农民收入增长的影响（FE/SCC）

模型	(1)	(2)	(3)	(4)	(5)	(6)
支付	0.236***					
	(12.39)					
信贷		0.245***				
		(9.90)				
投资			0.0677***			
			(5.36)			

表 4.4(续)

模型	(1)	(2)	(3)	(4)	(5)	(6)
货币基金				0.084 5 ***		
				(11.73)		
保险					0.134 ***	
					(6.11)	
信用						0.035 3 ***
						(6.20)
NHTZ	−0.121	−0.678 *	−0.214	−0.282	−0.900 ***	−0.078 9
	(−0.83)	(−2.13)	(−1.79)	(−1.70)	(−3.56)	(−1.76)
lnH	0.703 *	0.822 *	0.271 **	0.385	1.230 **	0.101
	(2.32)	(2.19)	(2.82)	(1.91)	(2.81)	(0.38)
TRADE	−0.088 4	−0.438 ***	−0.166	−0.291 **	−0.298 *	−0.010 8
	(−1.70)	(−4.53)	(−1.86)	(−3.10)	(−2.00)	(−0.21)
lnNJ	0.072 6 ***	0.022 4	−0.048 7	−0.057 4	−0.012 2	0.076 7 *
	(3.58)	(0.50)	(−1.09)	(−1.85)	(−0.30)	(2.94)
lnHF	−0.568 ***	−0.462 **	−0.617 ***	−0.784 ***	−0.554 ***	−0.740 ***
	(−8.21)	(−2.87)	(−7.16)	(−5.89)	(−4.22)	(−9.23)
CZ	−0.038 6 *	−0.066 6	0.006 78	−0.020 0	−0.076 9 ***	0.035 0 *
	(−2.25)	(−1.87)	(0.40)	(−1.38)	(−4.16)	(2.83)
JR	0.044 6 *	0.092 9	−0.024 9	0.014 0	0.138 ***	−0.028 7
	(2.22)	(1.60)	(−0.83)	(1.14)	(3.65)	(−0.70)
常数项	9.992 ***	9.287 ***	12.54 ***	13.36 ***	9.493 ***	13.50 ***
	(34.95)	(7.63)	(17.35)	(16.53)	(7.04)	(19.81)
个体固定效应	YES	YES	Y1S	YES	YES	YES
观测值	240	240	150	180	240	120
Hauman 检验	0.000 0	0.000 0	0.000 0	0.000 0	0.000 0	0.000 0
R-squared	0.886 7	0.775	0.855 0	0.752 7	0.826 5	0.702 8

注：*、**、*** 分别表示 10%、5%、1%的显著性水平，括号内为 t 统计量；投资的样本期间为 2014—2018 年，货币基金的样本期间为 2013—2018 年，信用的样本期间为 2015—2018 年。

4.3.2　数字金融与农民收入结构

（1）数字金融与农民收入的关系

数字金融供了丰富多样的金融服务，为小农户、农业产业化龙头企业、农民合作社、专业大户、家庭农场等新型农业经营主体的生产经营活动提供金融支持，促进新的商业模式产生和发展，改善农村经济主体生产经营环境，有利于扩大生产规模和提高经营业绩，增加农民获得工资性收入和经营性收入的机会。在线融资服务缓解了农村家庭创业活动面临的金融约束，提高了创业的概率并增加了非农就业机会，并通过支持创新创业等渠道为经济增长提供了支持，创造出更多的工作岗位。便捷安全的理财投资服务有助农村家庭获得财产性收入，在线保险、大病众筹增强了农村居民的抗风险能力，在家庭遇到重大困难时，可以获得来自亲友及社会的转移支付等。因此，数字金融对农民收入增长的影响是全方位的，有助于促进各项农民收入的增长。由于 2013 年起实施的城乡住户统一调查引起的统计口径变化使得当年农民收入结构发生了非自然的结构变动。因此，本书首先使用 2013—2018 年的数据进行估计，并运用 2011—2018 年的数据进行稳健性检验。表 4.5 汇报了数字金融与各项农民收入的关系。模型（1）~模型（4）表明数字金融对各项农民收入的估计系数显著为正，在2013—2018 年的样本期间，数字金融能够显著促进各项农民收入增长，其中对转移性收入的作用力度最强，紧随其后的是经营性收入、财产性收入和工资性收入。模型（5）~模型（8）表明数字金融的估计系数显著为正，进一步说明数字金融促进了各项农民收入增长。

表 4.5　数字金融与各项农民收入的关系（FE/SCC）

模型	(1)	(2)	(3)	(4)	(5)	(6)	(7)	(8)
因变量	经营性收入	工资性收入	财产性收入	转移性收入	经营性收入	工资性收入	财产性收入	转移性收入
样本期间	2013—2018 年				2011—2018 年			
$\ln DF$	0.471***	0.321***	0.433***	1.837***	0.218***	0.132***	0.178***	0.736***
	(8.78)	(21.34)	(10.66)	(4.95)	(8.08)	(7.11)	(6.29)	(6.50)
NHTZ	0.117	-0.411**	0.532	1.168	-0.360*	-0.402**	1.247	-0.180
	(0.75)	(-3.61)	(0.62)	(1.60)	(-1.96)	(-2.49)	(1.75)	(-0.18)
$\ln H$	0.739	0.957*	-0.559	-3.380**	0.915**	0.391	1.092	-1.007
	(1.80)	(2.20)	(-1.13)	(-3.11)	(3.43)	(1.85)	(1.50)	(-0.87)
TRADE	0.010 8	-0.324***	1.453*	0.070 8	-0.227*	-0.357**	1.265***	-0.366
	(0.12)	(-6.52)	(2.12)	(0.44)	(-2.35)	(-3.34)	(5.11)	(-1.48)
$\ln NJ$	-0.018 4	-0.003 47	-0.084 4	0.156	-0.112**	0.073 1	-0.017 2	-0.140
	(-0.21)	(-0.07)	(-1.14)	(0.60)	(-3.07)	(1.12)	(-0.13)	(-1.33)
$\ln HF$	0.132	0.228***	-0.406**	0.255**	-0.199	-0.300***	-0.638**	-1.539***
	(0.59)	(10.70)	(-3.33)	(2.63)	(-1.85)	(-3.53)	(-2.93)	(-5.91)

表4.5(续)

模型	(1)	(2)	(3)	(4)	(5)	(6)	(7)	(8)
因变量	经营性收入	工资性收入	财产性收入	转移性收入	经营性收入	工资性收入	财产性收入	转移性收入
样本期间	2013—2018 年				2011—2018 年			
CZ	0.012 6	-0.060 6*	0.054 2	0.028 7	0.006 78	-0.040 3	-0.076 9	-0.280
	(0.36)	(-2.27)	(0.80)	(0.50)	(0.30)	(-1.40)	(-1.09)	(-1.88)
JR	0.007 08	0.157*	-0.031 6	-0.248***	0.036 7**	0.124*	0.120	0.049 4
	(0.37)	(2.53)	(-0.35)	(-5.01)	(2.39)	(2.18)	(1.52)	(0.35)
常数项	3.124	2.757**	6.636**	2.115*	6.701***	8.330***	5.968**	16.28***
	(5.97)	(12.08)	(0.02)	(5.34)	(8.99)	(13.63)	(2.90)	(6.23)
个体固定效应	YES	YES	Y1S	YES	YES	YES	YES	YES
观测值	180	180	180	180	240	240	240	240
Hauman 检验	0.000 0	0.000 0	0.000 0	0.000 0	0.000 0	0.000 0	0.000 0	0.000 0
R-squared	0.694 1	0.713 4	0.325 5	0.717 4	0.753 0	0.702 8	0.309 9	0.719 9

注：*、**、***分别表示10%、5%、1%的显著性水平，括号内为 t 统计量。

（2）数字金融各维度与农民收入增长的关系

表4.6汇报了数字金融各维度对各项农民收入增长的影响。结果表明数字金融覆盖广度（DF1）、使用深度（DF2）和数字化程度（DF3）与农民工资性收入、经营性收入、财产性收入及转移性收入的估计系数均为正，且均通过显著性检验，表明数字金融各维度发展对各项农民收入增长均产生了正面影响。滞后一期的估计结果与此相似，这说明数字金融各维度发展对农民收入增长产生了全方位的促进作用。

表4.6 数字金融各维度对各项农民收入的影响（FE/SCC）

	因变量：经营性收入			因变量：工资性收入		
lnDF1	0.326***			0.264***		
	(4.39)			(13.32)		
lnDF2		0.399***			0.136**	
		(8.80)			(2.81)	
lnDF3			0.205*			0.209**
			(2.12)			(2.62)
	因变量：财产性收入			因变量：转移性收入		
lnDF1	0.238**			1.570***		
	(3.44)			(7.36)		

表4.6(续)

	因变量：财产性收入	因变量：转移性收入
lnDF2	0.464 **	0.720 *
	(3.84)	(2.54)
lnDF3	0.223 *	1.147 *
	(2.56)	(2.03)

注：上述估计结果均控制了个体效应、控制变量、常数项，*、**、*** 分别表示10%、5%、1%的显著水平，括号内为 t 统计量。

4.3.3　区域差异分析

（1）数字金融与农民收入增长

由于各区域社会经济条件存在差异，数字金融发展对农民收入增长的影响存在区域差异性。表4.7为数字金融对东、中、西部地区农民收入增长的影响。当期的估计结果表明，数字金融对东、中、西部地区农民收入的估计系数分别为0.229、0.195、0.249，且均通过1%的显著性检验。说明数字金融促进了各地区的农民收入增长，通过比较估计系数可以发现，数字金融对西部地区农民收入增长的促进作用最强，其次是东部地区，最后是中部地区。各地区滞后一期的估计系数也均为正向，且均通过1%的显著性检验。数字金融的估计系数大小顺序没有发生变化。数字金融对各区域农民收入增长的影响可能存在差异性。

表4.7　数字金融影响农民收入增长的区域差异（FE/SCC）：分组回归

	当期解释变量			滞后一期解释变量		
	东部	中部	西部	东部	中部	西部
	（1）	（2）	（3）	（4）	（5）	（6）
lnDF	0.229 ***	0.195 ***	0.249 ***	0.188 ***	0.174 ***	0.222 ***
	(9.41)	(5.64)	(5.11)	(10.27)	(6.56)	(5.19)
NHTZ	0.409	−0.869 **	−0.915 *	0.547 **	−0.893 *	−0.615 **
	(1.19)	(−3.47)	(−1.94)	(2.46)	(−2.24)	(−3.26)
lnH	0.300 **	0.271	0.742 *	0.282 **	0.228	0.768 **
	(2.96)	(0.35)	(2.02)	(3.14)	(0.36)	(3.12)
TRADE	−0.333 ***	1.172 **	0.031 4	−0.398 ***	1.467 ***	−0.013 8
	(−5.94)	(3.30)	(0.10)	(−7.14)	(4.70)	(−0.05)

表4.7(续)

	当期解释变量			滞后一期解释变量		
	东部	中部	西部	东部	中部	西部
	（1）	（2）	（3）	（4）	（5）	（6）
lnNJ	−0.243**	0.067 4	−0.088 5	−0.242**	0.058 2	−0.082 9
	（−2.91）	（1.37）	（−0.73）	（−3.67）	（1.35）	（−0.43）
lnHF	−0.282	−0.666***	−0.389***	−0.144	−0.625***	−0.238***
	（−1.86）	（—20.87）	（−5.12）	（−1.25）	（−7.99）	（−4.84）
CZ	−0.036 3**	0.371	0.346***	−0.021 0**	0.384	0.195**
	（−2.61）	（1.56）	（3.56）	（−2.47）	（1.68）	（3.12）
JR	0.046 0**	0.120	0.040 0	0.036 3***	0.139	0.044 3
	（2.44）	（1.05）	（0.49）	（4.07）	（1.42）	（0.59）
常数项	10.14***	11.42***	8.678***	9.533***	11.39***	7.841***
	（13.36）	（6.98）	（8.58）	（14.84）	（10.38）	（8.40）
个体固定效应	YES	YES	YES	YES	YES	YES
观测值	88	64	88	77	56	77
Hauman 检验	0.000 0	0.000 0	0.000 0	0.000 0	0.000 0	0.000 0
R-squared	0.934 1	0.911 6	0.880 7	0.934 3	0.928 3	0.884 9

注：*、**、***分别表示10%、5%、1%的显著性水平，括号内为 t 统计量。

　　由于各区域的估计系数均通过显著性检验，接下来将通过设置虚拟变量的方式，检验数字金融影响农民收入增长的区域差异是否具有显著性。具体方法是：当省份属于东部地区时，AREA1＝1，否则为0；当省份属于中部地区时，AREA2＝1，否则为0。将 AREA1、AREA2 分别乘以数字金融变量，可以得到2个交叉项，分别为 AREA1＊lnDF 和 AREA2＊lnDF。lnDF 的估计系数表示数字金融发展对西部地区的影响，如果交叉项系数显著不为0，则表明数字金融对相应区域农民收入增长的影响显著不同于西部地区。

　　如表 4.8 所示，数字金融发展的当期值（lnDF）和滞后一期（L.lnDF）的系数均为正向，且均通过1%的显著性检验；AREA1＊lnDF 及 L.（AREA1＊lnDF）的系数为负向，且至少通过5%的显著性检验，AREA2＊lnDF 及 L.（AREA2＊lnDF）的系数为负向，且通过1%的显著性检验。这这说明数字金融发展对农民收入增长的影响存在着显著的区域差异性，对西部地区农民收入增长的影响要强于中、东部地区，有助于缩小区域之间的农民收入差距。

表 4.8　数字金融影响农民收入的区域差异显著性（FE/SCC）：虚变量回归

(1)		(2)	
lnDF	0.279***	L. lnDF1	0.243***
	(7.40)		(7.76)
AREA1 * lnDF	-0.050 8**	L.（AREA1 * lnDF）	-0.052 7***
	(-3.26)		(-3.98)
AREA2 * lnDF	-0.060 9***	L.（AREA2 * lnDF）	-0.050 6***
	(-5.53)		(-3.92)

注：上述估计结果均控制了个体效应、控制变量、常数项，*、**、*** 分别表示 10%、5%、1% 的显著性水平，括号内为 t 统计量。

（2）数字金融各维度与农民收入增长

接下来考察数字金融各维度对农民收入增长影响的区域差异，表 4.9 汇报了相应的估计结果。东部地区估计结果表明，当期的覆盖广度（lnDF1）、使用深度（lnDF2）、数字化程度（lnDF3）的系数为正向，且通过 1% 的显著性检验；滞后一期的估计系数也为正向，分别通过 1% 的显著性检验。表明数字金融各维度发展有助于东部地区农民收入增长。中部地区的估计结果显示，当期及滞后一期的覆盖广度（lnDF1）、使用深度（lnDF2）、数字化程度（lnDF3）的系数为正向，且均通过 1% 的显著性检验。西部地区的估计结果显示，当期的覆盖广度（lnDF1）、使用深度（lnDF2）、数字化程度（lnDF3）的系数为正向，且通过 1% 的显著性检验；滞后一期估计系数为正向，分别通过 5%、1% 和 1% 的显著性检验。结果表明，数字金融覆盖广度、使用深度、数字化程度能够显著促进各区域农民收入增长。

表 4.9　数字金融各维度影响农民收入增长的区域差异（FE/SCC）：分组回归

	当期解释变量			滞后一期解释变量		
	东部	中部	西部	东部	中部	西部
lnDF1	0.224***	0.223***	0.119***	0.185***	0.147***	0.142**
	(9.62)	(10.08)	(8.77)	(10.67)	(6.49)	(3.55)
lnDF2	0.167***	0.196***	0.160***	0.176***	0.183***	0.194***
	(5.51)	(5.10)	(8.81)	(8.31)	(5.66)	(3.81)
lnDF3	0.166***	0.217***	0.215***	0.094 4***	0.146***	0.192***
	(3.82)	(3.83)	(5.69)	(9.93)	(11.33)	(6.57)

注：上述估计结果均控制了个体固定效应、控制变量、常数项，*、**、*** 分别表示 10%、5%、1% 的显著性水平，括号内为 t 统计量。

接下来参照上文的方法设置虚拟变量检验数字金融各维度对各区域农民收入增长影响差异的显著性，表 4.10 汇报了估计结果。覆盖广度的估计表明，AREA1 * lnDF1 的系数为正向，没有通过 10% 的显著性检验；AREA2 * lnDF1 的系数为负向，也没有通过 10% 的显著性检验。滞后变量的估计结果与当期变量的估计结果相似，表明覆盖广度增收效应的区域差异性不显著。使用深度的估计结果表明，AREA1 * lnDF2、L.（AREA1 * lnDF2）的系数为负向，且通过 1% 的显著性检验，表明使用深度对西部地区的影响要强于东部地区；AREA2 * lnDF2、L.（AREA2 * lnDF2）的系数为负向，且分别通过 5% 和 10% 的显著性检验，表明使用深度对西部地区的农民增收效应也强于中部地区。数字化程度的估计结果表明，AREA1 * lnDF3、L. AREA1 * lnDF3、AREA2 * lnDF3、L.（AREA2 * lnDF3）的系数为负向且通过 1% 的显著性检验，表明数字金融对西部地区的增收效应要强于东部、中部地区。上述结果表明，数字金融覆盖广度增收效应的区域差异不明显，数字金融使用程度和数字化程度对农民收入增长的影响存在显著的区域差异，对西部地区的增收效应明显强于东部、中部地区。

表 4.10　数字金融各维度影响农民收入增长的区域差异（FE/SCC）：虚变量回归

	当期解释变量		滞后一期解释变量	
覆盖广度	lnDF1	0.196 *** （6.04）	L.lnDF1	0.168 *** （6.15）
	AREA1 * lnDF1	0.024 7 （1.49）	L.（AREA1 * lnDF1）	0.018 7 （1.32）
	AREA2 * lnDF1	−0.010 1 （−0.89）	L.（AREA2 * lnDF1）	−0.003 77 （−0.27）
使用深度	lnDF2	0.264 *** （8.00）	L.lnDF2	0.227 *** （8.10）
	AREA1 * lnDF2	−0.043 8 *** （−4.19）	L.（AREA1 * lnDF2）	−0.050 5 *** （−4.21）
	AREA2 * lnDF2	−0.028 5 ** （−2.56）	L.（AREA2 * lnDF2）	−0.017 2 * （−2.03）

表4.10(续)

	当期解释变量		滞后一期解释变量	
数字化程度	lnDF3	0.273*** (7.09)	L.lnDF3	0.085 1*** (6.64)
	AREA1 * lnDF3	-0.162*** (-6.54)	L.(AREA1 * lnDF3)	-0.031 5*** (-7.53)
	AREA2 * lnDF3	-0.087 4*** (-4.19)	L.(AREA2 * lnDF3)	-0.021 6** (-2.47)

注：上述估计结果均控制了个体固定效应、控制变量、常数项，*、**、*** 分别表示10%、5%、1%的显著性水平，括号内为 t 统计量。

4.3.4　分位数回归

数字金融具有低成本、广覆盖和可持续的优势，大大降低了金融服务的门槛，为广大农村地区实现普惠金融提供了契机，为低收入者和弱势群体获取低成本金融服务奠定了基础。在传统的农村金融环境中，低收入阶层可能因为自身的收入及财富不足以支付享受金融服务的成本而无法获得充分的金融服务，数字金融通过数字技术与金融跨界融合，为使用者提供了支付、结算、保险、货币基金、信用服务、投资和信贷等金融产品服务，对缓解贫困农户、小微企业融资等问题发挥了积极作用，弥补了传统金融的短板和不足，从而更有利于低收入群体的收入增长。为了反映不同收入群体从数字金融发展中的获益情况，本书采用 Powell（2015）开发的面板广义分位数模型进行估计[1]，表4.11 为数字金融及各维度在代表性分位数上的估计结果。在不同收入分位数水平，数字金融发展（lnDF）对农民收入增长均有明显的促进作用，随着收入分位数水平提升，数字金融对

---

① 目前关于数字金融对农民收入影响的研究通常采用传统的 FE/RE 模型，本书采用面板广义分位数回归将拓展此领域的研究范围。Koenker 和 Bassett（1978）提出了分位数回归思想，随后 Koender（2004）提出了面板分位数回归。Koenker 提出的分位数回归，即传统的分位数回归，实际上是期望条件回归，反映了在扰动项的不同分布位置上，解释变量对因变量的异质性边际影响，因此对回归方程系数的解释受到协变量的影响。Powell（2014，2015）提出了面板广义分位数回归模型，解决了传统固定效应分位数估计所带来的一个基本问题，即个体固定效应会改变处理变量估计系数的解释。广义分位数回归属于无条件期望回归，根据被解释变量的分布进行分层，能够反映解释变量对处在不同收入分位数上的群体产生的边际影响，无论协变量增加或者减少，得到的都是无条件处理效应。因此，使用广义分位数估计结果能够反映数字金融发展在不同收入分位数上对农民收入增长产生的边际影响。

农民收入增长的弹性系数总体上表现出逐渐下降趋势（0.341→0.412→0.316→0.313→0.285→0.257）。数字金融在Q5、Q10、Q25分位数上的弹性系数均大于Q75、Q90分位数，说明数字金融对农民收入增长具有包容性特征，对低收入群体的收入增长促进作用更强。各维度指数的估计结果表明覆盖广度（lnDF1）、使用深度（lnDF2）和数字化程度（lnDF3）在各个分位数水平上均与农民收入增长显著正相关，随着分位数水平的提高，增收效应趋于下降，这说明数字普惠金融对农民收入增长的包容性和普惠性，不仅体现在数字金融总体发展水平上，还体现在各维度层面。

表 4.11　代表性分位数上数字金融及各维度对农民收入增长的影响
（面板广义分位数）

分位点	Q5	Q10	Q25	Q50	Q75	Q90
lnDF	0.341 ***	0.412 ***	0.316 ***	0.313 ***	0.285 ***	0.257 ***
	(294.12)	(126.95)	(189.29)	(46.54)	(21.79)	(11.21)
lnDF1	0.351 ***	0.342 ***	0.298 ***	0.278 ***	0.222 ***	0.149 ***
	(259.81)	(147.68)	(37.36)	(62.70)	(53.04)	(7.34)
lnDF2	0.372 ***	0.368 ***	0.304 ***	0.297 ***	0.293 ***	0.259 ***
	(92.88)	(92.92)	(65.52)	(185.47)	(96.27)	(4.01)
lnDF3	0.203 ***	0.243 ***	0.217 ***	0.204 ***	0.174 ***	0.154 ***
	(53.19)	(24.32)	(173.51)	(19.63)	(20.99)	(5.39)

注：上述估计结果均控制了个体效应、控制变量、常数项，*、**、*** 分别表示10%、5%、1%的显著性水平，括号内为 z 统计量，表中结果为 booststrap 1 000 次得出的结果。

上述分析表明，在不同的分位数水平，无论是数字普惠金融总指数还是各维度指数都与农民收入增长显著正相关，表明不同的收入群体均能从数字普惠金融发展中受益。从系数的变化趋势来看，随着分位数水平的提高，数字普惠金融总指数及各维度指数对农民收入增长的弹性系数逐渐变小，这说明低收入群体从数字普惠金融发展的获益相对较多，体现了现阶段数字普惠金融发展的包容性和普惠性。在传统的金融体系中，农村低收入群体受到的金融排斥更强，使用数字金融服务的边际收益更高。数字普惠金融将这些低收入长尾客户纳入服务范围，弥补了传统金融的短板，提高了金融的普惠性，促进了农村经济的包容性增长。但本书的估计结果与张勋等（2019）等人的研究结果也存在一定的差异。在张勋等人的研究中，仅农村低收入家庭从数字普惠金融发展中获益较为明显，农村高收入家庭从数字普惠金融发展中的获益并不明显；但是本书研究结果表明，即使农村高收入家庭也能从数字普惠金融发展中获益。导致这一差异的原因可能在于张勋等（2019）等人侧重于分析数字普惠金融对农户家庭创业的影响，缺少对数字普惠金融影响现存企业经营行为和经济绩效的考量。事实上，数字普惠金融为各类收入的群体提供了平等使用其金融服务的机会，不仅有利于新企业的产生，也有利于改善现存企业的经营绩效，进而使得各收入分位数上的群体均能从数字普惠金融发展中获益。

综上所述，数字金融对农民收入增长产生了显著的促进作用，这实证验证了假说1的成立。

4.4 本章小结

本章分析了数字金融影响农民收入增长的总效应。样本期间的研究结果表明：①数字金融及各维度指数均促进了农民收入增长，采用过度识别的工具变量 GMM 和 LIML 对内生性进行控制，估计结果表明上述结论具有稳健性，此外，各项数字金融业务对农民收入增长也有正向促进作用。②收入结构分析表明数字金融及各维度均促进了农民各项收入来源的增长，数字金融对农民收入增长的影响是全方位的。③区域差异分析表明，数字金融及各维度发展促进了各区域农民收入增长，对西部地区的促进作用最强。④广义分位数分析表明，各收入分位数上的人群均能从数字普惠金融及各维度发展中获益，尤其是低收入群体获益更多。

5 门槛效应与空间溢出效应分析

5.1 引言

第 4 章实证检验了数字金融影响农民收入增长的总效应。研究结果表明：数字金融及各维度均促进了农民收入增长，且对西部地区和低收入群体的增收作用更强。但是上述结论是在数字金融与农民收入增长呈线性关系且不存在空间溢出的情况下得到的。很明显，这种假定过于简单，并不能从深层次揭示数字金融与农民收入增长的复杂机制。因此，数字金融与农民收入增长之间的非线性关系和空间溢出效应有待验证。关于数字金融的非线性效应，梁双路和刘培培（2018）发现，数字金融影响城乡收入差距存在收入门槛效应和教育门槛效应；张林和温涛（2020）发现，数字金融影响居民创业存在基于自身发展水平、市场化程度及创新能力的门槛效应。关于数字金融的空间溢出效应，唐松等（2019）发现数字金融对全要素生产率的影响存在空间溢出效应；邹新月和王旺（2020）发现数字金融对居民消费存在正向空间溢出效应；漫宇和曾凡惠（2021）发现数字金融对创业活跃度存在空间溢出效应。那么数字金融对农民收入增长的影响是否也存在基于自身发展水平的非线性影响、基于人力资本的门槛效应以及空间溢出效应是一个有待检验的问题。此外，近年来国内外均在投入大量资源推动数字金融发展，研究上述问题有助于更加全面地评估数字金融发展的实际成效，为进一步推进数字金融普及和高质量发展提供经验证据。鉴于此，本章将从非线性及空间溢出的视角讨论数字金融对农民收入增长的影响。具体地，本章采用 2011—2018 年的省级面板数据分析数字金融对农民收入增长的非线性影响及空间溢出效应。首先，通过面板门限模型分析了数字金融及各维度发展对农民收入增长的门限效应，并采用二次项固定效应模型及面板半参数模型进行稳健性估计。其次，利用面板门槛模型分析数字金融及各维度对农民收入增长的人力资本门槛效应，并分析了数字金融覆盖广度与农村人力资本的交互耦合协调度对农民收入增长的影响。再次，采用空间杜宾模型分析数字金融及各维度对农民收入增长的空间溢出效应。最后，对研究结论进行总结。

5.2 门槛效应分析

5.2.1 模型与变量

（1）模型设定

根据本书的理论分析，数字金融对农民收入增长的影响可能存在基于自身的非线性效应和基于人力资本的门槛效应，为此，本书借鉴 Hansen（1999）提出的面板门槛模型，构建数字金融与农民收入增长的计量模型：

$$\ln IN_{it} = \mu_0 + \beta_1 \ln DF_{it} I(q \leqslant \gamma_1) + \beta_2 \ln DF_{it} I(\gamma_1 < q \leqslant \gamma_2) + \cdots +$$
$$\beta_n \ln DF_{it} I(\gamma_{n-1} < q \leqslant \gamma_n) + \alpha_1 NHTZ_{it} + \alpha_2 H_{it} + \alpha_3 NJ_{it} +$$
$$\alpha_4 CZ_{it} + \alpha_5 JR_{it} + \mu_i + \varepsilon_{it} \tag{5.1}$$

其中，i 表示省份，t 表示时间，IN 表示农民收入，DF 表示数字金融发展水平，NHTZ 表示农户投资，H 表示农村人力资本，NJ 表示农业技术水平，JR 表示传统农村金融，CZ 表示财政支农，$I(.)$ 为示性函数，q 为门槛变量，γ_1，γ_1，$\cdots$，γ_n 表示门槛值，μ_i 表示个体固定效应，ε_{it} 表示随机扰动项。根据第 3 章的理论分析，在不同数字金融和人力资本水平下，数字金融对农民收入增长的作用可能存在差异，故本书将数字金融和人力资本作为门槛变量，检验数字金融对农民收入增长的非线性影响。

根据面板门槛模型的估计方法，如果给定 γ_1，γ_1，$\cdots$，γ_n，则可以对门槛模型进行估计，得到模型系数的估计值和残差平方和，因此 γ_1，γ_1，$\cdots$，γ_n 的确定极为关键。考虑仅存在单一门槛的模型，将门槛变量的每一个样本值作为候选门槛值 γ，采用逐步搜索的方法找出使得模型残差平方和最小的门槛变量值即为门槛估计值 $\hat{\gamma}$，分别采用自助抽样法构建渐进分布 F 统计量和似然比统计量 LR，以检验门槛效应显著性和真实性。对于双重门限模型，先按上述方法搜索出单一门槛下的门槛估计值 $\hat{\gamma}_1$，在给定 $\hat{\gamma}_1$ 的基础上搜索出第二个门槛估计值 $\hat{\gamma}_2$。如果 $\hat{\gamma}_2$ 确实存在，则需要在固定 $\hat{\gamma}_2$ 的情况下，再次搜索第一个门槛值，如此往复可以得到两个门槛值的一致估计量。三重及以上的门槛模型以此类推。

（2）变量选择

被解释变量：农民收入增长（lnIN）。本书将农村居民人均可支配收入用消费者价格指数进行调整，得到实际农民人均收入，并取自然对数得到农民收入增长。其中 2011—2012 年的农民收入采用农村居民人均纯收入替代，原始数据来源于国家统计局网站。

核心解释变量：数字金融。目前国内能够获得的可以较为全面地反映各省数字金融发展情况的指数是北京大学数字金融研究中心发布的"北京大学数字普惠金融指数"，该指数基于蚂蚁金服集团关于数字普惠金融的海量数据编制，能够较为全面地从总体层面及各维度层面反映数字金融动态演化过程，具有横向和纵向的可比性，体现了数字金融服务的多层次和多元化，具有较大的研究价值和可信度（郭峰 等，2019），在最近的很多实证研究中得到广泛的应用（谢绚丽 等，2018；张勋 等，2019；钱海章 等，2020）。由于数字普惠金融总指数及各维度指标均包含了数字金融的有用信息，单独使用其中某一指标可能无法全面反映数字金融对农民收入增长的影响，可能导致对分析结果的片面解读。因此，本书采用 2011—2018 年各省数字普惠金融总指数（lnDF）衡量数字金融的发展情况，采用覆盖广度指数（lnDF1）、使用深度指数（lnDF2）和数字化程度指数（lnDF3）分别反映数字金融电子账户的覆盖广度、各类数字金融业务（包括支付、货币基金、信贷、保险、投资及信用）的实际使用总量和使用深度、数字金融的便利性和成本（郭峰 等，2019）。

门槛变量。根据上文的分析，本书将数字金融和农村人力资本作为门槛变量。数字金融的说明见上文。至于农村人力资本，现代人力资本理论认为人力资本的核心是提高人口质量，教育投资是人力投资的主要部分，是提高人力资本最基本的手段，因此可以将人力投资问题视为教育投资问题。在实证研究中，通常将教育年限作为人力资本的代名词（李晓曼、曾湘泉，2012）。因此，本书将农村 6 岁以上人口平均教育年限①作为农村居民人力资本（H）的代理变量，原始数据来源于历年《中国人口与就业统计年鉴》。

控制变量。农户投资（NHTZ）采用扣除住宅投资的农户固定资产投资与农业 GDP 的比值做为代理变量来衡量农户生产性固定资产投资情况，原始数据来源于历年《中国农村统计年鉴》。农村人力资本（H）见上文。技术水平（NJ）采用每公顷农机总动力作为代理变量，原始数据来源于国家统计局网站。财政支农（CZ）采用财政农林水事务支出与农业 GDP 的比值作为代理变量来度量财政支农强度，原始数据来自历年《中国统计年鉴》。此外，本书还控制了金融支农水平，以区分传统金融和数字金融对农民收入的影响。金融支农（JR）采用农业贷款与农业 GDP 的比值做为代理变量来度量金融支农水平，原始数据来自历年《中国农村金融服务报告》。农村居民人均可支配收入及数字金融指数取自然对数进行纠偏，所有变量的描述性统计如表 5.1 所示，图 5.1 和图 5.2 初步展示了数字普惠金融总指数、农村人力资本与农民收入增长的关系。

表 5.1　变量描述性统计

变量符号	含义	观测值	平均值	标准差	最小值	最大值
lnIN	农村居民人均可支配收入	240	8.910	0.401	7.926	9.943
lnDF	数字金融	240	5.073	0.670	2.909	5.934
lnDF1	覆盖广度	240	4.904	0.832	0.673	5.869
lnDF2	使用深度	240	5.058	0.644	1.911	5.992
lnDF3	数字化程度	240	5.392	0.734	2.026	6.117
H	农村人力资本	240	7.756	0.599	5.879	9.797
NHTZ	农户生产性投资/农业 GDP	240	0.068	0.039	0.001	0.243
NJ	每公顷农机总动力	240	1.593	0.492	0.454	2.694
CZ	财政支农/农业 GDP	240	0.480	0.690	0.126	4.853
JR	农业贷款/GDP	240	0.730	0.544	0.186	3.901

注：变量前面的 ln 表示对变量取自然对数，由于西藏的农户投资数据缺失，本书的模型分析不包括西藏的样本。

---

① 教育水平的赋值如下：文盲＝0 年，小学＝6 年，初中＝9 年，高中及中职＝12 年，大专以及以上＝16 年。

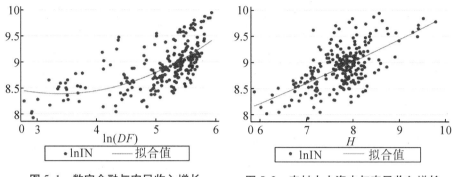

| 图 5.1 | 数字金融与农民收入增长 | 图 5.2 | 农村人力资本与农民收入增长 |

5.2.2 数字金融门槛效应结果分析

（1）数字金融的门槛检验

本书借鉴 Wang（2015）的处理方法进行门槛效应检验，以确定门槛效应的存在性和显著性，以及门槛个数、门槛值和相应的计量模型，表5.2 和表5.3 报告了数字金融及各维度的门槛检验和门槛值估计结果，图5.3~图5.6 展示了门槛值及置信区间。从检验结果可以发现，数字金融在1%的显著性水平通过双重门槛检验，第一个门槛值为 5.104 5，第二个门槛值为 5.513 4，但未通过三重门槛检验（P 值为 0.580 0），即数字金融的门槛效应为双重门槛。数字金融各维度的门槛检验表明，覆盖广度、使用深度和数字化程度分别在 1%的显著性水平通过双重门槛检验，但未通过三重门槛检验，即各维度均存在双重门槛效应。门槛值及置信区间的估计结果表明，95%的置信区间范围较窄，门槛值的识别效果较为显著。

表 5.2　门槛效应检验结果

门槛变量	模型	F 值	P 值	BS 次数	1%临界值	5%临界值	10%临界值
数字金融 （lnDF）	单一门槛	178.66***	0.000 0	500	58.969 5	52.979 4	49.952 8
	双重门槛	122.58***	0.000 0	500	29.657 7	19.491 8	17.002 4
	三重门槛	38.02	0.580 0	500	153.494 0	129.669 8	117.488 0
覆盖广度 （lnDF1）	单一门槛	266.18***	0.000 0	500	65.575 5	55.270 4	50.533 4
	双重门槛	100.09***	0.002 0	500	28.717 8	22.241 6	18.574 9
	三重门槛	44.05	0.774 0	500	149.201	126.943 9	114.423 4

表5.2(续)

门槛变量	模型	F值	P值	BS次数	1%临界值	5%临界值	10%临界值
使用深度 （lnDF2）	单一门槛	60.32***	0.000 0	500	26.087 1	21.674 5	19.319 7
	双重门槛	32.03***	0.000 0	500	13.524 2	10.931 2	9.244 1
	三重门槛	11.32	0.242 0	500	20.344 6	15.956 2	13.898 4
数字化程度 （lnDF3）	单一门槛	183.3***	0.000 0	500	31.985 6	28.957 8	25.976 7
	双重门槛	50.95***	0.000 0	500	22.098 6	19.693 3	17.742 6
	三重门槛	15.08	0.874 0	500	39.656 0	36.054 1	33.512 9

注：*、**、*** 分别表示10%、5%、1%的显著性水平，BS次数为门限自助抽样的次数。

表5.3 门槛值估计结果

门槛变量	门槛估计值		95%的置信区间
数字金融 （lnDF）	第一个门槛估计值（γ_1）	5.104 5	[5.074 3, 5.109 7]
	第二个门槛估计值（γ_2）	5.513 4	[5.488 6, 5.527 3]
覆盖广度 （lnDF1）	第一个门槛估计值（γ_1）	5.006 3	[4.919 7, 5.013 4]
	第二个门槛估计值（γ_2）	5.428 3	[5.418 1, 5.432 9]
使用深度 （lnDF2）	第一个门槛估计值（γ_1）	4.887 9	[4.859 8, 4.904 3]
	第二个门槛估计值（γ_2）	5.309 3	[5.288 5, 5.314 0]
数字化程 （lnDF3）	第一个门槛估计值（γ_1）	5.413 7	[5.203 2, 5.430 7]
	第二个门槛估计值（γ_2）	5.680 6	[5.615 7, 5.706 6]

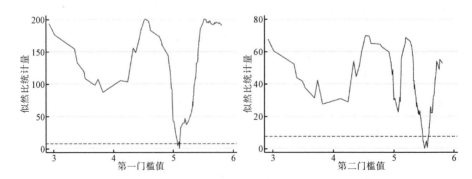

图 5.3 数字金融的门槛值及置信区间

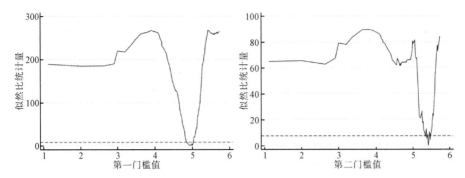

图5.4　覆盖广度的门槛值及置信区间

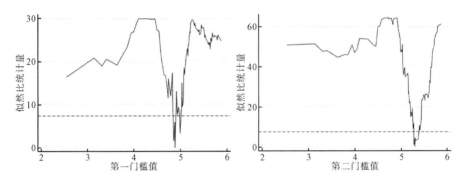

图5.5　使用深度的门槛值及置信区间

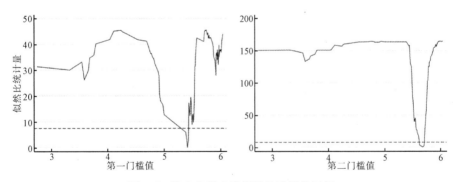

图5.6　数字化程度的门槛值及置信区间

（2）门槛模型估计

根据门槛效应及门槛值估计结果，运用面板门槛回归方法实证检验数字金融及各维度的门槛效应，表5.4报告了门槛回归的估计结果，并报告了基于线性工具变量的模型估计结果（工具变量为移动电话普及率和离婚率）。从表5.4的估计结果可以发现，数字金融及各维度发展对农民收入增长存在显著的正相关关系，表明数字金融发展促进了农民收入增长。进一步地，本书以门槛值为依据划分不同的区制。在模型（1）中，当数字金融（$\ln DF$）低于 γ_1（5.104 5）时，弹性系数为 0.150；当数字金融在 γ_1（5.104 5）~ γ_2（5.513 4）之间时，弹性系数为 0.177；当数字金融数大于 γ_2（5.513 4）时，弹性系数为 0.195。显然在不同区间数字金融发展对农民收入增长的作用强度明显不同，表现出门槛效应特征。随着数字金融跨越相应的门槛值，其对农民的增收效应逐渐增强。从模型（2）~ 模型（4）的估计结果可以发现，随着区制转换，各维度的估计结果表现出相似的变化趋势，当各维度跨越相应的门槛值，其系数逐渐变大。以模型（2）为例，当覆盖广度（$\ln DF1$）低于 γ_1（5.006 3）时，弹性系数为 0.111；当覆盖广度在 γ_1（5.006 3）~ γ_2（5.428 3）之间时，弹性系数为 0.143；覆盖广度大于 γ_2（5.428 3）时，弹性系数为 0.161。使用深度和数字化程度的分析结论与此相类似。这说明各维度指数越高，对农民增收促进作用就越大。

根据门槛变量与门槛值的关系，本书把数字金融发展水平划分为低区制（低于第一门槛值）、中区制（第一个门槛值和第二个门槛值之间）及高区制（大于第二个门槛值）。以数字金融为例，在 2011 年、2012 年所有省份均处于低区制，2013 年上海、北京、浙江等 8 个省市开始进入中区制，到 2015 年所有的省份均进入中区制，其中上海等 9 个省市开始进入高区制，到 2017 年随着青海、甘肃、西藏三个数字金融发展程度最低的省份迈过第二个门槛值，全国所有省份均进入高区制。在短短几年间，即使数字金融发展最落后的省份也取得了不俗的成绩。这离不开广大农村居民积极拥抱数字金融的热情和努力，也离不开数字金融发展为农村居民增加收入、改善生活水平提供了难得的机会。据此我们可以得出初步的结论：在样本期间内，数字金融发展促进了农民收入增长，且存在鲜明的门槛特征，随着数字金融水平跨越较高的门槛值，对农民收入增长的促进作用逐渐增强。

表 5.4　以数字金融及各维度为门槛变量的模型估计结果

门槛变量	门槛估计				线性工具变量估计			
	(1)	(2)	(3)	(4)	(5)	(6)	(7)	(8)
	数字金融 (lnDF)	覆盖广度 (lnDF1)	使用深度 (lnDF2)	数字化程度 (lnDF3)	数字金融 (lnDF)	覆盖广度 (lnDF1)	使用深度 (lnDF2)	数字化程度 (lnDF3)
门槛值	$\gamma_1=5.1045$ $\gamma_2=5.5134$	$\gamma_1=5.0063$ $\gamma_2=5.4283$	$\gamma_1=4.8879$ $\gamma_2=5.3093$	$\gamma_1=5.4137$ $\gamma_2=5.6806$				
lnDF $(q\leqslant\gamma_1)$	0.150 *** (24.18)							
lnDF $(\gamma_1<q\leqslant\gamma_2)$	0.177 *** (33.40)							
lnDF $(q>\gamma_2)$	0.195 *** (34.20)							
lnDF					0.442 *** (26.38)			
lnDF1 $(q\leqslant\gamma_1)$		0.111 *** (10.50)						
lnDF1 $(\gamma_1<q\leqslant\gamma_2)$		0.143 *** (16.15)						
lnDF1 $(q>\gamma_2)$		0.161 *** (18.24)						
lnDF1						0.381 *** (21.16)		
lnDF2 $(q\leqslant\gamma_1)$			0.147 *** (9.84)					
lnDF2 $(\gamma_1<q\leqslant\gamma_2)$			0.167 *** (13.44)					
lnDF2 $(q>\gamma_2)$			0.189 *** (15.57)					
lnDF2							0.497 *** (20.10)	
lnDF3 $(q\leqslant\gamma_1)$				0.058 9 *** (6.06)				
lnDF3 $(\gamma_1<q\leqslant\gamma_2)$				0.083 1 *** (10.44)				
lnDF3 $(q>\gamma_2)$				0.113 *** (13.89)				
lnDF3								0.424 *** (16.83)
H	0.065 7 *** (3.40)	0.068 8 *** (3.34)	0.076 5 ** (2.54)	0.148 *** (5.05)	0.054 1 (1.17)	0.012 0 (0.20)	0.027 4 (0.45)	0.154 ** (2.20)

表5.4(续)

门槛变量	门槛估计				线性工具变量估计			
	(1)	(2)	(3)	(4)	(5)	(6)	(7)	(8)
	数字金融(lnDF)	覆盖广度(lnDF1)	使用深度(lnDF2)	数字化程度(lnDF3)	数字金融(lnDF)	覆盖广度(lnDF1)	使用深度(lnDF2)	数字化程度(lnDF3)
HNTZ	0.120	0.168	-0.300	0.109	0.035 8	0.178	-0.226	-0.067 3
	(0.79)	(0.96)	(-0.97)	(0.42)	(0.10)	(0.38)	(-0.47)	(-0.12)
NJ	-0.017 9	-0.029 3**	-0.006 32	-0.044 4*	-0.121***	-0.163***	-0.084 9**	-0.166***
	(-1.40)	(-2.75)	(-0.28)	(-1.97)	(-3.77)	(-4.07)	(-2.02)	(-3.30)
CZ	-0.024 2	0.005 68	-0.000 880	-0.060 4**	0.055 8*	0.114***	0.052 0	-0.098 4**
	(-1.55)	(0.57)	(-0.04)	(-2.56)	(1.82)	(2.96)	(1.29)	(-2.04)
JR	0.016 6	0.010 7	0.028 3	0.056 0	-0.015 6	-0.056 3	-0.047 4	0.084 5
	(0.75)	(0.70)	(1.14)	(1.57)	(-0.41)	(-1.18)	(-0.95)	(1.48)
常数项	7.538***	7.721***	7.458***	7.302***				
	(53.73)	(55.14)	(29.33)	(27.28)				
样本量	240	240	240	240	240	240	240	240
R-sq	0.945 0	0.942 9	0.848 0	0.882 5				

注: *、**、*** 分别表示10%、5%、1%的显著性水平，括号内为稳健标准误差下的 t 统计量（面板门槛模型估计）或 z 统计量（面板工具变量估计）。由于估计方法差异，工具变量估计系数与门槛模型的估计系数不具有直接可比性。

（3）稳健性检验

上文分析表明，数字金融发展水平越高，其对农民收入增长的影响越增强。为了增强结论的可靠性，本书通过两种方法进行稳健性检验。一是在模型中分别加入数字金融及各维度的二次项，然后采用面板固定效应模型进行估计；二是采用面板半参数模型进行估计。估计模型分别如下：

$$lnIN_{it} = \mu_0 + \beta_1 lnDF_{it} + \beta_2 lnDF_{it}^2 + \alpha_1 NHTZ_{it} + \alpha_2 H_{it} + \alpha_3 NJ_{it} +$$
$$\alpha_4 JR_{it} + \alpha_5 CZ_{it} + \mu_i + \varepsilon_{it} \tag{5.2}$$
$$lnIN_{it} = \delta_0 + f(lnDF_{it}) + \theta_1 NHTZ_{it} + \theta_2 H_{it} + \theta_3 NJ_{it} + \theta_4 JR_{it} + \theta_5 CZ_{it} +$$
$$\delta_i + \varepsilon_{it} \tag{5.3}$$

其中，$lnDF_{it}^2$ 表示数字金融及各维度的平方，$f(lnDF_{it})$ 是未知函数。与门限模型类似，面板半参数模型的非参数部分不需要设定模型形式，不同的是门限模型需要分区估计系数。半参数模型的非参数部分以图形的方式呈现结果，变量之间的关系更为直观。

表 5.5 和图 5.7~图 5.10 分别为包含数字金融及各维度平方项的估计

结果和非参数拟合情况①。如表 5.5 所示,数字金融及各维度的一次项系数显著为负,二次项系数显著为正,表明数字金融及各维度发展与农民收入增长具有 U 形特征。由于一次项系数显著为负,我们需要讨论数字金融及各维度的 U 形曲线拐点的位置。以数字金融为例,其 U 形曲线的拐点约在 3.49。分析数字金融的样本值发现,小于拐点的样本仅包括 2011 年青海等 13 个省份的样本,除此之外的样本均大于拐点,处于拐点的右边。此外,观察数字金融的 4 个非参数拟合图可以发现,在数字金融水平较高时,拟合曲线的斜率明显较高,数字金融及各维度对农民收入增长的影响具有非线性特征。由此可得,数字金融对农民收入增长的影响具有非线性特征,数字金融发展水平越高,其对农民收入增长的影响效应越大。

表 5.5　数字金融与农民收入增长

模型	(1)	(2)	(3)	(4)
lnDF	-1.196***			
	(-7.79)			
(lnDF)²	0.174***			
	(9.77)			
lnDF1		-0.430***		
		(-6.17)		
(lnDF1)²		0.091 2***		
		(9.15)		
lnDF2			-0.683***	
			(-4.00)	
(lnDF)²			0.119***	
			(6.28)	
lnDF3				-0.886**
				(-3.22)
(lnDF3)²				0.125***
				(3.92)
控制变量	YES	YES	YES	YES
个体效应	YES	YES	YES	YES

————————

① 关于面板半参数模型的估计方法,参见 HENDERSONETAL. Nonparametric estimation and testing fixed effects panel data models [J]. Journal of Econometrics, 2008, 144: 257-275。半参数模型没有报告控制变量的估计结果。

表5.5(续)

模型	(1)	(2)	(3)	(4)
常数项	10.22***	8.606***	8.934***	8.792***
	(26.00)	(40.92)	(37.71)	(10.14)
样本量	240	240	240	240
R-sq	0.972 3	0.969 3	0.894 2	0.866 8

注:*、**、***分别表示10%、5%、1%的显著性水平,括号内为稳健标准误下的 t 统计量

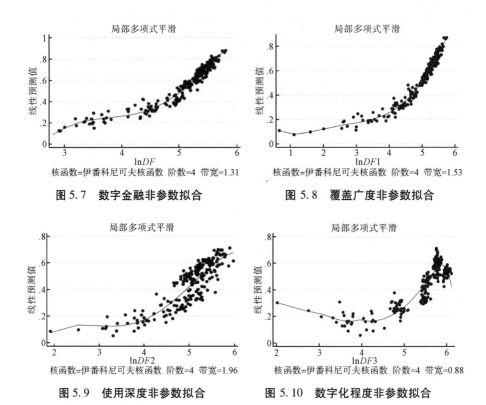

图 5.7 数字金融非参数拟合

图 5.8 覆盖广度非参数拟合

图 5.9 使用深度非参数拟合

图 5.10 数字化程度非参数拟合

5.2.3 人力资本门槛效应结果分析

(1)人力资本门槛效应检验

采用前文类似的分析方法,表5.6和表5.7分别为人力资本门槛效应检验结果和门槛值检验估计结果。当核心解释变量为数字金融时,人力资本没有通过10%的显著性检验(P 值为0.192),数字金融影响农民收入增长的人力资本门槛特征不明显。如图5.11和图5.12所示,从各分维度来

看，当核心解释变量为覆盖广度时，存在双重人力资本门槛效应，两个门槛值分别为6.9680和7.4140；当使用深度为核心解释变量时，门槛特征不明显；当数字化程度作为核心解释变量时，存在单一人力资本门槛效应，门槛值为8.91。门槛值及置信区间的估计结果表明，95%的置信区间范围较窄，门槛值的识别效果较为显著。由此可见，数字金融、使用深度影响农民收入增长的人力资本门槛效应不显著，覆盖广度和数字化程度分别存在双重和单一人力资本门槛效应。

表5.6　门槛效应检验结果：门槛变量为人力资本（H）

核心解释变量	模型	F值	P值	BS次数	1%临界值	5%临界值	10%临界值
数字金融 （lnDF）	单一门槛	9.75	0.1920	500	19.1295	14.2919	11.848
覆盖广度 （lnDF1）	单一门槛	24.48***	0.0080	500	23.0029	16.4419	14.3596
	双重门槛	15.07**	0.0498	500	12.2481	14.9425	12.4785
	三重门槛	9.39	0.8360	500	71.9048	65.5353	50.8875
使用深度 （lnDF2）	单一门槛	9.56	0.2240	500	16.8342	13.1635	11.5084
数字化程度 （lnDF3）	单一门槛	19.12**	0.0120	500	19.1549	13.937	12.0315
	双重门槛	7.45	0.1180	500	62.9573	13.7447	8.8278

注：*、**、***分别表示10%、5%、1%的显著性水平。

表5.7　门槛值检验估计结果：门槛变量为人力资本（H）

核心解释变量	门槛估计值		95%的置信区间
覆盖广度 （lnDF1）	第一个门槛估计值（γ_1）	6.9680	[6.8485, 6.9820]
	第二个门槛估计值（γ_2）	7.4140	[7.2905, 7.4450]
数字化程度 （lnDF3）	单一门槛的估计值（γ_1）	8.9100	[8.7400, 9.2990]

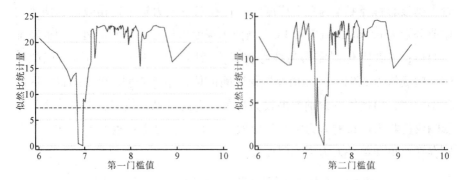

图 5.11　人力资本对覆盖广度的门槛值及置信区间

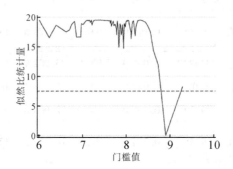

图 5.12　人力资本对数字化程度的门槛值及置信区间

（2）人力资本门槛效应

由于仅当覆盖广度和数字化程度作为核心解释变量时，人力资本具有门槛效应特征，本书仅对相应的门槛模型进行估计，结果如表 5.8 所示。覆盖广度的估计结果显示，当人力资本（H）低于 γ_1（6.968 0）时，覆盖广度的弹性系数为 0.155；当人力资本在 γ_1（6.968 0）～ γ_2（7.414）之间时，弹性系数为 0.195；当人力资本高于 γ_2（7.414）时，弹性系数为 0.219。这表明在不同的人力资本水平上，覆盖广度具有不同的增收效果。随着人力资本迈过较高的门槛值，覆盖广度的农民增收效应随之增强。数字化程度的估计结果显示，当人力资本低于 γ（8.910）时，数字化程度的估计系数为 0.194；当人力资本高于 γ（8.910）时，估计系数为 0.176。随着人力资本迈过相应的门槛，数字化程度的增收效应有所减弱。

上述分析表明数字金融各维度的人力资本门槛效应存在结构性差异。覆盖广度存在双重人力资本门槛效应，文化水平较高的农村居民从数字金融覆盖广度的发展中获益较多。这可能是因为文化水平较高的农村居民对数字金融的接受能力较强，比较容易参与数字金融业务。分析样本分布情况可以发现，在2018年，西藏、青海的农村人力资本还没有越过第一个门槛值，贵州、四川、宁夏、甘肃、云南的农村人力资本还处在两个门槛值之间，其余24个省份的农村人力资本均已进入第二个门槛值。数字化程度具有单一人力资本门槛效应，拥有较低人力资本的农村居民在金融业务数字化发展过程中获益较多。也就是说，相对于拥有低人力资本的农村居民，具有高人力资本的农村居民从金融业务数字化、便利化进程中所获得的收益会有所弱化。这可能是人力资本较高的农村居民受传统金融的约束相对较少，即使在金融业务数字化程度较低时也能获取相关金融服务，数字化程度的提高虽然能够带来交易、支付等渠道上的便利，但产生的边际效应不如人力资本相对较低的农村居民。因为文化水平较低的农村居民在传统金融体系中面临的金融约束更大，缺乏金融服务或者金融服务不足，金融服务数字化发展提高了这部分群体的金融可及性，填补了长期存在的金融服务空白，能够产生更大的边际效应。在本书240个样本中，仅有8个样本的人力资本超过8.9的门槛值，占总样本的3%，绝大部分样本的人力资本依然处于数字化程度增收效应较大的阈值范围，这也间接说明农村居民普遍受到传统金融排斥的影响。在当前农村人力资本条件下，提高数字金融的便利性，降低数字金融的使用成本，对缓解农村金融排斥、促进农户收入增长具有重要作用。

覆盖广度的增收效应随人力资本提高而增强，数字化程度的增收效应随人力资本的提高而减弱，这一结构性差异在一定程度上解释了为什么数字金融对农民收入增长的人力资本门槛效应不显著。从使用深度的人力资本门槛检验结果来看，其门槛特征并不明显。这与当前农村居民的数字金融行为特征相吻合，大部分居民使用数字金融的范围局限在网络支付和网上银行这样的基础功能。因此，在数字金融使用方面，人力资本差异对收入增长产生的区分度并不十分显著。但是这并不否认人力资本在发展数字金融中的重要性。目前，我国农村居民人力资本水平依然较低，2018年各省农村居民的平均教育年限为7.83年，部分省份（西藏、青海、贵州）农村居民平均教育年限不到7年，其中西藏平均教育年限仅5年。即使农村居民受教育年限较高的省份，如北京和海南，也仅分别为9.5年和8.9

年。更为残酷的事实是，农村高质量人力资本极为短缺，在 6 岁以上的人口中，具有高中以上学历的人口不足 8%；43% 的人口不具备初中学历，9.1% 的人口属于文盲①，这严重影响了数字金融的进一步普及。综合数字覆盖广度、数字化程度的估计结果及实际的样本分布，本书认为提高农村居民人力资本有助于农村居民从数字金融发展中获取更多的收益，而提高以低成本和便利化为特征的数字化程度则有助于提高农村地区金融服务的可得性，弥补由于农村人力资本较低而形成的金融服务缺口。

表 5.8　人力资本作为为门槛变量的估计结果

模型	(1)	(2)
门槛值	$\gamma_1 = 6.9680$ $\gamma_2 = 7.4140$	$\gamma = 8.9100$
lnDF1 ($q \leqslant \gamma_1$)	0.155*** (9.01)	
lnDF1 ($\gamma_1 < q \leqslant \gamma_2$)	0.195*** (11.42)	
lnDF1 ($q > \gamma_2$)	0.219*** (17.10)	
lnDF3 ($q \leqslant \gamma$)		0.194*** (13.82)
lnDF3 ($q > \gamma$)		0.176*** (6.48)
控制变量及常数项	YES	YES
样本量	240	240
R-sq	0.8496	0.7478

注：*、**、*** 分别表示在 10%、5%、1% 的显著性水平显著，括号内为稳定标准误下的 t 统计量。

（3）进一步讨论

通过上述门槛模型估计，本书发现数字金融发展对农村居民收入增长的作用确实受到农村人力资本的影响，特别是覆盖广度对农民收入增长的

———————

① 相关数据笔者根据 2019 年《中国人口与就业统计年鉴》整理。

影响力度随着人力资本的提升而逐步提高。这说明覆盖广度和农村居民人力资本之间存在交互耦合效应。本书接下来将对覆盖广度和农村居民人力资本的耦合协调关系进行测度，以验证二者之间的耦合关系。借鉴以往研究者的做法（王雪妮 等，2011；温涛 等，2018），建立覆盖广度与农村人力资本之间的耦合度模型：

$$C = f^k * h^k / (af + \beta h)^{2k} \tag{8.4}$$

其中，C 表示覆盖广度与农村人力资本的耦合度，f 为覆盖广度，h 为农村人力资本，a、β 为待定系数，反映覆盖广度与农村人力资本的重要程度，本书认为两者同样重要，故取 $a = \beta = 0.5$，k 为调节系数①，以增加耦合度的区分度。在确定参数后，接下来对覆盖广度和人力资本的综合协调指数进行测算，其计算公式如下：

$$T = af + \beta h \tag{8.5}$$

其中，T 为综合协调指数。在对覆盖广度与农村人力资本的耦合度与综合协调指数进行测度之后，便可以最终确立二者的耦合协调度，计算公式如下：

$$D = (C * T)^{1/2} \tag{8.6}$$

其中，D 为耦合协调度，其范围在 0~1，取值越高协调耦合度越好。接下来对 2011—2018 年的覆盖广度指数与农村人力资本进行极差标准化处理，并用上述方法测算覆盖广度与农村人力资本的协调耦合度，其结果如图5.13 所示。

图 5.13 表明，覆盖广度与农村人力资本的耦合协调度总体上处于较低水平。皮尔逊相关性检验发现耦合协调度与农民收入的相关系数为 0.71，两者之间存在强烈的正相关关系。这进一步表明覆盖广度与农民收入增长之间的关系是非线性的，存在人力资本门槛效应。根据这种非线性关系可以预期：随着数字金融在农村地区的普及程度和农村人力资本水平的进一步提升，农村居民使用数字金融的能力进一步增强，数字金融对农村居民的增收作用更加突出。

---

① 一般而言，k 的取值范围在 2~5，本书采用从低到高的方法进行筛选，最终确定 $k=2$。

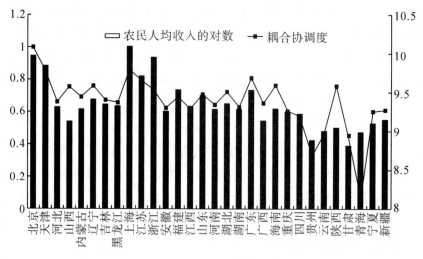

图 5.13　覆盖广度和农村人力资本的耦合协调度与农民收入增长

5.3　空间溢出效应分析

5.3.1　空间相关性检验

样本之间存在空间相关性是进行空间计量分析的前提。如果样本之间不存在空间相关性，则不需要构建空间计量模型，使用一般的计量模型即可。在研究中，用来识别空间相关性的工具有莫兰指数（Moran's I）、吉尔里指数（Geary'C）和 Getis-Ord 指数（Getis & Ord'G）。其中，最常用的是莫兰指数，莫兰指数的计算公式见式（4.3）。在空间计量中，权重矩阵 W 的构建是为了反映变量之间的空间作用关系，选择合理的空间权重矩阵是确保空间计量有效的前提。在研究中可以根据地理距离、社会网络权重（Anselin & Bera，1998）、经济变量的经济距离（Fingleton & Le Gallo，2008）构建空间权重矩阵。由于按照社会经济变量构建的空间权重矩阵容易产生多重共线性（高远东 等，2013），因此，本书根据地理关系构建空间权重矩阵。Anselin（1988）提出依据地理关系建立空间权重矩阵的三种准则，即空间单元邻接关系（contiguity）、空间单元距离（distance）、给空间单元指定最近的 k 个邻居（k-nearest）。本书基于中国省域空间面板数据进行空间计量分析，由于东南沿海省份经济发展水平和人口密度较高、地理面积相对较小，西部省域经济发展水平和人口密度较低、地理面积较广，这一独特的地理结构使得根据 distance 和 k-nearest 方法构建空间权重矩阵是不可靠的（高远东 等，2013），而且 k-nearest 方法破坏了省域空间单元固有的地理结构，不能准确量化省域单元的空间关系。因此，本书主要采用一阶后相邻（queen contiguity）标准构建二进制空间权重矩阵，并对矩阵进行标准化，以保证权重矩阵的行元素之和等于 1。空间矩阵 W 的取值如下：

$$w_{ij} = \begin{cases} 1 & i、j \text{ 省域相邻} \\ 0 & i、j \text{ 省域不相邻} \end{cases}$$

此外，由于基于二进制的空间邻接矩阵可能忽略了空间相关性与地理距离之间可能存在的负向关系，本书也构建了基于地理距离的空间权重矩阵。其设置方式是根据国家地理信息系统提供的经纬度计算出省会城市之间的距离，权重矩阵中的元素为距离平方的倒数并进行行标准化处理，即省份之间的距离越大，权重越小。空间权重的取值如下：

$$w_{ij} = \begin{cases} \dfrac{1}{d^2} & i \neq j \\ 0 & i = j \end{cases} \quad d \text{ 表示省份之间的距离}$$

表 5.9~表 5.13 为两种权重矩阵下 2011—2018 年我国 30 个省份（不包括港澳台及西藏）的农民收入及数字金融发展、覆盖广度、使用深度、数字化程度的空间莫兰指数检验结果，图 5.15~图 5.19 为邻接矩阵下 2018 年各变量的空间莫兰指数散点图。在不同的权重矩阵下，各变量的莫兰指数的显著性差异不大，但是指数的大小存在差异。以农民收入为例，空间邻接矩阵下的莫兰指数要大于空间距离矩阵下的莫兰指数，其他大多数变量的空间邻接矩阵下的莫兰指数也相对较大，这说明基于二进制的空间邻接矩阵在空间相关性上的识别效果可能相对较好。因此，本书着重分析邻接矩阵下的空间计量检验结果，在后续的实证分析中也主要依据空间邻接矩阵构建计量模型，并将空间距离权重下的计量结果作为参照。

莫兰指数的检验结果表明，在所有年份，农民收入、数字金融发展、覆盖广度、使用深度的莫兰指数为正值，且均通过 1% 的显著性检验，表明各省份农民收入、数字金融发展、覆盖广度、使用深度在空间上并非随机分布，存在显著空间集聚特征，即各省份之间距离越短，空间相关性越强。在样本期间，在空间邻接矩阵下，数字化程度的莫兰指数有 4 年通过

10%的显著性检验；在空间距离矩阵下，有 3 年没有通过 10%的显著性检验。这表明数字化程度的空间相关性特征相对不稳定。这可能是因为由大型互联网公司主导的数字金融，其数字化程度一般不存在地域差别，比如蚂蚁花呗的利率通常不会因为客户所处地域的不同而有所不同。但是地方性的数字金融平台由于服务能力不足、风控要求较高，特别是需要通过线下辅助开展数字金融业务时，通常选择就近开展业务。因此，本地居民处于地缘信任、风险防范等方面的考量也倾向于使用本地机构提供的数字金融服务。地方性数字金融机构的质量参差不齐导致了数字化程度的空间相关性时隐时现。

从各变量的莫兰指数大小来看（见图 5.14），使用深度和农民收入的空间自相关程度较高，数字化程度的空间自相关程度较低。从变化趋势来看，农民收入的空间相关性基本平稳，使用深度出现小幅度波动，数字金融和覆盖广度表现为先下降后上升，数字化程度呈现剧烈波动。无论是指数值的大小，还是指数值的变化趋势，各变量的空间自相关程度均表现出差异性。

表 5.9 2011—2018 年 30 省农民收入莫兰指数（Moran's I）

年份	邻接矩阵				地理距离			
	莫兰指数 I	标准差 Sd	Z 统计量	P 值	莫兰指数 I	标准差 Sd	Z 统计量	P 值
2011	0.544	0.119	4.842	0.000	0.472	0.093	5.468	0.000
2012	0.547	0.120	4.863	0.000	0.477	0.093	5.505	0.000
2013	0.564	0.119	5.014	0.000	0.506	0.093	5.832	0.000
2014	0.566	0.119	5.028	0.000	0.507	0.093	5.842	0.000
2015	0.565	0.119	5.030	0.000	0.504	0.093	5.821	0.000
2016	0.563	0.119	5.022	0.000	0.500	0.092	5.788	0.000
2017	0.562	0.119	5.022	0.000	0.498	0.092	5.774	0.000
2018	0.561	0.119	5.026	0.000	0.494	0.092	5.751	0.000

表 5.10 2011—2018 年 30 省数字金融莫兰指数（Moran's I）

年份	邻接矩阵				地理距离			
	莫兰指数 I	标准差 Sd	Z 统计量	P 值	莫兰指数 I	标准差 Sd	Z 统计量	P 值
2011	0.473	0.123	4.130	0.000	0.347	0.095	4.007	0.000
2012	0.465	0.121	4.111	0.000	0.401	0.094	4.619	0.000
2013	0.439	0.121	3.926	0.000	0.378	0.094	4.403	0.000
2014	0.429	0.121	3.843	0.000	0.380	0.094	4.431	0.000
2015	0.399	0.120	3.596	0.000	0.326	0.093	3.855	0.000
2016	0.419	0.120	3.773	0.000	0.365	0.093	4.282	0.000
2017	0.484	0.120	4.320	0.000	0.374	0.093	4.385	0.000
2018	0.538	0.121	4.727	0.000	0.396	0.094	4.579	0.000

表 5.11 2011—2018 年 30 省覆盖广度的莫兰指数（Moran's I）

年份	邻接矩阵				地理距离			
	莫兰指数 I	标准差 Sd	Z 统计量	P 值	莫兰指数 I	标准差 Sd	Z 统计量	P 值
2011	0.410	0.122	3.641	0.000	0.347	0.095	4.028	0.000
2012	0.374	0.120	3.392	0.001	0.324	0.093	3.833	0.000
2013	0.364	0.121	3.306	0.001	0.308	0.094	3.663	0.000
2014	0.337	0.120	3.089	0.002	0.293	0.093	3.515	0.000
2015	0.325	0.120	2.990	0.003	0.261	0.093	3.168	0.002
2016	0.335	0.119	3.094	0.002	0.263	0.093	3.215	0.001
2017	0.373	0.120	3.407	0.001	0.268	0.093	3.252	0.001
2018	0.407	0.120	3.671	0.000	0.296	0.093	3.546	0.000

表 5.12 2011—2018 年 30 省使用深度的莫兰指数（Moran's I）

年份	邻接矩阵				地理距离			
	莫兰指数 I	标准差 Sd	Z 统计量	P 值	莫兰指数 I	标准差 Sd	Z 统计量	P 值
2011	0.630	0.123	5.383	0.000	0.463	0.096	5.192	0.000
2012	0.617	0.121	5.367	0.000	0.505	0.094	5.726	0.000
2013	0.577	0.121	5.047	0.000	0.479	0.094	5.464	0.000

表5.12(续)

年份	邻接矩阵				地理距离			
	莫兰指数 I	标准差 Sd	Z 统计量	P 值	莫兰指数 I	标准差 Sd	Z 统计量	P 值
2014	0.553	0.121	4.844	0.000	0.478	0.094	5.441	0.000
2015	0.594	0.121	5.175	0.000	0.473	0.094	5.382	0.000
2016	0.604	0.123	5.206	0.000	0.478	0.095	5.383	0.000
2017	0.585	0.121	5.113	0.000	0.442	0.094	5.064	0.000
2018	0.602	0.122	5.200	0.000	0.449	0.095	5.091	0.000

表 5.13   2011—2018 年 30 省数字化程度的莫兰指数 (Moran's I)

年份	邻接矩阵				地理距离			
	莫兰指数 I	标准差 Sd	Z 统计量	P 值	莫兰指数 I	标准差 Sd	Z 统计量	P 值
2011	0.291	0.123	2.651	0.008	0.329	0.095	3.813	0.000
2012	0.319	0.123	2.875	0.004	0.132	0.095	1.750	0.080
2013	0.032	0.121	0.554	0.580	−0.021	0.094	0.145	0.885
2014	0.028	0.121	0.514	0.607	−0.139	0.094	−1.115	0.265
2015	0.442	0.123	3.880	0.000	0.271	0.095	3.206	0.001
2016	0.156	0.117	1.625	0.104	0.059	0.091	1.032	0.302
2017	0.127	0.123	1.315	0.189	0.193	0.095	2.390	0.017
2018	0.596	0.122	5.178	0.000	0.425	0.094	4.859	0.000

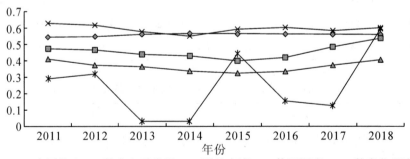

图 5.14   2011—2018 年各变量的莫兰指数变化趋势 (空间邻接矩阵)

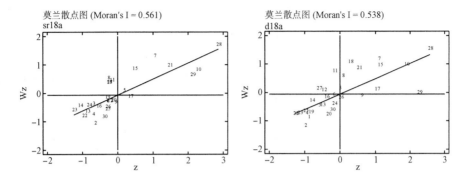

图 5.15　2018 年农民收入的空间莫兰指数　　图 5.16　2018 年数字金融的空间莫兰指数

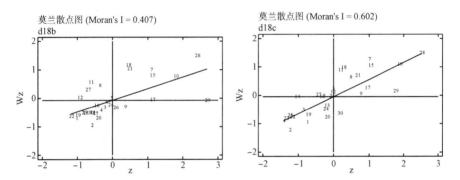

图 5.17　2018 年覆盖广度的空间莫兰指数　　图 5.18　2018 年使用深度的空间莫兰指数

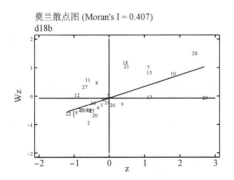

图 5.19　2018 年数字化程度的空间莫兰指数

5.3.2　空间计量模型构建

根据本书的理论分析，数字金融对农民收入增长的影响可能存在空间溢出效应。上文的空间相关性分析表明数字金融及各维度、农民收入增长均存在显著的正向空间自相关性。因此，可以构建空间面板计量模型检验数字金融对农民收入增长的空间溢出效应。Elhorst（2014）指出，在利用空间面板计量模型进行研究的过程中，一般的面板数据模型均可以直接使用空间杜宾模型（SDM）进行估计。与空间滞后模型（SAR）和空间误差模型（SEM）相比较，空间杜宾模型（SDM）具有显著优势。首先，空间杜宾模型（SDM）是空间滞后模型（SAR）和空间误差模型（SEM）的一般形式，约束条件较少，具有较强的适用性。其次，空间杜宾模型（SDM）不仅考虑了因变量和残差项的空间自相关问题，同时也考虑了自变量之间的交互作用对因变量的影响，其估计结果能够能更有说服力。因此，本书设定如下空间杜宾模型（SDM）：

$$
\begin{aligned}
\ln IN_{it} = {} & \mu_0 + \alpha_1 \ln DF_{it} + \alpha_2 NHTZ_{it} + \alpha_3 H_{it} + \alpha_4 NJ_{it} + \alpha_5 JR_{it} + CZ_{it} + \\
& \beta_1 \ln DF_{it} * W + \beta_2 NHTZ_{it} * W + \beta_3 H_{it} * W + \beta_4 NJ_{it} * W + \\
& \beta_5 JR_{it} * W + \beta_6 CZ_{it} * W + \rho W * \ln IN_{it} + \mu_i + \varepsilon_{it}
\end{aligned} \tag{5.7}
$$

其中，W 表示空间权重矩阵，μ_i 为地区固定效应，ε_{it} 为随机误差项。对于模型估计，借鉴 Elhorst（2010）与 Lee 和 Yu（2010）的方法，随机效应模型采用先进行组内离差变换再采用 MLE 估计，固定效应模型先进行广义离差变换再做 MLE 估计。为稳妥起见，在对模型进行估计前，本书对空间计量模型的形式进行检验，以确保模型选择的正确性。

首先，检验模型是否存在空间效应，以确定是否应该构建空间面板模型。对空间计量模型的检验结果（见表 5.14）表明，模型存在空间自相关。数字金融、覆盖广度、使用深度的 Moran's I Error 和 LM-Error 检验均通过 1% 的显著性检验，Robust LM-Error 检验均没有通过 10% 的显著性检验，表明上述三个变量的模型残差项的空间自相关性不稳健，需要进一步验证。数字化程度模型的 Moran's I Error、LM-Error 和 Robust LM-Error 检验均通过 1% 显著性检验，表明残差项具有显著的空间自相关性。数字金融、覆盖广度、使用深度、数字化程度的 Robust LM-Lag 和 Robust LM-Lag 检验均通过 1% 的显著性检验，表明四个变量的空间滞后项存在自相关。

其次，通过 LR 检验以及 Wald 检验来识别模型的最优形式。其中，LR 检验的目的在于判断是否存在空间滞后效应或空间误差效应，Wald 检验的目的在于判断空间杜宾模型（SDM）是否可以变为空间误差模型（SEM）或者空间滞后模型（SAR）。所有模型的 LR-Lag、LR-Error 检验均通过了 1% 的显著性检验，表明建立空间滞后模型（SAR）或者空间误差模型

（SEM）更为合适。Wald-Lag、Wald-Error 检验的所有结果均通过了 1% 的显著性检验，表明 SDM 模型不能化简为 SAR 模型或者 SEM 模型。这说明选择式（5.7）的空间杜宾模型（SDM）作为本书的空间计量模型是恰当的。四个核心变量 Huasman 检验的统计量全都为负值，表明建立随机效应的面板 SDM 模型更为合适。因此，式（5.7）即是为本章分析数字金融影响农民收入增长的空间计量模型。

表 5.14　空间计量模型检验结果（空间邻接矩阵）

检验类型	数字金融		覆盖广度		使用深度		数字化程度	
	统计量	P 值	统计量	P 值	计量	P 值	计量	P 值
Moran's I Error	8.331	0.000 0	7.704	0.000 0	8.786	0.000 0	9.439	0.000 0
LM-Error	63.363	0.000 0	54.031	0.000 0	70.711	0.000 0	81.878	0.000 0
Robust LM-Error	0.009	0.926 0	0.156	0.693 0	0.826	0.363 0	7.684	0.000 6
LM-Lag	107.483	0.000 0	114.106	0.000 0	109.368	0.000 0	163.06	0.000 0
Robust LM-Lag	44.128	0.000 0	60.231	0.000 0	39.484	0.000 0	88.870	0.000 0
LR-Lag	66.04	0.000 0	26.62	0.000 2	34.79	0.000 0	22.37	0.001 0
LR-Error	37.61	0.000 0	49.35	0.000 0	28.28	0.000 1	40.75	0.000 0
Wald-Lag	76.21	0.000 0	27.46	0.000 1	29.89	0.000 0	21.96	0.001 6
Wald-Error	30.01	0.000 0	39.18	0.000 0	30.58	0.000 0	32.54	0.000 0
Hausman	-26.25	—	-2.82	—	-3.05	—	-2.5	—

5.3.3　空间计量结果分析

根据上文的检验结果，本书选择构建空间杜宾模型（SDM）来研究数字金融发展对收入增长的空间溢出效应。由于空间杜宾模型包含了自变量的空间滞后项，模型的估计系数已经不能准确反映自变量对因变量的影响。本书根据计量结果将自变量对因变量的影响分解为直接效应和间接效应（即空间溢出效应），从而能够更好地分析变量之间的空间交互作用（Elhorst，2014）。就本书的研究内容而言，直接效应衡量数字金融及各维度发展对本省农民收入增长的影响，间接效应衡量数字金融及各维度发展对邻近省份农民收入增长的影响。直接效应与间接效应之和为总效应，衡量数字金融及各维度发展对农民收入增长总影响。由于数字金融及各维度发展的模型检验均支持建立随机效应的空间杜宾模型（SDM），因此，采用随机效应空间杜宾模型进行计量分析。又由于空间邻接矩阵在捕捉农民收入、数字金融及各维度的空间集聚上较有优势，因此，本书主要采用空间邻接矩阵的计量结果进行分析，同时汇报了空间距离矩阵下数字金融及各维度发展的杜宾模型估计结果，具体见表5.15~表5.18。

（1）数字金融发展对农民收入增长的空间溢出效应

表5.15的空间杜宾模型估计结果显示，在空间邻接矩阵下，数字金融（lnDF）对农民收入增长（lnIN）的直接效应系数为正，且通过1%的显著性检验，表明数字金融指数每增长1%，将会促进本省农民收入增长0.327%，考虑到样本期间各省数字金融指数的平均值从40增长到302.1，因此这一增长效应是可观的；间接效应系数为负，但是没有通过10%的显著性检验，说明数字金融发展主要促进了本省农民收入增长，对邻近省份农民收入增长的影响不显著。在空间距离矩阵下，数字金融的直接效应依然通过了1%的显著性检验，间接效应为正向，但是没有通过10%的显著性检验。因此，本省数字金融发展主要促进了本省农民收入增长，对邻接省份农民收入增长的影响不显著。也就是说，数字金融发展对农民收入增长不具有空间上的外溢效应。

表 5.15　数字金融的空间杜宾模型估计结果

	空间邻接矩阵			空间距离矩阵		
	直接效应	间接效应	总效应	直接效应	间接效应	总效应
lnDF	0.327*** (3.24)	-0.006 46 (-0.05)	0.321*** (8.32)	0.146*** (4.58)	0.133 (1.07)	0.279*** (2.58)
H	0.062 9 (1.18)	0.149 (0.32)	0.211 (0.43)	0.079 0*** (2.98)	0.88 (1.52)	0.959 (1.59)
HNTZ	-0.356* (-1.80)	-2.819** (-2.35)	-3.175** (-2.46)	0.144 (0.64)	-0.445 (-0.12)	-0.301 (-0.08)
NJ	-0.036 9** (-2.04)	-0.262*** (-2.66)	-0.299*** (-3.08)	0.008 81 (0.85)	-0.032 5 (-0.15)	-0.023 7 (-0.11)
CZ	0.016 1 (0.91)	0.031 7 (0.24)	0.047 8 (0.33)	-0.008 8 (-0.41)	-0.102 (-0.24)	-0.111 (-0.25)
JR	0.011 6 (0.61)	0.132 (1.3)	0.143 (1.27)	0.008 54 (0.56)	0.227 (0.72)	0.235 (0.71)

注：*、**、*** 分别表示10%、5%、1%的显著性水平，括号内为稳健标准误下的 t 统计量。

（2）覆盖广度对农民收入增长的空间溢出效应

表 5.16 的空间杜宾模型估计结果表明，在空间邻接矩阵下，覆盖广度（lnDF1）的直接效应系数、间接效应系数、总效应系数均为正向，且均通过 1% 的显著性检验，表明本省数字金融覆盖广度每提高 1%，将会促进本省农民收入增长 0.055 5%，促进邻接省份农民收入增长 0.17%。通过比较发现，覆盖广度的间接效应系数远远大于直接效应系数，表明本省数字金融覆盖广度对邻接省份农民收入增长的影响要大于对本省农民收入增长的影响。在空间距离矩阵下的估计结果与空间邻接矩阵的估计结果基本一致。因此，本省数字金融普及程度的提高，不仅可以促进本省农民收入增长，还可以促进邻接省份的农民收入增长，即数字金融覆盖广度的提升对农民收入增长具有显著的空间正向外部性。这正是数字金融通过网络连接形成巨大的网络外部效应所产生的优势。

表 5.16　覆盖广度的空间杜宾模型估计结果

	空间邻接矩阵			空间距离矩阵		
	直接效应	间接效应	总效应	直接效应	间接效应	总效应
lnDF1	0.055 5***	0.170***	0.225***	0.052 2***	0.214***	0.266***
	(3.98)	(3.67)	(4.87)	(3.68)	(2.66)	(3.53)
H	0.104***	0.836***	0.940***	0.070 8***	0.664	0.735
	(4.66)	(3.08)	(3.26)	(3.05)	(1.42)	(1.5)
HNTZ	−0.025 3	−2.699	−2.725	0.077 7	−2.226	−2.149
	(−0.12)	(−1.12)	(−1.05)	(0.37)	(−0.72)	(−0.65)
NJ	−0.015 4	−0.217	−0.233	2.04E−05	−0.179	−0.179
	(−1.50)	(−1.30)	(−1.35)	(0.00)	(−0.96)	(−0.93)
CZ	−0.015	−0.107	−0.122	−0.014 5	−0.159	−0.174
	(−0.73)	(−0.52)	(−0.54)	(−0.74)	(−0.45)	(−0.46)
JR	0.018 2	0.154	0.172	0.009 78	0.226	0.236
	(1.06)	(0.9)	(0.92)	(0.67)	(0.87)	(0.87)

注：*、**、*** 分别表示 10%、5%、1% 的显著性水平，括号内为稳健标准误差下的 t 统计量。

（3）使用深度对农民收入增长的空间溢出效应

表 5.17 的空间杜宾模型估计结果显示，空间邻接矩阵下，使用深度（lnDF2）的直接效应系数为正向，且均通过 1% 的显著性检验，表明使用深度提高 1%，将会促进本省农民收入增长 0.080 1%；间接效应的系数为正向，但没有通过 10% 的显著性检验，表明使用深度对邻接省份农民收入

增长的影响不显著。空间距离矩阵下的估计结果显示，直接效应系数通过1%的显著性检验，间接效应系数通过10%的显著性检验。与空间邻接矩阵的估计结果比较，使用深度的间接效应的系数显著性有所提高，这说明使用深度的空间溢出效应更多体现在空间距离上，而非地理上的相邻。由此可知，数字金融覆盖广度能够显著促进本省农民收入增长，但是对邻接省份农民收入增长的促进作用不明显。

表5.17　使用深度的空间杜宾模型估计结果

	空间邻接矩阵			空间距离矩阵		
	直接效应	间接效应	总效应	直接效应	间接效应	总效应
lnDF2	0.080 1***	0.11	0.190**	0.143***	0.159**	0.301***
	(3.59)	(1.37)	(2.21)	(3.25)	(2.2)	(6.64)
H	0.133***	1.408**	1.541**	0.052	0.174	0.226
	(3.91)	(2.2)	(2.2)	(1.43)	(0.35)	(0.43)
HNTZ	−0.020 4	−2.712	−2.733	−0.470***	−4.411***	−4.881***
	(−0.08)	(−0.71)	(−0.67)	(−2.63)	(−2.86)	(−3.07)
NJ	−0.003 26	−0.066 9	−0.070 2	−0.013 6	−0.230*	−0.243*
	(−0.19)	(−0.25)	(−0.25)	(−0.81)	(−1.68)	(−1.75)
CZ	−0.029	−0.255	−0.284	0.005 62	0.069 1	0.074 7
	(−1.20)	(−1.20)	(−1.20)	0.34	0.68	0.66
JR	0.028 3*	0.268	0.296	0.008 43	0.079 7	0.088 1
	(1.69)	(1.27)	(1.32)	(0.46)	(0.67)	(0.68)

注：*、**、***分别表示10%、5%、1%的显著性水平，括号内为稳健标准误下的 t 统计量。

（4）数字化程度对农民收入增长的空间溢出效应

表5.18空间杜宾模型的估计结果显示，空间邻接矩阵下，数字化程度（lnDF3）直接效应系数为负数，但是没有通过10%的显著性检验，与空间地理矩阵下的估计结果类似，表明数字化程度对本省农民收入增长的影响不显著，数字化程度的间接效应系数为正数，且通过5%的显著性检验，表明数字化程度每提高1%将会促进邻接省份农民收入增长0.182%。空间距离矩阵下数字化程度直接效应与间接效应的估计结果与空间邻接矩阵下的估计结果基本类似。由此可知，本省数字化程度的提升对本省农民收入增长的影响不显著，但是对邻接省份的农民收入增长具有正向的空间外溢效应。

综上所述，数字金融及各维度对农民收入增长存在双重门槛效应，覆盖广度和数字化程度分别存在双重和单一人力资本门槛效应，表明数字金融对农民收入增长存在非线性影响。数字金融覆盖广度和数字化程度对邻接省份的农民收入增长具有正向的空间溢出效应。这验证了假说2成立。

表 5.18　数字化程度空间杜宾模型估计结果

	空间邻接矩阵			空间距离矩阵		
	直接效应	间接效应	总效应	直接效应	间接效应	总效应
lnDF3	−0.008 15	0.182**	0.174**	−0.015 2	0.208***	0.193***
	（−0.39）	（2.49）	（2.55）	（−1.21）	（3.1）	（2.8）
H	0.142***	1.347***	1.488***	0.100 0***	1.214**	1.314***
	（5.03）	（3.00）	（3.16）	（4.17）	（2.55）	（2.64）
HNTZ	−0.043 5	−2.616	−2.66	−0.032	−3.973	−4.005
	（−0.17）	（−0.78）	（−0.74）	（−0.16）	（−1.10）	（−1.05）
NJ	−0.008 05	−0.156	−0.164	0.007 55	−0.094 9	−0.087 4
	（−0.58）	（−0.68）	（−0.69）	（0.49）	（−0.34）	（−0.30）
CZ	−0.048 1*	−0.459	−0.507	−0.047 5**	−0.732*	−0.779*
	（−1.93）	（−1.55）	（−1.59）	（−2.44）	（−1.92）	（−1.95）
JR	0.048 2**	0.460**	0.508**	0.041 4**	0.799**	0.841**
	（2.37）	（1.98）	（2.04）	（2.19）	（2.28）	（2.29）

注：*、**、*** 分别表示在10%、5%、1%的显著性水平显著，括号内为稳健标准误下的 t 统计量。

5.4　本章小结

首先，采用2011—2018年省级面板数据实证检验数字金融对农民收入增长的非线性影响。基于数字金融自身的面板门限模型分析表明，数字金融以及覆盖广度、使用深度和数字化程度对农民收入增长均存在双重门槛效应。随着数字金融及各维度越过相应的门槛值，其对农民收入增长的促进作用越大，这表明数字金融对农民收入增长的影响具有非线性特征。使用数字金融二次项的固定效应模型以及面板半参数模型的估计结果表明上述结论具有稳健性。基于人力资本门槛模型的分析表明，数字金融影响农民收入增长的人力资本门槛效应不显著，各维度的人力资本门槛效应存在差异。数字金融使用深度的人力资本门槛效应不显著；覆盖广度存在双重人力资本门槛，随着人力资本跨越相应的门槛值，覆盖广度对农民收入增长的促进作用逐步增强；数字化程度存在单一人力资本门槛效应，随着人力资本跨越门槛值，数字化程度对农民收入的促进作用有所减弱。在样本期间，绝大部分样本的人力资本依然处于数字化程度增收效应较大的阈值范围。进一步的分析表明，数字金融覆盖广度与农村人力资本的交互耦合有助于促进农民增收。从推动数字金融在农村地区有效普及，促进数字金融高质量发展以促进农民收入增长的角度，提高农村居民人力资本刻不容缓。

其次，采用空间计量模型分析数字金融影响农民收入增长的空间溢出效应。空间相关性分析表明，农民收入增长、数字金融及各维度均存在显著的空间集聚特征。其中，农民收入增长的空间集聚程度始终保持在较高的水平，数字金融及各维度的空间集聚程度总体上表现出先下降后上升的特征。随着数字经济的发展，网络空间将成为社会生产生活的重要组成部分，地区之间的联系越来越紧密，地理空间、行政区域之间的障碍越来越小，资源在省份之间的流动性大幅提高。数字金融作为实现普惠金融的重要手段，可以有效突破时间和地理空间的阻隔，促进普惠金融在各省之间形成协同发展机制。但是我们发现，得益于良好的区位优势、完善的金融基础设施、较好的创新能力，数字金融最先在东部地区发展，并保持领先优势。采用空间杜宾模型的分析结果表明，总体上，数字金融促进了本省农民收入增长，对邻接省份的空间溢出效应不显著，数字金融各维度对农民收入增长的空间溢出效应存在差异。具体来看，覆盖广度不仅有利于本省的农民收入增长，还能提高邻接省份的农民收入增长。使用深度能够促进本省农民收入增长，但是对邻接省份农民收入增长的影响不显著。数字化程度对本省农民收入增长影响不显著，但是对邻接省份的农民收入增长具有显著的促进作用。因此，数字金融覆盖广度和数字化程度对邻接省份的农民收入增长存在空间溢出效应。

6　作用机制分析：经济增长

在第 4 章中，我们通过实证检验证实了数字金融及各维度能够显著促进农民收入增长。但是数字金融如何影响农民收入增长？数字金融影响农民收入增长的作用机制是怎么样的？数字金融是否通过某一中介变量影响农民收入增长？这些问题需要进一步验证。本章建立中介效应模型，采用逐步回归方法，从宏观视角讨论数字金融是否可以通过经济增长进而影响农民增收。首先，讨论数字金融对经济增长的影响效应，并检验在不同社会经济条件下数字金融影响经济增长的异质性。其次，分析经济增长对农民收入增长的影响，并分析产业结构及城市化在数字金融、经济增长影响农民收入增长过程中可能发挥的作用及区域差异性。最后，总结研究结论。

6.1　引言

改革开放以来，我国经济连续多年保持高速增长。但是 2008 年全球金融危机以后，受国内外多重压力的影响，依靠高要素投入、低成本竞争和高市场外延扩张的增长的传统模式面临严重挑战，经济发展从资源驱动向创新驱动转型，经济增长由高速增长向中高速增长阶段转变，经济增速开始逐年下行。因此，创新经济发展动力，实现经济增长由"粗放型"向"集约型"转变是转换经济发展方式的内在要求。近年来，我国社会经济活动呈现出网络化、数字化的新特征，以数字资源为生产要素、以全要素全空间全过程数字化转型为重要推动力的数字金融、数字经济蓬勃发展。数字金融、数字经济已经成为转变经济发展方式和促进经济增长的重要引擎。以互联网、大数据、云技术、人工智能、区块链及 5G 等为核心技术的数字金融正在成为现代社会经济发展的金融基础设施和价值实现网络，极大提升了金融体系的运行效率和普惠金融水平，在更大的范围和更深的层次支持实体经济发展，对数字经济乃至整个社会经济发展产生了深远的影响，成为引领经济社会变革、推动经济高质量发展的重要引擎。现有研究表明数字金融能够缓解企业融资约束（王馨，2015；黄益平，2020；袁鲲、曾德涛 2020），促进居民消费（易行健、周利，2018；张勋 等，2020），支持创业活动（谢绚丽 等，2018；尹志超 等，2019；冯永琦、蔡嘉慧；2020），促进创新活动（贾俊生、刘玉婷，2020）和创新产出（郑雅心，2020），提高全要素生产率（唐松 等，2019），提振实体经济（汪亚楠 等，2020），促进经济增长（张勋、谭莹，2019；钱海章 等，2020；宇超逸 等，2020）。

关于经济增长与农民收入增长的关系，现有文献更多从收入分配的视角来考察。早在 1955 年库兹涅茨（Kuznets）就提出了经济增长与收入分配的倒"U"形假说，他认为当收入水平达到一定程度后，经济增长有助于缓解收入不平等现象。1965 年威廉姆森（Williamson）发表了《区域不平衡与国家发展过程》一文，将库兹涅茨收入分配的倒"U"形假说应用到区域经济发展方面，他认为随着经济进入成熟增长阶段，区域间劳动力和资金流向的改变、国家发展目标及发展政策的调整、区域沟通渠道的改善引起的区域间关联和连锁效应的增强，将会使得区域差异随经济增长而逐渐下降。Greenwood 和 Jovanovic（1990）将倒"U"形假说引入到金融发展与收入分配的研究中，他认为由于存在两个财富门槛水平，在经济金融发展的早期，穷人无力支付金融成本而不能享受金融服务，因此金融发展会扩大收入差距；随着经济金融的充分发展，穷人逐渐积累起超过门槛水平所需的财富以获得充分的金融服务，进而与富人享有同样的收益率，居民收入分配格局最终稳定在平等水平。我国居民收入差距长期保持在较高的水平，而城乡收入差距是我国居民收入差距的重要组成部分[①]。根据上述经典理论可以预期，当经济发展到一定阶段以后，经济增长的成果将向农村居民倾斜，从而有利于农民收入增长。

[①] 运用泰尔系数将全国居民收入差距分解为城乡收入差距、城镇内部收入差距、农村内部收入差距，相关研究表明，城乡收入差距对全国居民收入差距的贡献在 1995 年为 41%，2002 年为 45%，2007 年为 47%，2013 年为 30%，2018 年为 26%（李婷、李实，2013；罗楚亮 等，2021）。

事实上，改革开放以来，我国社会经济发生了翻天覆地的变化，城乡居民收入水平均有大幅提高。从 1978—2020 年，人均 GDP 从 385 元上升到 72 447 元，城镇居民人均可支配收入从 343 元上升到 32 189 元，农民人均可支配收入从 134 元上升到 17 131 元，并在 2020 年年底实现现行标准下农村人口全面脱贫和贫困县全部摘帽。经济发展水平提高为解决"三农"问题提供了坚实的经济基础，也是拓展农民增收渠道、促进农民持续增收的必要前提。在改革开放初期之后的很长一段时期，我国农村经济严重滞后于国民经济发展，农村居民收入增速落后于城镇居民收入增速，形成了较大的城乡收入差距，这种情况直到近年才有所改善。从图 6.1 可以发现，除改革开放初期以外的大多数年份，城乡居民收入增速与人均 GDP 增速的变化趋势基本一致。在 1984—2009 年的大多数年份，农民收入增速均慢于城镇居民收入增速。进入 21 世纪的第二个 10 年，农民收入增速开始快于城镇居民收入增速，经济增长呈现出向有利于农民收入增长的方向发展。

从第 4 章的分析可知，中国农民收入结构发生了很大的变化。农业收入对农民收入增长的贡献逐渐减弱，非农收入对农民收入增长的贡献逐渐增强，成为农民收入增长的主要来源。从四大收入来源看，经营性收入逐渐下降，其中第一产业收入比重快速下降，第三产业比重反而大幅度增加；工资性收入超过经营性收入成为农民收入增长的主要来源；转移性收入的重要性不断增强；财产性收入的比重相对较低，城镇化引致的农村劳动力转移成为推动农民收入增长的核心动力。农民收入的结构变化及动力演化在一定程度上反映了社会经济结构及人口城乡分布的变化。根据第 3 章的理论分析，经济增长对农民收入增长的影响可以通过产业结构、城镇化、财政转移支付等途径来体现，这与农民收入结构的演化相契合。因此，可以预测在现阶段数字金融可以通过促进经济增长进而有利于农民增收。下文将采用计量方法进行实证检验。

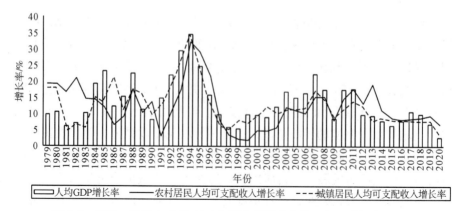

图6.1　1979—2020年人均GDP与城乡居民人均收入名义增长率（%）

6.2　模型设定、变量选择与统计分析

6.2.1　模型设定

根据本书的理论分析，数字金融能够通过促进经济增长进而影响农民收入增长。为了检验这一作用机制，本书借鉴温忠麟和叶宝娟（2014）的研究思路，构建数字金融通过影响经济增长进而影响农民收入增长的中介效应模型，并采用逐步回归法进行计量检验。模型的构建主要分三个步骤的来进行。

（1）数字金融与农民收入增长

数字金融与农民收入增长的计量模型与第5章模型（5.1）完全一致，具体如下：

$$\ln IN_{it} = \alpha_0 + \alpha_1 \ln DF_{it} + \alpha_2 NHTZ_{it} + \alpha_3 \ln H_{it} + \alpha_4 TRADE_{it} +$$
$$\alpha_5 \ln NJ_{it} + \alpha_6 \ln HF_{it} + \alpha_7 CZ_{it} + \alpha_8 JR_{it} + \mu_i + \varepsilon_{it} \qquad (6.1)$$

（2）数字金融与经济增长

根据新古典经济增长理论，在劳动力和资本规模报酬不变的情况下，人均产出（y）和人均资本存量（k）具有如下关系：

$$y = Ak^a \qquad (6.2)$$

其中，A为索罗余值，a为人力资本的边际生产力。数字金融作为数字技术与金融服务高度融合的产物，借助大数据、人工智能、云计算、区块链等技术优势处理海量用户数据，有利于缓解金融服务供求双方的信息不对称，形成更公平的使用金融服务的机会，并经过快速的迭代更新形成创新性的金融基础设施、金融新业态和金融新模式（唐松 等，2019），在更大的范围内降低金融服务的成本，提高金融资源配置的效率。在当前数字经济高度发达的情况下，数字金融已经成为生产经营活动不可缺少的要素，借鉴以往文献的做法（程名望、张家平，2019），将数字金融纳入产出函数，对式（6.2）式进行扩展，可得：

$$y = Ak^a f^\beta \tag{6.3}$$

其中，f 表示数字金融发展水平，β 为数字金融的边际生产力。对式（6.3）两边取对数，可得人均产出与数字金融的基本计量模型为

$$\ln y = \ln A + \alpha \ln k + \beta \ln f \tag{6.4}$$

根据以上分析，为了检验数字金融对经济增长的影响，借鉴徐斌等（2019）做法，本书设定如下基本检验模型：

$$\ln GDP_{it} = \alpha_0 + \beta_1 \ln DF_{it} + \beta_2 \ln k_{it} + \gamma control_{it} + \mu_i + \varepsilon_{it} \tag{6.5}$$

其中，i 表示省份，t 表示时间，lnGDP 表示人均 GDP 取对数，lnDF 表示数字金融发展水平取对数，ln$k$ 表示人均资本存量取对数，control 表示人力资本、对外开发等其他一系列控制变量，μ_i 表示不随时间而变化的因素，以控制地区固定效应，ε_{it} 表示随机扰动项。

（3）数字金融、经济增长与农民收入增长

在模型（6.1）的基础上，构建数字金融、经济增长与农民收入增长的计量模型：

$$\ln IN_{it} = \delta_0 + \delta_1 \ln DF_{it} + \delta_2 \ln GDP_{it} + \delta_3 NHTZ_{it} + \delta_4 \ln H_{it} + \delta_5 TRADE_{it} +$$
$$\delta_6 \ln NJ_{it} + \delta_7 \ln HF_{it} + \delta_8 CZ_{it} + \delta_9 JR_{it} + h_i + \omega_{it} \tag{6.6}$$

在进一步的讨论中，本书将陆续引入产业结构（STR）和城市化水平（CSH），以检验其对模型的影响①。为此建立如下两个模型：

$$\ln IN_{it} = \delta_0 + \delta_1 \ln DF_{it} + \delta_2 \ln GDP_{it} + \delta_3 NHTZ_{it} + \delta_4 \ln H_{it} + \delta_5 TRADE_{it} +$$
$$\delta_6 \ln NJ_{it} + \delta_7 \ln HF_{it} + \delta_8 CZ_{it} + \delta_9 JR_{it} + \delta_{10} STR_{it} + h_i + \omega_{it} \tag{6.7}$$

$$\ln IN_{it} = \delta_0 + \delta_1 \ln DF_{it} + \delta_2 \ln GDP_{it} + \delta_3 NHTZ_{it} + \delta_4 \ln H_{it} + \delta_5 TRADE_{it} +$$
$$\delta_6 \ln NJ_{it} + \delta_7 \ln HF_{it} + \delta_8 CZ_{it} + \delta_9 JR_{it} + \delta_{10} STR_{it} + \delta_{11} CSH_{it} + h_i +$$
$$\omega_{it} \tag{6.8}$$

---

① 根据第3章的分析，经济增长可能通过城市化和产业结构升级两条路径影响农民收入增长。因此，引入城市化水平（CSH）和产业结构（STR）来考察这两条路径是否显著存在。

6.2.2 变量选择

（1）数字金融与经济增长

被解释变量为经济增长。本书使用经过消费者价格指数修正过的人均实际 GDP 表示经济增长并取自然对数，原始数据来源于历年《中国统计年鉴》。

核心解释变量为数字金融。目前国内能够获得的较为全面地反映各省数字金融发展情况的数据是北京大学数字金融研究中心基于蚂蚁金服集团关于数字普惠金融的海量数据编制的"北京大学数字普惠金融指数"。该套指数采用层次分析的变异系数赋权法（张勋 等，2019），兼顾了主观赋权和客观赋权的优势，从总体层面及各维度层面反映了数字金融动态演化过程，具有横向和纵向的可比性。这一数据在最近有关数字金融的研究文献中得到广泛使用（傅秋子、黄益平，2018；谢绚丽 等，2018；张勋 等，2019；唐松 等，2019）。由于数字普惠金融总指数及各维度指标均包含了数字金融的相关信息（郭峰，2019），单独使用其中某一指标可能无法全面反映数字金融对经济增长的影响，导致对分析结果的片面解读。因此，本书采用数字普惠金融总指数（DF）反映各省数字金融总体发展水平，采用覆盖广度、使用深度及数字化程度刻画了数字金融在不同层面的表现。其中，覆盖广度（DF1）是通过电子账户数来反映居民可以在多大程度上获得数字金融服务；使用深度指数（DF2）是通过电子支付及货币基金等互联网金融服务的实际使用情况来衡量数字金融发展情况；数字化程度指数（DF3）旨在反映数字金融服务的低成本和低门槛优势（郭峰 等，2019）。数字金融的使用越便利，成本越低，需求就越多，反之亦然。为了平滑数据的波动性，数字普惠金融总指数及各维度指数取自然对数。

在控制变量方面，就其他影响经济增长的变量而言，本书参考了 Barro（1996）和李涛等（2016）等人的方法，构造了如下变量：反映资本深化的劳均资本存量（capital），反映人力资本水平的接受高等教育人数占 6 岁以上人口总数的比重（college），反映人口年龄结构变化的总抚养比（dependency），反映政府干预程度的政府财政支出占 GDP 的比重（government），反映贸易开放程度的进出口贸易总额占 GDP 的比重（trade_openness），反映外来资本流入的外商直接投资（fdi），反映各省人口流动情况的人口净流动率（migration）。此外，为了区分数字金融和传统金融对经济增长的影响，本书还控制了反映传统金融中介发展水平的银行信贷占GDP比重（credit），以及反映企业在金融市场融资能力的每十万劳动力拥有上市公司数量（public_factory）。上述变量中，除了劳均资本存量（capital）取自然对数外，其他变量均用比值数据表示，原始数据来源于万得数据库，以及历年《中国统计年鉴》《中国人口与就业统计年鉴》《中国金融年鉴》。

（2）数字金融、经济增长与农民收入增长

数字金融、经济增长的变量设定如上文所述。其他变量的设定如下：农民收入，选取农村居民人均可支配收入（IN）作为衡量农民收入的代理指标，并采用消费者价格指数进行调整，得到实际人均收入。其中2011—2012年的人均收入用农村居民人均纯收入替代。农户投资（NHTZ），采用扣除住宅投资的农户固定资产投资与农业GDP的比值衡量农户生产性固定资产投资。农村人力资本（H），采用农村6岁以上人口平均教育年限[①]作为代理变量。农机使用情况（NJ），采用每公顷农机总动力化肥使用情况（HF），采用每公顷使用化肥折纯量。财政支农（CZ），采用财政农林水事务支出与农业GDP的比值度量财政支农强度。金融支农（JR），采用农业贷款与农业GDP的比值度量金融支农水平，以控制传统农村金融发展水平对农民收入增长的影响。贸易开放程度（TRADE）按当年平均汇率折算的人民币进出口总额与GDP的比值进行度量。产业结构（STR），干春晖等（2011）采用泰尔系数来表示产业结构合理化程度，以反映不同产业间聚合、协同以及资源配置效率的优化情况。李舒翔和黄章树（2013）采用通信设备等先进制造业占第二产业的比重来衡量制造业内部的转型及高级化程度。本书借鉴吴丰华和刘瑞明（2013）、蔡海亚和徐盈之（2017）等学者的处理方式，采用第三产业占GDP比重来衡量经济结构的服务化倾向和水平，以及产业结构的高级化趋势及演进情况。更为重要的，相对于以制造业为主的第二产业，第三产业明显具有轻资产的特征，单位产值所需要的劳动力更多，能创造更多的就业机会，这对于解放束缚在农村土地上的劳动力、增加农民收入来源具有有重要意义。城市化水平（CSH），采用城镇常住人口占常住总人口比重来反映城市化进程，以反映农村人口向城镇的转移过程，农村人口的城镇化转移对缓解农业生产的过密化，促进农

---

① 教育年限赋值如下：文盲＝0年，小学＝6年，初中＝9年，高中及中职＝12年，大专以及以上＝16年。

民收入增长，具有重要意义。上述变量中，除了对农民收入（IN）、数字金融（DF/DF1/DF2/DF3），经济增长（GDP）、农村人力资本（H）、农机（NJ）及化肥（HF）取对数外，其他变量的均采用比值表示。变量原始数据来源于历年《中国统计年鉴》《中国劳动统计年鉴》《中国人口与就业统计年鉴》《中国农村统计年鉴》《中国农村金融服务报告》。

6.2.3　统计分析

（1）数字金融与经济增长

由于资本存量的计算需要各省的固定资本形成数据，但是国家统计局及各省公开的固定资本形成数据只是截止到 2017 年。因此，本书采用 2011—2017 年的样本分析数字金融对经济增长的影响。模型（6.5）的描述性统计见表 6.1。可以发现，数字化程度发展领先于覆盖广度和使用深度，反映了便利性、低成本对普及和深化数字金融使用的先导性作用。图 6.2~图 6.5 反映了数字普惠金融总指数及各维度指数与人均 GDP 的线性拟合关系。可以发现，数字金融总指数及各维度指数与人均 GDP 表现出正相关特征。在数字金融三个维度变量的相关性检验中，本书发现覆盖广度、使用深度和数字化程度之间显著正相关，其两两之间的相关系数超过了 0.7 的门槛值（Lind et al.，2012）。此外，每十万劳动力拥有上市公司数量与高等教育人口比重的相关系数也超过 0.7，表明上市公司数量与较高的人力资本存在较好的匹配度。在回归分析中，本书分开使用数字金融的三个维度指数，以及上市公司数量与高等教育人口比重，避免同时引入引发多重共线性问题。

表 6.1　数字金融与经济增长的样本描述性统计（2011—2017 年）

	变量	含义	样本量	平均值	标准差	最小值	最大值
被解释变量	lnGDP	人均 GDP	217	10.387	0.442	9.418	11.452
核心解释变量	lnDF	数字金融	217	4.973	0.678	2.786	5.819
	lnDF1	覆盖广度	217	4.778	0.865	0.673	5.756
	lnDF2	使用深度	217	4.965	0.646	1.911	5.982
	lnDF3	数字化程度	217	5.313	0.752	2.026	6.117

表6.1(续)

	变量	含义	样本量	平均值	标准差	最小值	最大值
控制变量	lncapital	劳均资本存量	217	12.010	0.472	10.944	13.220
	colleage	高等教育人口比重	217	0.129	0.070	0.024	0.476
	dependency)	总抚养比	217	0.358	0.064	0.190	0.500
	government	政府支出	217	0.279	0.212	0.110	1.379
	trade_openness	贸易开放	217	0.258	0.285	0.012	1.494
	fdi	外商直接投资	217	0.020	0.016	0.000	0.080
	migration	人口净流动	217	0.001	0.007	−0.009	0.040
	credit	信贷比例	217	1.321	0.452	0.655	3.085
	public_factory	每十万人劳动力上市公司	217	0.395	0.437	0.096	2.454

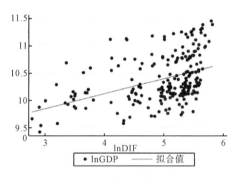

图 6.2　数字金融与人均 GDP　　　　图 6.3　覆盖广度与人均 GDP

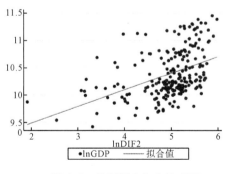
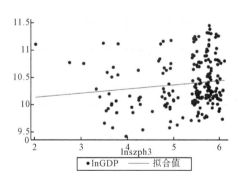

图 6.4　使用深度与人均 GDP　　　　图 6.5　数字化程度与人均 GDP

（2）数字金融、经济增长与农民收入

在此部分的计量分析中，由于不需要使用各省资本存量数据，我们将样本扩展到2018年。此外，由于缺乏西藏的农户固定资产投资数据，为了将西藏的样本也纳入研究范围，我们尝试将西藏的农户固定资产投资假定为 0，将样本容量扩充到 248 个。在后续的模型估计中，本书将剔除西藏的样本以检验模型的稳健性。表 6.2 汇报了数字金融、经济增长与农民收入增长的描述性统计。

表 6.2 数字金融、经济增长与农民收入增长的描述性统计（2011—2018 年）

	变量	含义	样本量	平均值	标准差	最小值	最大值
被解释变量	lnIN	农民收入增长	248	8.900	0.400	7.926	9.943
核心解释变量	lnDF	数字金融	248	5.064	0.679	2.786	5.934
	lnDF1	覆盖广度	248	4.886	0.858	0.673	5.869
	lnDF2	使用深度	248	5.051	0.647	1.911	5.992
	lnDF3	数字化程度	248	5.393	0.734	2.026	6.117
	lnGDP	人均 GDP	248	10.409	0.444	9.418	11.599
控制变量	TRADE	贸易开放水平	248	0.255	0.279	0.012	1.494
	CZ	财政支农	248	0.529	0.732	0.126	4.853
	JR	金融支农	248	0.739	0.552	0.186	3.901
	NHTZ	农户投资	248	0.066	0.040	0.000	0.243
	lnH	农村人力资本	248	2.028	0.125	1.339	2.282
	lnNJ	农机使用	248	2.720	0.370	1.513	3.294
	lnHF	化肥使用	248	6.741	0.462	5.274	7.600
	CSH	城市化水平	248	0.561	0.133	0.227	0.896
	STR	产业结构	248	0.461	0.095	0.297	0.831

6.3 数字金融与经济增长

6.3.1 基于总体样本的计量分析

本书根据 Hausman 检验结果确定采用固定效应模型（FE）还是随机效应模型（RE），对可能存在的异方差、组内自相关、截面同期相关则采用SCC 方法进行处理。Hausman 检验拒绝随机效应模型（RE），Greene（2000）组间异方差检验、Wooldridge（2002）组内自相关检验及 Pesaran（2004）、Priedman（1937）和 Frees（1995、2004）截面同期相关检验分别拒绝了"组间同方差""无组内自相关""无截面同期相关"的原假设。故本书采用固定效应 SCC 模型（FE/SCC）来修正固定效应模型（FE），表 6.3 为数字金融指标及各维度指数对人均 GDP 的影响。估计结果表明，无论是否控制传统金融变量（即信贷比例和每十万人拥有上市公司数量），数字金融总指数与各维度指数对经济增长均有显著的正向影响，表明数字金融发展提高了资源配置效率，促进了经济增长。考虑到金融类变量对经济增长的影响具有时滞效应，且滞后期通常较短，本书采用滞后一期的数字金融指标对人均 GDP 进行估计，结果显示数字金融与经济增长存在显著的正相关关系。

控制变量的估计结果表明，信贷比例和每十万人拥有上市公司数量对经济增长的正向作用的显著性不稳定，表明数字金融对经济增长的重要性不能被传统金融发展完全替代。劳均资本存量与经济增长显著正相关，高等教育人口比例与经济增长的正向效应不显著，总抚养比与经济增长显著正相关，政府财政支出比例与经济增长显著负相关，贸易开放与经济增长显著负相关，外商直接投资、人口净流入与经济增长正相关。

就上述估计的经济显著性而言，如表 6.3 所示，数字金融总指数增长 1%，可以使人均 GDP 增长 0.04%（模型 1）和 0.043 3%（模型 2），考虑到各省数字金融总指数平均值由 2011 年的 40 上升到 2017 年的 300.21，我们可以看出这是一个非常可观的促进作用。覆盖广度、使用深度及数字化程度的经济显著性分析与此相似，不再赘述。

表 6.3　数字金融指标及各维度指数对经济增长的影响：基准回归（FE/SCC）

	(1)	(2)	(3)	(4)	(5)	(6)	(7)	(8)
lnDF	0.040 0***	0.043 3***						
	(0.003 4)	(0.004 0)						
lnDF1			0.031 5***	0.033 2***				
			(0.002 5)	(0.003 1)				
lnDF2					0.019 0***	0.019 6***		
					(0.004 4)	(0.004 9)		
lnDF3							0.018 3***	0.021 4***
							(0.004 2)	(0.004 5)
credit		0.018 3		0.007 00		0.015 8		0.031 3**
		(0.010 9)		(0.006 93)		(0.011 0)		(0.012 7)
public_factory		0.080 9*		0.077 2*		0.047 7		0.065 1
		(0.039 0)		(0.036 1)		(0.029 4)		(0.037 6)

表6.3(续)

	(1)	(2)	(3)	(4)	(5)	(6)	(7)	(8)
lncapital	0.372***	0.364***	0.434***	0.424***	0.435***	0.411***	0.372***	0.364***
	(0.017 5)	(0.022 3)	(0.026 9)	(0.023 6)	(0.017 3)	(0.023 5)	(0.017 5)	(0.022 3)
colleage	0.065 5		0.139		0.063 4		0.059 4	
	(0.141)		(0.114)		(0.135)		(0.168)	
dependency	0.381***	0.352***	0.283**	0.262**	0.254**	0.219*	0.381***	0.352***
	(0.090 2)	(0.092 8)	(0.087 2)	(0.088 0)	(0.074 3)	(0.090 4)	(0.090 2)	(0.092 8)
government	−1.769***	−1.766***	−1.674***	−1.727***	−1.655***	−1.782***	−1.769***	−1.766***
	(0.306)	(0.276)	(0.277)	(0.245)	(0.303)	(0.250)	(0.306)	(0.276)
trade_openness	−0.446***	−0.442***	−0.446***	−0.444***	−0.404***	−0.395***	−0.446***	−0.442***
	(0.079 2)	(0.082 0)	(0.081 4)	(0.086 8)	(0.093 7)	(0.106)	(0.079 2)	(0.082 0)
fdi	2.482***	2.490***	2.550***	2.615***	2.550***	2.686***	2.482***	2.490***
	(0.459)	(0.463)	(0.439)	(0.428)	(0.423)	(0.415)	(0.459)	(0.463)
migration	1.402**	1.218**	1.698**	1.557**	1.702**	1.497*	1.402**	1.218**
	(0.459)	(0.494)	(0.593)	(0.634)	(0.583)	(0.630)	(0.459)	(0.494)
常数项	6.172***	6.250***	5.504***	5.608***	5.473***	5.733***	6.172***	6.250***
	(0.148)	(0.188)	(0.286)	(0.227)	(0.143)	(0.187)	(0.148)	(0.188)
固定效应	YES	YES	YES	YES	YES	YES	YES	YES
Hausman 检验	0.000 0	0.000 0	0.000 0	0.000 0	0.000 0	0.000 0	0.000 0	0.000 0
观测值	217	217	217	217	217	217	217	217
R-sq	0.869 0	0.870 6	0.870 4	0.871 5	0.862 3	0.863 0	0.864 4	0.866 3

注：括号内为 Driscoll/ Kraay 稳健标准误差，***、**、*分别表示1%、5%、10%的显著性水平，Hausman 检验报告 P 值。

  通常在经济发达的省份数字金融发展水平相对较高，由此产生的内生性问题可能会导致估计结果出现偏差。此外，遗漏变量和测量误差也会引起内生性问题。因此，本书采用内部工具变量和外部工具变量对内生性进行处理以检验基准估计结果的稳健性。

  首先，本书将数字金融指标的滞后项作为工具变量，采用过度识别的广义矩估计法（GMM）、有限信息最大似然估计法（LIML）和两阶段最小二乘法（TSLS）[①] 控制内生性，对基准估计结果进行稳健性检验，估计结果见表6.4。内生性检验表明，数字金融和数字化程度在5%的显著性水平上存在内生性问题，覆盖广度与使用深度的内生性问题较轻。弱工具变量检验的 Cragg-Donald Wald F 统计量均大于10，Hensen 过度识别检验的 P

---

  ① 限于篇幅本书没有报告两阶段最小二乘法（TSLS）的估计结果。

值均大于0.1，表明工具变量滞后期的选择是恰当的。相对于基准估计，工具变量系数有所提高，显著性略有下降，但通过了10%的显著性检验，表明数字金融总指数及各维度指数与经济增长的正相关性具有稳健性。

表6.4　数字金融及各维度对经济增长的影响：稳健性检验

（内部工具变量 GMM 和 LIML）

估计方法	(1) GMM	(2) LIML	(3) GMM	(4) LIML	(5) GMM	(6) LIML	(7) GMM	(8) LIML
DF	0.136* (0.080 4)	0.150* (0.083 5)						
DF1			0.119** (0.058 7)	0.127** (0.062 7)				
DF2					0.129** (0.055 1)	0.130** (0.056 2)		
DF3							0.146** (0.060 2)	0.125* (0.065 4)
工具变量滞后阶数	L(2/3)	L(2/3)	L(1/2)	L(1/2)	L(1/3)	L(1/3)	L(1/2)	L(1/2)
控制变量	YES	YES	YES	YES	YES	YES	YES	YES
固定效应	YES	YES	YES	YES	YES	YES	YES	YES
内生性检验	0.041 5	0.041 5	0.777 8	0.778 8	0.376 1	0.376 1	0.021 3	0.021 3
弱工具变量检验	100.330	100.330	91.206	91.206	84.578	84.578	13.430	13.430
Hensen 检验	0.498 6	0.498 8	0.740 9	0.740 9	0.914 5	0.914 5	0.170 8	0.172 4
观测值	124	124	155	155	124	124	155	155

注：括号内为稳健标准误差，***、**、*分别表示1%、5%、10%的显著性水平。内生性检验报告 P 值，弱工具变量检验报告 Cragg-Donald Wald F 统计量，Hansen-J 检验报告 P 值。

其次，本书引入离婚率和移动电话普及率作为外部工具变量对模型进行估计[①]。离婚者可能花费较多的时间在网络世界寻找精神寄托和娱乐消遣，上网行为和网民比例会随之发生改变（程名望、张家平，2019），进而影响人们对数字金融的态度和使用行为。关于离婚率，本书借鉴李晓敏（2014）、程名望和张家平（2019）的处理办法，采用每年离婚登记对数/15~64 岁人口数量进行度量。移动电话作为居民接入数字金融最重要的终端设备，已经成为大部分居民使用互联网和接受数字金融服务的必备工

---

① 在未报告的估计结果中，本书借鉴谢绚丽等（2018）的方法，将互联网普及率作为数字金融的工具变量也可以得到类似的估计结果。

具。移动电话普及率采用每百人移动电话数进行度量[1]。考虑到当期的离婚率、移动电话普及率可能会对当期的经济增长造成影响[2]，本书分别将其滞后一期的变量作为数字金融的工具变量。表 6.5 的估计结果显示，弱工具变量检验和 Hensen 过度识别检验均接受原假设，表明工具变量的选择是恰当的。数字金融总指数及各维度指数的估计系数显著为正，进一步表明数字金融对经济增长的正效应是显著成立的。比较工具变量和基准估计的结果我们可以发现，不论采用内部工具变量还是外部工具变量，数字金融各指数的估计系数均大于基准模型，这说明基准回归可能低估了数字金融对经济增长的影响。

表 6.5 数字金融及各维度对经济增长的影响：稳健性检验

（外部工具变量 GMM 和 LIML）

估计方法	(1) GMM	(2) LIML	(3) GMM	(4) LIML	(5) GMM	(6) LIML	(7) GMM	(8) LIML
DF1	0.095 0*** (0.031 7)	0.100*** (0.033 6)						
DF2			0.073 1*** (0.025 5)	0.081 1*** (0.027 8)				
DF2					0.150** (0.061 0)	0.175** (0.070 7)		
DF3							0.070 5*** (0.023 5)	0.072 4*** (0.024 6)
工具变量	上一期的移动电话普及率和离婚率							
控制变量	YES	YES	YES	YES	YES	YES	YES	YES
固定效应	YES	YES	YES	YES	YES	YES	YES	YES
内生性检验	0.064 7	0.064 7	0.151 3	0.151 3	0.043 5	0.043 5	0.030 4	0.030 4
弱工具变量检验	50.762 0	50.762 0	42.531	42.531	11.896	11.896	44.109	13.43
Hensen 检验	0.654 5	0.654 5	0.480 4	0.480 4	0.525 9	0.528 7	0.802 0	0.172 4
观测值	217	217	217	217	217	217	217	217

注：括号内为稳健标准误差，***、**、* 分别表示 1%、5%、10%的显著性水平。内生性检验报告 P 值，弱工具变量检验报告 Cragg-Donald Wald F 统计量，Hansen-J 检验报告 P 值。

---

[1] 离婚登记对数及每百人拥有移动电话量的数据来自于国家统计局网站（http://www.stats. gov.cn/）；15~64 岁人口数根据总抚养比及常住总人口推算，原始数据来源于万得数据库。

[2] 当事人为了处理离婚相关的事宜，会面临比往常更多的非生产性事务纠缠，进而影响到工作效率；属于当期生产的移动电话直接构成了当期的 GDP。

近年来，中国数字金融呈现爆发性增长，那么数字金融对经济增长的作用力度是否也在加强？为了反映不同年份数字金融的经济增长效应，本书分别按年度进行估计，表 6.6 为不同年度数字金融与经济增长的关系。基于 OLS 异方差稳健标准误差的估计结果表明，数字金融总指数与经济增长显著正相关，估计系数由 2011 年的 0.397 上升到 2017 年的 3.195，数字金融与经济增长的关联度越来越强，对社会经济的影响力越来越大。

表 6.6   不同年度数字金融与经济增长的关系（OLS 估计）

	2011 年	2012 年	2013 年	2014 年	2015 年	2016 年	2017 年
DF	0.397***	1.014***	1.682***	2.262***	2.737***	2.772***	3.195***
	(0.087 3)	(0.273)	(0.270)	(0.346)	(0.484)	(0.627)	(0.581)
常数项	3.131**	-0.615	-4.039**	-7.387***	-9.106***	-13.56***	-13.56***
	(1.148)	(1.329)	(1.679)	(1.907)	(2.878)	(3.525)	(3.525)
控制变量	YES	YES	YES	YES	YES	YES	YES
样本量	31	31	31	31	31	31	31
R-sq	0.963 0	0.959 5	0.962 4	0.968 1	0.949 6	0.952 1	0.945 3

注：括号内为异方差稳健标准误差，***、**、* 分别表示 1%、5%、10% 的显著性水平。

6.3.2   基于细分样本的计量分析

以上基于总体样本的估计结果显示，就各省份平均情况而言，无论是数字金融总指数还是各维度指数对经济增长均有显著的正向影响。通常认为数字金融具有成本更低、速度更快、地域穿透力更强的特征，更有利于改善受传统金融排斥较为严重的穷人、低收入群体、小微企业及落后地区的金融服务可得性和普惠性，从而有利于实现均衡的经济增长。此外，就数字金融本身而言，对经济增长的作用力度可能受到其他社会经济条件的异质性影响。但是基于总体样本的估计结果无法揭示这一点。鉴于此，本书考虑了包括各省所处区域、初始互联网普及程度、传统金融发展水平、居民高等教育水平及私营企业比重在内的五个分组变量，以反映数字金融对具有不同初始社会经济特征省份的经济增长效应的异质性。

首先，就不同省份所属区域作为分组变量的依据，本书构造了相应的分组变量，即各省份所属区域虚拟变量，中西部省份为 1，其他省份为 0，估计结果见表 6.7。无论是否控制传统金融变量，数字金融总指数及各维度指数与各省份所属区域虚拟变量的乘积项系数显著为正。以数字金融总指数为例，在模型（1）和模型（2）中，总指数与区域虚拟变量的乘积项系数为 0.036 1，且通过 5% 的显著性检验，各维度指数的分析与此相似。此外，本书将东部与中西部地区单独回归的估计结果也表明，中西部地区数字金融总指数及各维度指数的估计系数大于东部地区，表明估计结果具有稳健性。这说明与东部地区相比，数字金融对中西部地区经济增长的促进作用更为突出。在数字经济时代，中西部地区具有一定的后发优势。相对于传统金融，数字金融更容易突破时空限制，使得在中西部地区容易获得更多的数字金融服务，并具有更高的边际效应。中西部地区可以通过大力发展数字金融及数字经济，加速经济转型升级，促进经济增长，缩小与东部地区的经济差距。在 2011—2017 年间，东部地区与中西部地区数字金融总指数均值的比值由 1.9 下降到 1.1，人均 GDP 的比值由 2.05 下降到 1.87，经济发展的相对差距有所收敛。部分中西部地区省份，借助数字化变革的机遇，取得了不俗的经济发展成绩。例如，处于内陆深处的贵州省，经济发展水平排名长期处于全国末端，自 2013 年扛起"大数据"大旗以来，贵州省大数据产业实现跨越式发展，吸引众多世界级公司入驻，为贵州近年来经济的高速增长注入强劲动力。数字金融是一种资源、一种技术、一种产业，并通过与其他产业的深度融合为中西部地区欠发达省份带来快速发展的机遇。

表 6.7　在不同区域数字金融及各维度对经济增长的影响（FE/SCC）

模型	(1)	(2)	(3)	(4)	(5)	(6)	(7)	(8)
总指数 * 区域虚拟变量	0.036 1** (0.012 1)	0.038 6** (0.013 5)						
覆盖广度 * 区域虚拟变量			0.026 6* (0.011 7)	0.028 2* (0.012 7)				
使用深度 * 区域虚拟变量					0.029 5** (0.010 9)	0.030 9** (0.012 2)		
数字化程度 * 区域虚拟变量							0.043 0*** (0.007 1)	0.045 0*** (0.007 2)
信贷比重及上市公司	NO	YES	NO	YES	NO	YES	NO	YES
Hausman 检验	0.000 0	0.000 0	0.000 0	0.000 0	0.000 0	0.000 0	0.000 0	0.000 0
观测值	217	217	217	217	217	217	217	217
R-sq	0.873 1	0.875 2	0.873 0	0.874 3	0.864 7	0.865 5	0.873 6	0.876 2

注：括号内为 Driscoll/ Kraay 稳健标准误差，***、**、* 分别表示 1%、5%、10% 的显著性水平，Hausman 检验报告 P 值，所有估计结果均控制了相应的数字金融变量、其他控制变量及省份固定效应。

6.4 数字金融、经济增长与农民收入增长

6.4.1 数字金融、经济增长与农民收入增长的一般分析

第5章已经讨论了数字金融对农民收入增长的总效应，本章模型（1）的变量与第5章完全一致，仅在样本处理上增加了西藏的样本。因此，本章不再基于模型（1）详细讨论数字金融对农民收入增长的影响。表6.8的估计结果表明，随着控制变量的加入，在模型（2）、模型（3）中，数字金融的估计系数均通过1%的显著性检验。模型（4）剔除了西藏的样本，模型（5）继续剔除北京、天津、上海三个直辖市的样本，结果表明数字金融的估计系数依然通过1%的显著性检验，进一步验证数字金融对农民收入增长的正向影响。表6.9估计结果显示，覆盖广度、使用深度、数字化程度在相应的模型中均通过1%的显著性检验，表明数字金融各维度与农民收入增长均表现出显著的正向关系，显著促进了农民收入增长。

表 6.8　数字金融与农民收入增长（FE/SCC）

模型	(1)	(2)	(3)	(4)	(5)
lnDF	0.273 ***	0.258 ***	0.248 ***	0.249 ***	0.225 ***
	(6.43)	(6.20)	(7.84)	(7.79)	(5.96)
TRADE		−0.177 *	−0.155 **	−0.147 **	−0.193 **
		(−2.04)	(−2.65)	(−2.55)	(−2.89)
CZ		0.001 90	−0.032 9 **	−0.035 0 ***	0.351 *
		(0.15)	(−3.30)	(−3.53)	(2.03)
JR		0.050 5 **	0.058 1 *	0.064 8 **	0.063 3 *
		(2.75)	(2.30)	(2.71)	(2.13)
NHTZ			−0.285	−0.276	−0.453
			(−1.34)	(−1.31)	(−1.78)
lnH			0.459 *	0.458 *	0.649
			(2.19)	(1.95)	(1.87)
lnNJ			−0.039 0	−0.035 5	0.008 35
			(−1.81)	(−1.66)	(0.21)
lnHF			−0.423 ***	−0.425 ***	−0.441 ***
			(−6.31)	(−6.62)	(−7.10)

表6.8(续)

模型	（1）	（2）	（3）	（4）	（5）
常数项	7.791***	7.874***	9.979***	9.997***	9.574***
	(37.43)	(36.81)	(17.35)	(17.73)	(13.01)
个体固定效应	YES	YES	YES	YES	YES
观测值	248	248	248	240	216
Hauman 检验	0.000 0	0.000 0	0.000 0	0.000 0	0.000 0
R-squared	0.834 5	0.843 9	0.884 2	0.882 0	0.888 2

注：*、**、***分别表示 10%、5%、1%的显著性水平，括号内为 t 统计量。

表 6.9　数字金融各维度与农民收入增长（FE/SCC）

模型	（1）	（2）	（3）	（4）	（5）	（6）	（7）	（8）	（9）
lnDF1	0.191***	0.196***	0.172***						
	(7.08)	(6.95)	(5.33)						
lnDF2				0.252***	0.248***	0.220***			
				(8.57)	(8.06)	(5.19)			
LnDF3							0.196***	0.192***	0.169***
							(8.64)	(8.85)	(6.71)
TRADE	-0.315***	-0.304***	-0.341***	-0.254**	-0.262**	-0.323***	0.042 4	0.041 3	-0.038 2
	(-5.41)	(-6.00)	(-6.95)	(-2.58)	(-2.57)	(-3.02)	(0.25)	(0.24)	(-0.23)
CZ	-0.027 3*	-0.030 8**	0.447**	-0.048 3**	-0.057 9**	0.361	-0.083 0***	-0.088 6***	0.725***
	(-2.10)	(-2.74)	(2.37)	(-2.49)	(-2.55)	(1.56)	(-5.66)	(-7.14)	(4.27)
JR	0.053 5	0.069 1**	0.049 3	0.066 7	0.077 1	0.073 0	0.140***	0.141***	0.123***
	(1.85)	(2.54)	(1.30)	(1.58)	(1.64)	(1.33)	(6.19)	(8.01)	(5.47)
NHTZ	-0.342	-0.311	-0.384	-0.569*	-0.570**	-0.746**	-0.792**	-0.777**	-1.012***
	(-1.49)	(-1.36)	(-1.58)	(-2.28)	(-2.44)	(-2.36)	(-2.82)	(-3.01)	(-3.90)
lnH	0.474*	0.374	0.629	0.333	0.548	0.717	1.057**	1.366***	1.410***
	(2.04)	(1.35)	(1.64)	(1.30)	(1.64)	(1.29)	(2.86)	(3.92)	(4.25)
lnNJ	-0.055 5*	-0.042 8	0.015 3	0.018 8	0.014 0	0.056 1	-0.075 7	-0.084 0	0.011 3
	(-1.99)	(-1.56)	(0.32)	(0.62)	(0.46)	(1.17)	(-1.47)	(-1.68)	(0.18)
lnHF	-0.510***	-0.519***	-0.546***	-0.500***	-0.499***	-0.511***	-0.370*	-0.369**	-0.370**
	(-7.84)	(-8.60)	(-8.82)	(-5.89)	(-5.82)	(-5.94)	(-2.36)	(-2.45)	(-3.43)
常数项	10.95***	11.17***	10.62***	10.62***	10.24***	9.849***	8.654***	8.067***	7.608***
	(17.92)	(17.91)	(11.96)	(21.43)	(19.87)	(11.04)	(6.15)	(6.21)	(7.48)
个体固定效应	YES	YES	YES	YES	YES	YES	YES	YES	YES
观测值	248	240	216	248	240	216	248	240	216
Hauman 检验	0.000 0	0.000 0	0.000 0	0.000 0	0.000 0	0.000 0	0.000 0	0.000 0	0.000 0
R-squared	0.861 3	0.861 8	0.869 8	0.823 6	0.819 2	0.825 9	0.766 9	0.765 0	0.829 6

注：*、**、***分别表示在 10%、5%、1%的显著性水平，括号内为 t 统计量。

现代经济增长通常伴随产业结构变迁，在发展中国家还伴随着城镇化快速推进。根据配第-克拉克定理，由于收入弹性和投资报酬率差异，随着经济发展和国民收入水平提高，国民经济的主导产业首先转向第二产业，然后再转向第三产业。随着主导产业的变迁，劳动力首先由第一产业转向第二产业，然后向第三产业转移。根据刘易斯二元经济理论，在工业化的进程中，随着农村富余劳动力逐步向非农产业转移。农村富余劳动力会逐渐减少，最终达到瓶颈状态，即"刘易斯拐点"。为了吸引更多的劳动力，企业必须提高工资水平。由于农村劳动力的流动性，非农产业的发展进一步提高整个社会的工资水平，进而有利于农民收入增长。产业结构变迁及城镇化引致的农村劳动力非农化和农村人口城市化，一方面缓解了农业农村经济的过密化问题，另一方面随着"刘易斯拐点"的到来，劳动力供给由过剩走向短缺，劳动力市场的工资水平上涨提高了所有农村工人（包括农民工）的工资水平，进而促进了农民收入增长。

进入 21 世纪的第二个 10 年以来，我国经济增长由高速增长向中高速增长转变，经济结构中的服务业比重不断提升，城市化也在加速推进。经济结构服务化和城市化将从就业结构和城乡人口转移两个方面影响农民收入增长。由于经济增长与经济结构变迁、城市化进程密切相关，因此，本书首先在不控制产业结构和城市化的情况下讨论数字经济、经济增长与农民收入增长的关系。随后再讨论经济增长对农民收入增长的影响是否通过产业结构和城市化两个维度来实现。为了将西藏也纳入样本分析，将西藏的农户固定资产投资赋值为零，在后续的检验中我们将剔除西藏的样本以检验模型估计结果的稳健性。此外，由于北京、上海、天津的城镇化水平已经超过了 80%，经济结构也相对稳定，在后面的检验中我们也将上述三个直辖市的样本剔除，观察模型估计结果的变化。

（1）数字金融、经济增长对农民收入增长的影响

如表 6.10 所示，模型（1）只含有核心解释变量数字金融（lnDF）和人均 GDP（lnGDP），估计结果显示数字金融和人均 GDP 的系数为正向，且分别通过 1% 和 5% 的显著性检验。模型（2）在模型（1）的基础上加入贸易开放水平、财政支农、金融支农三个政策变量，估计结果显示数字金融和人均 GDP 的估计系数依然为正向，且通过 1% 的显著性检验。模型（3）在模型（2）的基础上继续加入农户生产性投资、农村居民教育水平、农业机械化和化肥使用四个农村经济变量，结果表明数字金融和人均 GDP

的系数显著为正。模型（4）剔除了西藏的样本，模型（5）进一步剔除了北京、上海、天津三个直辖市的样本，估计结果表明数字金融和人均GDP的系数依然为正向，且均通过5%的显著性检验。结合前文的研究结果可以发现，数字金融可以通过经济增长来促进农民增收。由于数字金融的系数也显著为正向，经济增长对数字金融影响农民收入增长表现为不完全中介效应，即数字金融既可以通过经济增长来促进农民收入增长，还可以直接促进农民收入增长。

表6.10　数字金融、经济增长与农民收入增长（FE/SCC）

模型	（1）	（2）	（3）	（4）	（5）
lnDF	0.196***	0.193***	0.199***	0.200***	0.154**
	(3.87)	(3.85)	(4.53)	(4.57)	(2.89)
lnGDP	0.472**	0.468***	0.377**	0.385**	0.472**
	(3.24)	(3.56)	(2.63)	(2.64)	(2.65)
TRADE		0.053 9	0.014 4	0.025 2	0.037 3
		(0.56)	(0.27)	(0.49)	(0.57)
CZ		−0.000 390	−0.025 2**	−0.028 6**	0.536**
		(−0.03)	(−2.91)	(−3.46)	(2.41)
JR		0.038 9**	0.043 8**	0.055 9**	0.052 1**
		(2.68)	(2.48)	(3.12)	(2.74)
NHTZ			−0.165	−0.149	−0.364*
			(−0.97)	(−0.89)	(−2.15)
lnH			0.281	0.252	0.319
			(1.62)	(1.27)	(1.38)
lnNJ			−0.064 0***	−0.056 6***	0.000 593
			(−4.17)	(−3.96)	(0.02)
lnHF			−0.308***	−0.310***	−0.265***
			(−3.82)	(−4.04)	(−4.07)
常数项	3.140*	3.152**	5.808**	5.774**	4.312*
	(2.32)	(2.65)	(3.38)	(3.50)	(2.07)
个体固定效应	YES	YES	YES	YES	YES
观测值	248	248	248	240	216
Hauman 检验	0.000 0	0.000 0	0.000 0	0.000 0	0.000 0
R-squared	0.882 6	0.885 4	0.908 6	0.907 8	0.921 9

注：*、**、***分别表示10%、5%、1%的显著性水平，括号内为t统计量。

鉴于宏观经济增长与农民收入增长之间可能存在双向因果关系,本书采用经济增长的滞后变量作为工具变量对由此产生的内生性进行控制,采用过度识别的广义矩估计法(GMM)、有限信息最大似然估计法(LIML)和两阶段最小二乘法(TSLS)控制内生性,对检验估计结果进行稳健性检验。如表6.11所示,模型(1)、模型(3)、模型(5)是样本的估计结果,模型(2)、模型(4)、模型(6)是剔除西藏、北京、天津、上海的估计结果。内生性检验表明,经济增长在5%的显著性水平下存在内生性问题,弱工具变量检验的Cragg-Donald Wald F统计量均大于10,Hensen过度识别检验的P值均大于0.1,表明工具变量滞后期的选择是恰当的。所有模型的估计结果表明,经济增长、数字金融的系数均通过了1%的显著性检验。相较于FE/SCC模型,工具变量模型的估计系数有所降低,其原因可能是内生性高估了经济增长对农民收入增长的影响。这也说明经济增长对数字金融影响农民收入的中介效应是稳健的,且是不完全的中介效应。

表6.11 数字金融、经济增长与农民收入增长(工具变量估计)

方法	2SLS		GMM		LIML	
模型	(1)	(2)	(3)	(4)	(5)	(6)
lnDF	0.399 ***	0.410 ***	0.406 ***	0.410 ***	0.396 ***	0.400 ***
	(14.27)	(15.17)	(14.84)	(15.17)	(13.05)	(12.55)
lnGDP	0.252 ***	0.233 ***	0.234 ***	0.234 ***	0.269 ***	0.263 ***
	(3.57)	(3.69)	(3.40)	(3.71)	(3.39)	(3.34)
控制变量	YES	YES	YES	YES	YES	YES
个体固定效应	YES	YES	YES	YES	YES	YES
观测值	135	155	135	155	135	155
内生性检验	0.004 3	0.010 9	0.004 3	0.010 9	0.004 3	0.010 9
滞后工具变量阶数	L(2/3)	L(2/3)	L(2/3)	L(2/3)	L(2/3)	L(2/3)
弱工具变量检验	15.491	11.296	15.491	11.296	12.917	22.805
Hansen-J检验	0.262 7	0.182 1	0.262 7	0.182 1	0.289 8	0.227 4

注:*、**、*** 分别表示10%、5%、1%的显著性水平,括号内为z统计量,内生性检验报告P值,弱工具变量检验报告Cragg-Donald Wald F统计量,Hansen-J检验报告P值。

（2）数字金融各维度发展、经济增长与农民收入增长

表6.12为数字金融各维度、经济增长对农民收入增长的影响。模型（1）、模型（2）和模型（3）的估计结果表明，无论是否加入控制变量，覆盖广度、人均GDP的估计系数均显著为正向，且通过5%的显著性检验，剔除西藏、北京、上海和天津样本的估计结果显示，其系数依然显著为正，这说明数字金融、人均GDP对农民收入的影响具有稳健性。模型（4）、模型（5）和模型（6）的估计结果显示，无论是否加入控制变量，数字金融使用深度和农民收入增长的系数均为正向，且至少通过5%的显著性检验，剔除西藏、北京、上海和天津样本的估计结果显示，覆盖广度通过5%的显著性检验，人均GDP通过1%的显著性检验。模型（7）、模型（8）和模型（9）的估计结果表明，无论是否加入控制变量，数字化程度、人均GDP的估计系数均为正向，且数字化程度至少通过5%的显著性检验，人均GDP通过1%的显著性检验；剔除西藏、北京、上海和天津样本的估计结果表明模型估计结果依然具有稳健性，采用数字金融各维度作为工具变量的估计结果表明结论依然稳健。

上述模型中，在不同控制变量及不同的样本条件下，数字金融各维度、农民收入增长的估计系数基本稳定，且通过显著性检验。这表明，即使从不同的维度来看，数字金融依然可以通过影响经济增长来促进农民增收，且表现为不完全的中介效应。也就是说，数字金融各维度既可以通过经济增长影响农民收入增长，还可以直接促进农民收入增长。

表6.12　数字金融各维度发展、经济增长与农民收入增长（FE/SCC）

模型	(1)	(2)	(3)	(4)	(5)	(6)	(7)	(8)	(9)
lnDF1	0.140**	0.149***	0.111**						
	(3.14)	(3.87)	(2.39)						
lnDF2				0.184**	0.184***	0.123*			
				(3.16)	(3.69)	(1.95)			
lnDF3							0.125**	0.134***	0.101**
							(3.31)	(3.70)	(2.97)
lnGDP	0.565**	0.399**	0.512**	0.597**	0.521**	0.625**	0.720***	0.636***	0.628***
	(3.35)	(2.41)	(2.61)	(2.84)	(2.54)	(2.71)	(5.10)	(3.86)	(4.06)
TRADE		-0.106	-0.044 2		0.009 99	0.029 9		0.277**	0.213**
		(-1.83)	(-0.51)		(0.13)	(0.34)		(2.65)	(2.85)
CZ		-0.021 2	0.631**		-0.033 2	0.630*		-0.052 8***	0.801***
		(-1.72)	(2.65)		(-2.56)	(2.29)		(-9.42)	(4.80)

表6.12(续)

模型	(1)	(2)	(3)	(4)	(5)	(6)	(7)	(8)	(9)
JR		0.041 2*	0.043 8		0.043 9	0.056 5*		0.086 4***	0.082 4***
		(1.96)	(1.72)		(1.70)	(1.91)		(13.64)	(5.57)
NHTZ		-0.219	-0.332*		-0.320*	-0.531***		-0.401*	-0.647***
		(-1.21)	(-2.12)		(-1.99)	(-3.58)		(-2.07)	(-3.70)
lnH		0.293	0.310		0.116	0.301		0.549*	0.630*
		(1.63)	(1.34)		(0.70)	(1.18)		(1.91)	(2.17)
lnNJ		-0.077 9***	0.006 44		-0.031 4	0.028 0		-0.107***	-0.002 48
		(-3.75)	(0.19)		(-0.91)	(0.75)		(-4.64)	(-0.06)
lnHF		-0.370***	-0.318***		-0.321***	-0.248**		-0.193	-0.164**
		(-3.87)	(-3.70)		(-3.93)	(-3.29)		(-1.43)	(-2.45)
常数项	2.452	6.321**	4.482	1.864	4.692*	2.668	0.813	2.056	1.459
	(1.51)	(2.82)	(1.69)	(0.94)	(2.05)	(0.95)	(0.60)	(0.99)	(1.01)
个体固定效应	YES	YES	YES	YES	YES	YES	YES	YES	YES
观测值	248	248	216	248	248	216	248	248	216
Hauman检验	0.000 0	0.000 0	0.000 0	0.000 0	0.000 0	0.000 0	0.000 0	0.000 0	0.000 0
R-squared	0.851 6	0.887 8	0.909 1	0.854 9	0.875 4	0.892 0	0.811 8	0.852 7	0.902 2

注：*、**、*** 分别表示10%、5%、1%的显著性水平，括号内为 t 统计量。

6.4.2 拓展性讨论

（1）数字金融、经济增长与农民收入增长的进一步讨论

上述分析表明，数字金融可以通过经济增长促进农民收入增长。那么经济增长对农民收入的影响是否可通过产业结构及城市化进程来表现呢？除了经济增长渠道之外，产业结构和城市化水平是否也是数字金融影响农民收入的因素？为此，本节在前述分析模型的基础上加入产业结构（STR）和城市化水平（CSH）两个变量对模型进行重新估计。表6.13报告了数字金融、经济增长与农民收入增长的进一步检验结果。

表6.13　数字金融、经济增长与农民收入增长的进一步检验结果（FE/SCC）

模型	(1)	(2)	(3)	(4)	(5)
lnDF	0.199***	0.116**	0.086 2**	0.085 2**	0.079 0**
	(4.53)	(2.64)	(3.04)	(2.91)	(2.81)
lnGDP	0.377**	0.459**	0.085 6	0.073 3	0.080 4
	(2.63)	(3.07)	(1.25)	(1.16)	(1.23)

表6. 13（续）

模型	（1）	（2）	（3）	（4）	（5）
STR		1. 470 ***	0. 739 **	0. 708 **	0. 625 **
		(4. 34)	(3. 22)	(3. 11)	(2. 87)
CSH			3. 356 ***	3. 460 ***	3. 660 ***
			(16. 48)	(14. 11)	(15. 05)
TRADE	0. 014 4	0. 036 9 **	-0. 130 ***	-0. 142 ***	-0. 129 ***
	(0. 27)	(2. 47)	(-5. 19)	(-6. 47)	(-3. 66)
CZ	-0. 025 2 **	-0. 034 6 **	0. 042 3 ***	0. 043 0 ***	0. 043 4
	(-2. 91)	(-3. 12)	(8. 35)	(8. 31)	(0. 84)
JR	0. 043 8 **	0. 046 7 ***	0. 012 5 *	0. 014 0 **	0. 030 1 **
	(2. 48)	(5. 22)	(2. 34)	(3. 11)	(3. 24)
NHTZ	-0. 165	0. 164 **	0. 103	0. 108	0. 072 1
	(-0. 97)	(2. 80)	(1. 08)	(1. 12)	(0. 56)
lnH	0. 281	0. 211 *	0. 111	0. 151	0. 137
	(1. 62)	(1. 95)	(1. 07)	(1. 35)	(1. 03)
lnNJ	-0. 064 0 ***	-0. 029 6 *	0. 026 3	0. 030 7	0. 040 2 **
	(-4. 17)	(-1. 90)	(1. 62)	(1. 68)	(2. 59)
lnHF	-0. 308 ***	-0. 038 6	-0. 041 5	-0. 039 2	-0. 014 7
	(-3. 82)	(-0. 49)	(-0. 91)	(-0. 92)	(-0. 47)
常数项	5. 808 **	2. 889	5. 579 ***	5. 543 ***	5. 321 ***
	(3. 38)	(1. 52)	(5. 68)	(5. 92)	(6. 21)
个体固定效应	YES	YES	YES	YES	YES
观测值	248	248	248	240	216
Hauman 检验	0. 000 0	0. 000 0	0. 000 0	0. 000 0	0. 000 0
R-squared	0. 908 6	0. 949 2	0. 968 2	0. 967 3	0. 967 8

注：*、**、*** 分别表示 10%、5%、1%的显著性水平，括号内为 t 统计量。

模型（2）在模型（1）的基础上加入产业结构（STR）变量，估计结果显示数字金融、人均 GDP 的系数均通过 5%的显著性检验。模型（3）继续加入城市化水平（CSH）变量，估计结果显示数字金融通过 5%的显著性检验，人均 GDP 没有通过 10%的显著性检验。模型（4）剔除了西藏的样本，模型（5）剔除了北京、天津、上海的样本，两个模型的估计结果表明数字金融的系数显著为正，经济增长的估计系数为正向，但是均没有通过 10%的显著性检验。比较估计系数的大小及显著性可以发现，数字金融的系数在加入产业结构变量和城市化水平变量后逐渐变小，但是仍然通过显著性检验。人均 GDP 的估计系数随着产业结构变量的加入而有所变大（由 0.377 上升到 0.459，t 统计量也随之变大），而在加入城市化水平变量后系数变小，且没有通过显著性检验。根据以上估计结果，可以做出如下两点判断：

首先，在控制其他变量后经济增长对农民收入增长的影响主要通过城市化水平来体现，而产业结构并非经济增长影响农民收入增长的主要因素。这可能是由于国内外经济环境逼迫下的强制性结构转型与经济增长的原有路径相冲突。实际上我国经济转型在短期内一定程度上牺牲了经济的增长速度。而以城市为主导的现代经济增长必然产生大量的劳动力引致需求增加，有利于农村人口向城市转移。农村人口的城镇化转移，不仅发生在本省内部，也发生在不同省份之间。而农村人口向城市转移形成了规模巨大的农民工（见表 6.14），农民工工资水平快速上升，有力地支持了农民收入增长。

表 6.14　2008—2019 年农民工数量及月收入水平

	农民工数量/万人								农民工月收入/元
		外出农民工					本地农民工		
	总计	小计	省内流动		跨省流动				
			数量	比重	数量	比重	数量	比重	
2008	22 542	14 041	—		—		8 501		1 340
2009	22 978	14 533	7 092	30.86%	7 441	32.38%	8 445	37.71%	1 417
2010	24 223	15 335	7 618	31.45%	7 717	31.86%	8 888	36.75%	1 690
2011	25 278	15 863	8 390	33.19%	7 473	29.56%	9 415	36.69%	2 049
2012	26 261	16 336	8 689	33.09%	7 647	29.12%	9 925	37.25%	2 290
2013	26 894	16 610	8 871	32.99%	7 739	28.78%	10 284	37.79%	2 609
2014	27 395	16 821	8 954	32.68%	7 867	28.72%	10 574	38.24%	2 864
2015	27 747	16 884	9 139	32.94%	7 745	27.91%	10 863	38.60%	3 072
2016	28 171	16 934	9 268	32.90%	7 666	27.21%	11 237	39.15%	3 275
2017	28 652	17 185	9 510	33.19%	7 675	26.79%	11 467	39.89%	3 485
2018	28 836	17 266	9 672	33.54%	7 594	26.34%	11 570	40.02%	3 721
2019	29 077	17 425	9 917	34.11%	7 508	25.82%	11 652	40.12%	3 962

资料来源：根据《农民工监测调查报告》整理。

其次，数字金融对农民收入增长的影响除了经济增长渠道以外，还可以直接通过产业结构和城市化影响农民收入增长。数字金融通过大数据等数字技术分析企业的软信息以评定信用等级并据此进行贷款发放，减少金融信贷服务对抵押资产、财务数据、信用记录等传统信贷技术的依赖，有助于具有轻资产特性的服务业企业获得资金支持，数字金融推动的共享经济、线上商务等商业模式的创新迭变也推动了现代服务业的升级发展。唐文进等（2019）研究表明，数字金融能够促进产业升级，林春等（2019）研究表明，数字金融有助于促进以服务业为主导的第三产业的发展，杜金岷等（2020）研究表明，数字金融通过缩小收入差距、资本积累、消费需求扩张以及技术创新促进产业结构合理化、高级化，以及制造业升级发展。通过观察近年来农民工就业行业分布的演变趋势（见表6.15）可以发现，产业结构变迁对农民工就业选择的影响是巨大的，第一产业中农民工比例极小，第二产业中农民工比例持续下降，第三产业中农民比例快速上升。至于数字金融对城市化的影响，目前缺少直接的研究文献，不过从间接文献来看，这一点应该是可以肯定的。现代经济增长本身就是资源、人口向城市集聚的过程，产业结构的服务化也有利于吸纳更多的农村人口进入城市。从数字金融发展包容性的视角来看，数字金融有利于解决小微企业的融资问题（王馨，2015；黄益平，2020），促进社会创业水平的提升（谢绚丽 等，2018；李建军、李俊成，2020；马德功、滕磊，2020）。随着数字技术的发展与广泛应用，物联网、大数据、云计算等技术能够将相距遥远的交易主体联系在一起，以数字化的方式共享知识和信息，降低了对生产要素的跟踪和监控成本、业务运作的协调和匹配成本（江小涓、孟丽君，2020）。距离阻隔产生的分工成本和贸易成本的消解有助于中小企业融入到全球价值链中，发挥更多的作用，数字金融发展对中小企业参与全球分工具有明显加持作用。中小微企业、初创企业相对于大型、成熟企业需要更多的劳动力替代短缺的资本，这无疑有利于推进城市化，实现农村人口向城市转移。

最后，在控制产业结构和城市化变量以后，数字金融对农民收入增长的估计系数显著为正，表明数字金融对农民收入增长的直接促进作用具有稳健性。

表 6.15　2011—2019 年农民工行业分布　　　　　　　单位：%

	第二产业			第三产业					
第一产业	合计	制造	建筑	合计	批发零售	交通运输、仓储和邮政	住宿餐饮	居民服务修理及其他服务业	其他
2008	—	—	37.2	13.8	—	9.0	6.4	5.5	12.2	—
2009	—	—	36.1	15.2	—	10.0	6.8	6.0	12.7	—
2010	—	—	36.7	16.1	—	10.0	6.9	6.0	12.7	—
2011	—	—	36.0	17.7	—	10.1	6.6	5.3	12.2	—
2012	—	—	35.7	18.4	—	9.8	6.6	5.2	12.2	—
2013	0.6	56.8	31.4	22.2	42.6	11.3	6.3	5.9	10.6	8.5
2014	0.5	56.6	31.3	22.3	42.9	11.4	6.5	6.0	10.2	8.8
2015	0.4	55.1	31.1	21.1	44.5	11.9	6.4	5.8	10.6	9.8
2016	0.4	52.9	30.5	19.7	46.7	12.3	6.4	5.9	11.1	11.0
2017	0.5	51.5	29.9	18.9	48.0	12.3	6.6	6.2	11.3	11.6
2018	0.4	49.1	27.9	18.6	50.5	12.1	6.6	6.7	12.2	12.9
2019	0.4	48.6	27.4	18.7	51.0	12.0	6.9	6.9	12.3	12.9

数据来源：根据《农民工监测调查报告》整理。

（2）数字金融各维度、经济增长与农民收入增长的进一步讨论

表 6.16 为数字金融各维度、经济增长对农民收入增长影响的进一步检验。覆盖广度（lnDF1）的估计结果表明，随着产业结构（STR）及城市化（CSH）变量引入模型，覆盖广度的估计系数逐渐降低，由引入前的 1.49（详细见表 6.9）逐步下降到 0.058 6，但是所有系数均通过 5% 的显著性检验，剔除西藏、北京、天津、上海样本后的估计结果表明，覆盖广度的估计结果具有稳健性。这表明覆盖广度除了通过经济增长影响农民收入增长外，还可能通过产业结构变迁及城市化两个途径影响农民收入增长。在引入经济结构变量后，经济增长（lnGDP）的估计系数由 0.339 上升到 0.496，t 统计量也有所增大，随着城市化变量的引入，人均 GDP 的估计系数变小，且没有通过 10% 的显著性检验。这表明在控制其他变量的情况下，经济增长主要通过城市化渠道影响农民收入增长。

表 6.16　数字金融各维度、经济增长对农民收入增长影响的进一步检验（FE/SCC）

	(1)	(2)	(3)	(4)	(5)	(6)	(7)	(8)	(9)
lnDF1	0.082 0**	0.058 6**	0.054 0**						
	(2.46)	(2.69)	(2.41)						
lnDF2				0.085 1*	0.056 5**	0.046 0*			
				(1.90)	(2.31)	(1.99)			
lnDF3							0.067 8**	0.053 8***	0.054 5**
							(2.71)	(3.41)	(3.39)
lnGDP	0.469**	0.091 6	0.088 5	0.571**	0.118	0.107	0.588***	0.107	0.092 9
	(3.08)	(1.18)	(1.22)	(3.23)	(1.20)	(1.21)	(4.35)	(1.26)	(1.28)
STR	1.644***	0.868***	0.741**	1.731***	0.844**	0.710**	1.865***	0.862***	0.680***
	(5.36)	(3.77)	(3.24)	(4.87)	(3.26)	(3.00)	(10.07)	(4.18)	(3.60)
CSH		3.429***	3.743***		3.838***	4.217***		3.872***	4.029***
		(23.83)	(27.80)		(24.04)	(14.77)		(27.46)	(18.87)
TRADE	-0.026 9	-0.179***	-0.174**	0.038 8*	-0.152***	-0.154***	0.176***	-0.046 3	-0.054 8
	(-0.78)	(-4.39)	(-3.15)	(1.93)	(-4.49)	(-2.84)	(4.61)	(-1.31)	(-1.44)
CZ	-0.033 1**	0.044 7***	0.040 1	-0.041 2**	0.048 3***	0.047 9	-0.050***	0.042 9***	0.093 7
	(-2.59)	(9.68)	(0.70)	(-3.20)	(5.40)	(1.26)	(-7.56)	(4.76)	(1.37)
JR	0.044 6***	0.010 8*	0.025 2*	0.050 3***	0.011 0*	0.030 6**	0.066 9***	0.021 2**	0.041 9***
	(4.88)	(2.29)	(2.22)	(4.76)	(2.16)	(2.45)	(10.41)	(2.54)	(8.21)
NHTZ	0.183**	0.115	0.134	0.122	0.066 3	0.044 5	0.154*	0.086 4	-0.007 13
	(2.92)	(1.27)	(0.99)	(1.30)	(0.56)	(0.30)	(2.16)	(0.78)	(-0.05)
lnH	0.205**	0.106	0.110	0.133	0.046 3	0.137	0.319	0.179	0.249
	(2.39)	(1.22)	(0.91)	(1.56)	(0.52)	(1.36)	(1.84)	(1.38)	(1.63)
lnNJ	-0.032 8	0.025 5	0.042 1**	-0.009 72	0.048 0*	0.059 7**	-0.041 1*	0.024 8	0.039 1**
	(-1.68)	(1.39)	(2.49)	(-0.39)	(2.35)	(2.85)	(-2.19)	(1.63)	(2.81)
lnHF	-0.043 6	-0.040 1	-0.019 2	0.011 7	0.000 750	0.038 8	0.086 3	0.037 8	0.052 0**
	(-0.53)	(-0.85)	(-0.58)	(0.14)	(0.01)	(0.71)	(1.50)	(1.06)	(2.44)
常数项	2.948	5.578***	5.363***	1.492	4.855***	4.456***	0.468	4.450***	4.354***
	(1.44)	(4.96)	(5.27)	(0.67)	(3.82)	(4.04)	(0.33)	(4.93)	(7.03)
个体固定效应	YES	YES	YES	YES	YES	YES	YES	YES	YES
观测值	248	248	216	248	248	216	248	248	216
Hauman检验	0.000 0	0.000 0	0.000 0	0.000 0	0.000 0	0.000 0	0.000 0	0.000 0	0.000 0
R-squared	0.945 4	0.965 1	0.964 9	0.932 8	0.958 6	0.959 0	0.937 8	0.965 0	0.966 6

注：*、**、***分别表示 10%、5%、1%的显著性水平，括号内为 t 统计量。

　　使用深度（lnDF2）的分析结果与覆盖广度（lnDF1）的估计结论基本保持一致，不再赘述。数字化程度（lnDF3）的估计结果显示，在加入控制变量后，数字化程度的估计系数逐渐变小，但是均通过 5%的显著性检验，经济增长（lnGDP）的估计系数在加入产业结构变量后，系数略微降低，但是通过了1%的显著性检验。继续加入城市化变量后，其估计系数不显著，剔除西藏、北京、天津、上海的样本后的估计结果表明经济增长的估计系数依然不显著，说明在控制其他变量的情况下，经济增长主要通过城市化渠道影响农民收入增长，数字化程度除了通过经济增长影响农民收入外，还可能通过产业结构变化及城市化两个途径影响农民收入增长。

在上述模型的检验过程中，数字金融各维度的估计系数均通过显著性检验，表明数字金融各维度对农民收入增长的直接促进作用具有稳健性。

（3）区域差异分析

表6.17~表6.20为数字金融及各维度发展、经济增长与农民收入增长在各区域的估计结果。东部地区的估计结果表明，加入人均GDP（lnGDP）后，东部地区数字金融（lnDF）及人均GDP（lnGDP）的系数为正，且均通过了1%的显著性检验，表明数字金融可以通过经济增长影响农民收入增长，陆续加入产业结构（STR）变量和城市化（CHS）变量后，数字金融估计系数逐渐变小，但是依然通过了1%的显著性检验。这表明在控制其他变量之后，在东部地区，数字金融除了可以通过影响经济增长影响农民收入增长外，还可以通过城市化和产业结构影响农民收入增长。人均GDP在加入产业结构变量后，估计系数变大（0.519），且通过1%的显著性检验，继续加入城市化变量后系数有所降低（0.404），且通过1%的显著性检验，但是系数值依然高于不加入产业结构变量和城市化变量前的系数（0.342），因此我们很难通过系数变化判断东部地区的经济增长是否通过产业结构变动和城市化影响了农民收入。但可以肯定的是，东部地区的经济增长、产业结构、城市化均影响了农民收入增长。换句话说，东部地区的经济增长对农民收入增长的影响，不通过产业结构和城市化两条路径也可以实现。相对于中部、西部地区，东部地区城乡之间、产业之间的发展更加均衡，经济增长能够使得农民直接受益。东部地区覆盖广度（lnDF1）、使用深度（lnDF2）、数字化程度（lnDF3）的研究结果与此相类似，不再赘述。

中部地区的估计结果表明，加入人均GDP（lnGDP）后，数字金融（lnDF）、人均GDP（lnGDP）的系数均通过5%显著性检验，在陆续加入产业结构变量和城市化变量后，数字金融的估计系数逐步降低。说明数字金融除了通过经济增长渠道影响农民收入增长，还可以通过产业结构和城市化影响中部地区的农民收入增长。人均GDP的估计系数在加入产业结构变量后变小（0.397），但是依然通过 5% 的显著性检验。继续加入城市化变量后，人均 GDP 和产业结构的系数变得不显著，这表明经济增长可以通过产业结构、城市化两个渠道影响农民收入增长，但是经济增长和产业结构对农民收入增长的影响最终体现在城市化这条路径上。中部地区覆盖广度（lnDF1）、使用深度（lnDF2）、数字化程度（lnDF3）的分析结论与此相似，不再赘述。

西部地区的估计结果表明在加入人均 GDP（lnGDP）后，数字金融（lnDF）和人均 GDP（lnGDP）的估计系数分别通过 1% 和 10% 的显著性检验，表明数字金融可以通过经济增长影响农民收入增长。陆续加入产业结构变量和城市化变量后数字金融的估计系数逐渐变小，但是依然分别通过 10% 和 5% 的显著性检验，表明数字金融除了可以通过经济增长影响农民收入外，还可以通过产业结构和城市化影响农民收入增长。人均 GDP 的估计系数在加入产业结构变量后变大（0.081 2），且通过 10% 的显著性检验。继续加入城市化变量后，人均 GDP 估计系数没有通过 10% 的显著性检验，而产业结构变量的估计系数通过 5% 的显著性检验。这说明在控制其他变量以后，经济增长主要通过城市化渠道来影响农民收入增长。各维度的分析表明，数字化程度（lnDF3）的估计结论与数字金融的估计结论相类似，但是在覆盖广度（lnDF1）、使用深度（lnDF2）两个维度的分析中，覆盖广度（lnDF1）、使用深度（lnDF2）的估计系数与数字金融（lnDF）及数字化程度（lnDF3）的估计系数存在差异性，而其他变量的估计结果基本相似，这可能说明西部地区数字金融的各维度发展可能存在不协调的情况。

综上所述，数字金融通过经济增长进而促进农民收入增长，这实证了假说 3.1 的成立。

表 6.17　数字金融、经济增长与农民收入增长（FE/SCC）：区域差异

	东部			中部			西部		
lnDF	0.208 ***	0.113 ***	0.101 ***	0.144 **	0.122 **	0.093 9 **	0.177 **	0.081 2 *	0.064 0 **
	(7.69)	(4.95)	(4.79)	(3.29)	(3.03)	(3.31)	(2.76)	(2.03)	(3.45)
lnGDP	0.342 ***	0.519 ***	0.404 ***	0.461 **	0.397 **	0.034 6	0.484 *	0.607 ***	−0.056 7
	(4.04)	(6.61)	(4.55)	(2.44)	(2.84)	(0.52)	(2.35)	(3.76)	(−1.62)
STR		1.704 ***	1.505 ***		0.953 **	0.188		1.668 ***	0.541 **
		(8.21)	(6.35)		(2.80)	(0.95)		(7.43)	(3.41)
CSH			0.877 *			3.859 ***			5.031 ***
			(2.16)			(12.54)			(16.60)

注：以上结果均控制了其他的控制变量，*、**、*** 分别表示 10%、5%、1% 的显著性水平，括号内为 t 统计量。

表 6.18　覆盖广度、经济增长与农民收入增长（FE/SCC）：区域差异

	东部			中部			西部		
lnDF1	0.205***	0.117***	0.108***	0.125**	0.106**	0.081 2***	0.090 1	0.037 5	0.031 7***
	(8.50)	(5.29)	(5.18)	(3.33)	(3.03)	(3.06)	(1.86)	(1.79)	(3.70)
lnGDP	0.289***	0.478***	0.412***	0.442**	0.385**	0.044 0	0.687**	0.690***	-0.031 8
	(4.13)	(6.47)	(4.88)	(2.42)	(2.74)	(0.61)	(3.15)	(4.79)	(-0.90)
STR		1.583***	1.486***		0.917**	0.201		1.893***	0.654***
		(8.15)	(6.66)		(2.90)	(1.06)		(12.89)	(3.67)
CSH			0.542			3.692***			5.259***
			(1.39)			(13.41)			(28.15)

注：以上结果均控制了其他的控制变量，*、**、*** 分别表示 10%、5%、1%的显著性水平，括号内为 t 统计量。

表 6.19　使用深度、经济增长与农民收入增长（FE/SCC）：区域差异

	东部			中部			西部		
lnDF2	0.199***	0.074 9***	0.062 6***	0.130**	0.101*	0.071 6***	0.131*	0.033 3	0.017 2
	(6.60)	(4.41)	(3.85)	(2.41)	(2.12)	(2.77)	(2.14)	(1.08)	(1.36)
lnGDP	0.404**	0.605***	0.379***	0.569*	0.482**	0.019 5	0.698**	0.757***	0.045 5
	(2.73)	(7.32)	(4.00)	(2.26)	(2.57)	(0.20)	(3.40)	(5.01)	(0.77)
STR		2.250***	1.770***		1.130**	0.156		1.880***	0.697***
		(11.77)	(8.91)		(2.85)	(0.66)		(9.68)	(3.89)
CSH			1.573**			4.693***			5.286***
			(2.64)			(17.96)			(30.36)

注：以上结果均控制了其他的控制变量，*、**、*** 分别表示 10%、5%、1%的显著性水平，括号内为 t 统计量。

表 6.20　数字化程度、经济增长与农民收入增长（FE/SCC）：区域差异

	东部			中部			西部		
lnDF3	0.112***	0.049 2***	0.042 5***	0.116***	0.099 4***	0.077 9***	0.134***	0.063 5**	0.055 8***
	(6.72)	(7.27)	(6.04)	(4.22)	(4.32)	(5.25)	(3.25)	(2.75)	(4.35)
lnGDP	0.593***	0.672***	0.484***	0.521***	0.420**	0.039 0	0.669***	0.670***	-0.045 5
	(4.10)	(9.57)	(5.02)	(2.89)	(3.45)	(0.50)	(4.72)	(5.36)	(-0.89)
STR		2.292***	1.910***		1.135***	0.300		1.804***	0.585***
		(40.31)	(11.19)		(3.79)	(1.22)		(16.78)	(4.32)
CSH			1.248**			3.962***			5.197***
			(2.64)			(11.79)			(23.14)

注：以上结果均控制了其他的控制变量，*、**、*** 分别表示 10%、5%、1%的显著性水平，括号内为 t 统计量。

6.5 本章小结

首先，就样本期间而言，数字金融及各维度对经济增长具有显著而稳健的正面影响，随着时间的推移，数字金融与经济增长的关联性越来越强。考虑到各省份社会经济条件的差异性，可以发现在我国中西部地区，初始互联网普及率、居民高等教育比例相对较低的省份，数字金融及各维度对经济增长的正向作用更强；而初始传统金融发展水平较低、私营企业比重较高的省份数字金融的经济增长效应受到一定程度的抑制。

其次，研究结果表明，数字金融及各维度发展可以通过促进经济增长进而促进农民收入增长。进一步的分析表明，在控制其他变量的情况下，经济增长对农民收入增长的影响主要通过城市化来实现，而产业结构的变迁和城市化也是数字金融影响农民收入的途径。分区域研究表明，数字金融影响农民收入增长的路径存在差异。在我国东部地区，数字金融可以通过经济增长、产业结构变迁和城市化影响农民收入增长，且经济增长对农民收入的影响可以不通过城市化来体现，也就是说经济增长可以直接促进农民收入增长，数字金融各维度的估计结果与此基本相似；在中部地区，数字金融通过经济增长、产业结构变迁及城市化影响农民收入，且经济增长、产业结构对农民收入增长的影响主要由城市化进程体现，数字金融各维度的估计结果与此相类似；在西部地区，数字金融可以通过经济增长、产业结构变迁、城市化影响农民收入增长，且经济增长对农民收入增长影响主要通过城市化进程来体现，数字金融各维度的估计结果存在一定差异。

最后，在控制了经济增长、产业结构及城市化等变量以后，数字金融的估计系数依然通过显著性检验，表明数字金融除了通过经济增长、产业结构及城市化影响农民收入增长外，还可以直接作用于农民收入增长，即数字金融对农民收入增长具有直接增收效应。

7 作用机制分析：农户创业

第 5 章和第 6 章从宏观视角检验数字金融对农民收入增长的影响效应，并从经济增长的角度检验数字金融影响农民收入增长的作用机制。本章将研究转向微观视角，利用 2017 年中国家庭金融调查（CHFS）数据，讨论数字金融对农户家庭收入增长的影响，并从农户创业的角度检验数字金融影响农户家庭收入增长的作用机制①。首先，分析数字金融的使用对农户家庭收入增长的影响及结构效应，并讨论社区数字金融水平对农户家庭收入增长的溢出效应。其次，从农户家庭创业的角度讨论数字金融影响农户家庭收入增长的作用机制，并从非农就业的角度进行拓展性分析。最后，对研究结论进行总结。

7.1 引言

数字金融作为数字技术与金融服务高度融合的产物，有望通过金融组织与金融产品服务等方面的创新，解决农村普惠金融发展长期面临的低收益、高成本、效率与安全难以兼顾等瓶颈问题，为乡村振兴和缓解相对贫困提供金融支持，为拓宽农民增收渠道、促进农民收入增长带来新的机会。前文通过省域面板数据讨论了数字金融对农民收入增长的影响，并从经济增长的角度检验其作用机制。但是省域数据属于加总数据，难以准确反映数字金融对具体农户家庭的增收效应及作用机制。因此，系统、客观

---

① 农民收入增长具体到单个农户家庭，即为农户家庭收入增长。因此，本章的农户家庭收入增长与农民收入增长同义。遵循约定俗成的表述习惯，在微观分析中，我们使用家庭收入增长或家庭增收代表农民收入增长。

地讨论数字金融对微观农户家庭增收的影响并识别其具体的作用机制极为重要。现有关于数字金融影响农户增收的实证研究存在不足，偶有实证研究从供给方的视角讨论数字金融对居民收入增长的影响，但是从微观需求主体，即农户数字金融行为的视角探讨数字金融影响农户家庭增收及作用机制的文献较为缺乏。张勋等（2019）将数字普惠金融指数与中国家庭追踪调查数据（CFPS）相结合，研究了数字金融对居民收入包容性增长的影响。任碧云和李柳颖（2019）基于京津冀地区的农户调查数据研究数字支付、数字借贷和数字服务可得性对农村家庭收入包容性增长的影响。目前，从微观视角出发的数字金融对农户家庭收入增长的影响及作用机制的研究还有待加强。本章致力于研究数字金融对农户家庭收入增长影响，并主要从家庭创业的角度讨论内在传导机制，并从非农就业的视角进行扩展性分析。

创业对家庭收入增长和社会经济发展具有重要作用。Baumol（1990）指出企业家持续创业是社会经济维持稳定增长的重要驱动力量，也是促进创新和解决发展中国家就业的主要渠道（De Mel et al.，2009）。在经济转型发展的背景下，促进创业已经成为中国的一项重要发展战略（周广肃、李力行，2016）。很多学者对创业的决定因素进行了大量的研究，综合来看，影响创业的因素包括宏观和微观两个层面。微观因素包括创业者及其家庭特征，如性别（Rosenthal & Strange，2012）、年龄（Hedley & Anup，1986）、工作经历（Evan & Leighton，1989；周广肃 等，2017）、风险偏好（Parker，1996）、人力资本水平（Lazear，2005），社会资本（胡金焱、张博，2014）、家庭规模（张茜、蔺楠，2022）、年龄结构（钱龙 等，2021）、子女数量（叶俊杰 等，2021）等。宏观因素主要指社会和经济环境，如地区经济水平、房价、失业率、基础设施、金融发展水平和制度环境等。此外，也有文献认为居民可能因为失业或者被雇佣收益过低，进而被迫创业，进行自我雇佣。经典文献认为信贷约束会对创业产生负向影响（Evans & Jovanovic，1989；Nykvist，2008；Karaivanov，2012），而农村家庭面临的信贷约束更为突出，严重制约了农户创业行为并降低了其创业绩效（Banerjee & Newman，1993；彭克强、刘锡良，2016）。金融发展可以通过合理有效地分配资源、缓解潜在创业者的流动性约束进而促进创业活动。粟芳等（2019）基于 2016 年上海财经大学千村调查数据研究发现，自有资金是农户创业的主要资金来源。在农村正规金融缺位的情况下，非正规金融不仅是最主要的外部融资渠道，而且还有助于农户创业取得成功。李长生和黄季焜（2020）基于江西 1 208 名农民工的调研数据研究表明，69%的样本受到信贷约束，信贷约束降低了 16%的创业概率。

随着数字技术发展以及在金融领域的广泛应用，很多学者关注到数字金融对创业的影响。数字技术可以拓展金融服务范围，提升其触达能力，提高金融可得性，降低金融约束，有助于创业机会均等化，能促进农户创业并提高创业绩效。谢平和石午光（2016）认为在第三方支付基础上形成的担保交易机制符合商业交易规范的制度安排，可以推动电子商务领域的创业发展。鲁钊阳和廖杉杉（2016）研究发现，P2P 网贷有效促进了农村电商创业发展，并提升创立企业的偿债能力、营运能力和盈利能力。Beck et al.（2018）对肯尼亚 M-Pesa 移动支付的研究表明，移动支付提升了居民的创业绩效。何婧和李庆海（2019）基于调研数据的研究表明，数字金融通过缓解信贷约束和信息约束、强化农户社会责任进而促进农户创业，提高创业绩效。张勋等（2019）研究表明，数字金融特别有助于促进低物质资本和低社会资本家庭的创业行为。尹志超等（2019）基于京津冀地区的样本研究发现，第三方支付有助于促进城乡家庭的主动型创业和农村地区的生存型创业。可以看出，很多学者关注到数字金融对创业活动的影响，但是有关数字金融影响农户创业的研究文献依然较少，数字金融能否通过促进农户创业、提升创业绩效进而促进农户增收的问题值得进一步讨论。

由于非农就业对拓展农民增收渠道，促进农民收入增长具有重要意义，研究数字金融对农村家庭非农就业的影响极为重要。肖卫和肖琳子（2013）研究表明，农业劳动力流向现代部门对农民家庭收入产生了显著的正向影响。方观富和许嘉怡（2020）认为数字普惠金融能够促进居民就业。何宗樾和宋旭光（2020）研究表明，数字金融能够促进非农就业，特别是受雇型非正规就业。可以看出，部分文献关注到数字经济、数字金融对促进就业的积极意义，但是关于数字金融对农户非农就业影响的研究并不多见，结合数字金融与居民创业活动以及数字金融对产业结构影响的研究文献（唐文进 等，2020；杜金岷 等，2020），可以预期数字金融能够提高农户非农就业水平，促进农户家庭收入增长。

综上所述，有关数字金融影响居民创业、家庭收入增长的文献近年来逐渐增加，但是这些研究很多是从金融供给方的视角对全体居民家庭进行研究，专门针对农户家庭收入增长的研究较少。少数研究从需求方的角度探讨了数字金融对居民创业、家庭增收的影响，但考察范围仅限于部分地区，而从非农就业的角度讨论数字金融影响农户增收的文献则更为少见。此外，现有文献可能忽略的一个问题是：不使用数字金融的家庭是否能从数字金融发展中获得收益？其家庭收入是否受到其他农户数字金融的使用行为的影响？对此，现有文献并没有给出明确回答。本章可能在以下几个方面有所创新：第一，利用2017年中国家庭金融调查（CHFS）数据，从微观层面讨论农户数字金融使用对其家庭收入以及收入结构的影响，从农户创业的角度讨论数字金融的内在作用机制，并从非农就业的角度进行拓展性讨论；第二，通过引入社区数字金融水平这一变量，讨论了农户的数字金融使用行为对不使用数字金融农户的家庭增收、创业行为及非农就业的影响，同时也考察了社区数字金融水平对使用数字金融农户的增收效应，发现农户的数字金融使用行为具有显著的正向外溢效应；第三，通过分位数回归、分组估计方法讨论了数字金融影响异质性农户家庭增收效应的多维特征。

7.2 模型、变量与数据

7.2.1 模型设定

（1）收入效应分析：数字金融与农户家庭收入增长

首先，建立数字金融使用与农户家庭收入增长之间的模型，采用OLS、2SLS、PSM等方法进行估计，以检验数字金融的使用对农户家庭收入的影响。y_i表示农户家庭收入，家庭成员是否使用数字金融用df_i表示。居民家庭收入取对数，实证模型如下：

$$y_i = \gamma_0 + \gamma_1 df_i + \gamma'_2 X_i + \varepsilon_i \tag{7.1}$$

其中，γ_1表示数字金融使用对农户家庭收入的影响，X_i表示户主信息、家庭层面及所在地区的控制变量，ε_i为随机扰动项。

其次，建立社区数字金融水平与农户家庭收入增长之间的模型。数字金融发展能够降低金融门槛，缓解弱势家庭面临的金融约束，通过大数据、人工智能等创新技术以及金融产品服务、流程和组织的创新，能够更准确地识别出效率更高的生产部门和经济主体、还款能力和还款意愿更强的金融消费者，有助于扩大消费，促进更有效的投资，从而促进经济增长和就业机会的增加。因此，农户数字金融行为可能对其他农户家庭收入具有溢出效应，即使这些家庭不使用数字金融也可以因其他家庭的数字金融行为而获益。此外，在互联网经济环境中，网络产品具有兼容性，任何市场主体的经济行为都与别人的经济结果相联系，外部性问题普遍存在。建立在互联网基础上的数字金融具有金融的属性，也具备网络经济的外部性特征，农村居民家庭收入增长除了与家庭数字金融的使用有关，还与他人的数字金融使用行为有关。换句话说，其他家庭的数字金融行为会影响农户家庭使用数字金融获得的收入。为了检验社区数字金融水平对不使用数字金融农户家庭收入增长的溢出效应，构建如下实证模型：

$$y_i = \gamma_0 + \alpha p_j + \gamma_1 df_i + \gamma'_2 X_i + \varepsilon_i \qquad (7.2)$$

其中，j 表示社区，p 表示社区数字金融平均使用水平，α 表示社区数字金融水平对不使用数字金融农户家庭收入增长的溢出效应。此外，对社区数字金融水平进行分组，考察不同水平下，社区数字金融的溢出效应差异。

（2）作用机制：数字金融与农户家庭创业

数字金融有利于缓解金融机构与农户之间的信息不对称，降低金融服务成本，提高金融效率，缓解农户金融约束，使农户获取更多的信贷支持，进而激励农户创立工商企业（Karaivanov，2012）。此外，数字金融的交易便利性和低成本性，有利于提高工商企业的经营效率，提高农户的创业绩效，进而促进农户家庭收入的提升。为了检验这一作用机制，本书建立如下两个模型：

$$\text{Entrepre}_i^* = \beta_0 + \beta_1 df_i + \beta'_2 X_i + \mu_i$$
$$\text{Prob}(\text{Entrepre}_i = 1) = \text{Prob}(\text{Entrepre}_i^* > 0) \qquad (7.3)$$
$$\text{Performance}_i = \alpha_0 + \alpha_1 df_i + \alpha'_2 X_i + \nu_i \qquad (7.4)$$

家庭创业为虚拟变量，其背后存在一个连续的潜在变量 Entrepre_i^*，即创业产生的净效用或者净福利为正时，家庭选择创业，否则选择不创业（张勋 等，2019），式（7.3）给出了家庭创业的二元选择模型和潜在变量的表达式。式（7.4）用营业收入和盈利水平来衡量数字金融对创业绩效的影响。

数字金融的使用带来的创业机会均等化可能提升非创业家庭的创业意愿，为农村家庭的持续创业活动注入新的力量。为此，本书用 Entrepre_plan 表示创业意愿，建立如下模型。

$$\text{Entrepre\_plan}_i = \beta_0 + \beta_1 df_i + + \beta'_2 X_i + \mu_i \qquad (7.5)$$

进一步地，农户工商企业经营活动和经营水平的提高为农村居民带来更多非农就业机会，进而提升农村创业家庭和农村非创业家庭的非农就业水平。此外，数字金融缓解了金融约束，有助于促进农村居民消费水平、加速人力资本积累、增加财经信息的接触和感知力度，进而提高农村居民非农就业的能力。因此，数字金融的使用可能通过非农就业水平影响农户家庭收入，为检验这一机制，本书用 job 表示农户非农就业水平，建立如下模型：

$$job_i = \beta_0 + \beta_1 df_i + \beta'_2 X_i + \mu_i \qquad (7.6)$$

蓬勃发展的数字金融不可避免对传统金融行业形成冲击（战明华 等，2018），加速了中国利率市场化进程，提高了金融市场的竞争程度，导致银行资产端风险承担偏好上升，借贷利率和净息差有所下降（邱晗 等，2018），这有助于提升农村地区信贷获得水平。此外，农村家庭之间存在学习效应以及就业机会在非创业家庭之外的溢出效应，不使用数字金融的农户在创业和非农就业等方面可能受到其他农户数字金融行为的影响。本书将社区数字金融水平引入式（7.3）~式（7.6），考察社区数字金融水平对不使用数字金融农户的创业和非农就业水平是否具有溢出效应。

7.2.2 变量选择

（1）农户家庭收入

本书采用 CHFS 数据库中农村居民家庭总收入作为农户家庭收入的代理指标，并将其分解为家庭农业收入和家庭非农收入两个部分。借鉴尹志超等（2019）的做法，若农户家庭收入大于零对家庭收入取对数；若家庭收入小于零，则先将负值取绝对值再取其对数的负值。

（2）数字金融

黄益平和黄卓（2018）指出数字金融是互联网公司和传统金融机构利用互联网及现代信息技术提供支付、融资、投资及其他新型金融服务的业务模式。随着现代经济信息化、数字化的快速演进，数字金融，特别是数字支付已经成为数字经济时代的金融基础设施，成为推进金融普惠和包容性增长的重要手段。本书从两个层面考察数字金融，即农户层面的数字金融使用和社区层面的数字金融水平。农户层面的数字金融使用，参照已有文献（尹志超、张号栋，2018）的做法，如果家庭成员在购物时选用"刷卡""电脑支付""移动终端"中的任意一种，则认为家庭使用数字金融，即"数字金融使用"=1，否则为 0。就社区层面而言，本书将社区家庭数字金融使用的比重作为社区数字金融水平的代理变量，取值范围为0~1。

（3）家庭创业

由于农村居民的职业选择及其他经济活动是家庭成员联合决策的结果，且家庭财务数据难以细分到每个成员（张勋 等，2019），因此，通常从家庭层面来定义农村居民创业活动。本书从家庭创业状态、创业动机、创业绩效及创业意愿四个层面全面反映农村家庭创业。参照以往文献（尹志超 等，2015），本书采用虚拟指标来表示家庭的创业状态。如果家庭从事工商生产经营项目，则"家庭创业"=1，否则为0。很显然，这里的家庭创业不包括农村家庭从事农、林、牧、渔等农业生产经营活动。根据全球创业观测报告（GEM）对创业动机的分类，本书将家庭创业分为机会型创业和生存型创业。机会型创业是指创业者基于创业机会并主动进行的创业活动，生存型创业是指创业者由于缺乏就业选择或者被雇佣的收益过低而被迫选择创业。如果家庭从事工商业生产经营项目的原因是想"挣钱更多""自己当老板""自由自在"，则"机会型创业"=1，反之为0；如果创业原因是"找不到其他工作机会"，则"生存型创业"=1，反之为0。家庭的创业绩效采用企业经营收入和净利润情况表示，对经营绩效的数据处理与家庭收入数据的处理方式类似。对于非创业家庭，本书通过设置虚拟变量反映非创业家庭的创业意愿，如果家庭有经营工商业项目的打算，"创业意愿"=1，否则为0。

（4）非农就业

非农就业一般是指农村居民在农业以外的其他行业就业，长期以来，我国农村家庭人均耕作土地面积较小，农业经济效益较低，寻找农业以外的就业机会成为农村家庭收入增长的重要来源。CHFS问卷调查了家庭成员工作单位的类型，本书将样本农村家庭成员中除了"耕作经营承包土地"的就业人数占家庭16岁及以上人口的比值作为农户家庭非农就业水平的代理指标，取值为0~1。

（5）其他变量

参照以往研究家庭收入的相关文献（张勋 等，2019；尹志超 等，2019），在本书的研究中，控制了户主特征（年龄及年龄的平方、性别、教育水平、政治面貌及婚姻状况及风险态度）、家庭特征（家庭规模、少儿比例、老人比例、不健康人口比例）、家庭是否使用互联网、物质资本、社会资本及所在区域的经济政策特征（区域经济发展水平，财政支农水平）。

此外，本书在回归中还加入了地区虚拟变量，以控制不同省份的情况差异。

7.2.3　数据来源

本书使用的微观数据来自西南财经大学 2017 年中国家庭金融调查（CHFS）数据。该数据库采用三阶段、分层、PPS 抽样设计，全面收集了中国家庭金融微观信息，是国内外学者研究中国家庭金融问题的高质量微观数据库。CHFS 数据库提供的样本覆盖了全国除新疆、西藏和港澳台外的 29 个省（市、区），355 个县（区、县级市），1 428 个社区，包含了 40 011 户城乡家庭的微观数据。其中农村住户 12 732 户，包括家庭人口特征、就业情况、资产负债、支出与收入、金融知识、主观态度、教育水平等方面的详细信息。CHFS 数据库汇总了家庭总收入和农业收入的情况，记载了家庭是否经营工商企业及项目的经营情况，家庭成员工作单位的类型，家庭在购物时使用的支付方式等。这些详尽的调查资料为本书研究数字金融、农户创业、非农就业和农户家庭增收提供了有效的数据支持。由于农户家庭收入可能受到宏观经济发展和政府农村政策的影响，本书还控制了地区经济发展水平和财政支农水平，这部分数据来自国家统计局网站。

7.2.4　描述性统计

CHFS 数据库已经对家庭收入、工商企业营业收入和经营利润进行缩尾处理，本书剔除关键变量缺失和户主年龄小于 16 岁的样本，共得到全国 12 724 个农村家庭的样本数据。此外，项目营业收入和经营利润仅存在于创业家庭样本，且存在数据缺失，营业收入和利润的样本数量分别为 1 174 个和 1 012 个。表 7.1 汇报了变量定义及描述性统计结果。数据显示，非农收入是农户家庭收入最重要的组成部分；使用数字金融的农户占全部农户的 13.6%，社区数字金融使用水平差异较大；农村家庭创业比例为 9.7%，有创业意愿的非创业家庭占比为 9.8%；机会型创业的比重远远高于生存型创业；农户家庭平均非农业就业水平为 0.294。

表 7.1　变量描述性统计

变量名	定义	观测值	平均值	标准差	最小值	最大值
家庭总收入	家庭收入的对数值	12 724	9.452	3.278	-13.816	15.425
农业收入	农业收入的对数值	12 724	5.161	5.556	-13.026	14.374
非农收入	非农收入的对数值	12 724	8.974	2.791	-13.816	15.425

表7.1(续)

变量名	定义	观测值	平均值	标准差	最小值	最大值
数字金融使用	使用数字金融=1，否则=0	12 724	0.136	0.343	0.000	1.000
社区数字金融水平	社区使用数字金融家庭比例	12 724	0.136	0.124	0.000	0.810
创业状态	家庭创业=1，否则=0	12 724	0.097	0.296	0.000	1.000
机会型创业	主动型创业=1，否则=0	12 724	0.064	0.246	0.000	1.000
生存型创业	生存性创业=1，否则=0	12 724	0.021	0.143	0.000	1.000
创业意愿	有创业打算=1，否则=0	11 491	0.098	0.297	0.000	1.000
营业收入	项目营业收入的对数值	1 174	10.646	1.529	6.735	15.895
经营利润	项目盈利金额的对数值	1 012	10.130	1.404	2.565	15.425
非农就业水平	非农就业比例	12 724	0.294	0.320	0.000	1.000
性别	男性=1，否则=0	12 724	0.888	0.315	0.000	1.000
年龄	2017-出生年份	12 724	56.951	12.300	17.000	117.000
文化程度	教育年限	12 724	6.987	3.460	0.000	19.000
政治面貌	中共党员=1，否则=0	12 724	0.108	0.310	0.000	1.000
婚姻状况	结婚=1，否则=0	12 724	0.873	0.333	0.000	1.000
风险偏好	风险偏好=1，否则=0	12 724	0.065	0.246	0.000	1.000
风险厌恶	风险厌恶=1，否则=0	12 724	0.627	0.484	0.000	1.000
家庭人口	家庭总人口数	12 724	3.539	1.760	1.000	15.000
少儿比例	16 岁以下人口/总人口	12 724	0.113	0.163	0.000	0.833
老年比例	60 岁及以上人口/总人口	12 724	0.363	0.397	0.000	1.000
不健康比例	不健康人口/总人口	12 724	0.253	0.327	0.000	1.000
物质资本	家庭城镇房产的数量	12 724	0.054	0.241	0.000	3.000
上网行为	上网=1，否则=0	12 724	0.232	0.422	0.000	1.000
社会资本	给予非家庭成员的支出	12 724	5.025	3.688	0.000	12.206
地区经济发展	地区人均GDP	12 724	10.837	0.335	10.227	11.680
财政支农	财政支农/人均GDP	12 724	0.348	0.379	0.174	3.417

注：根据问卷及数据库提供的数据，创业意向为非创业家庭的创业意向，创业收入包括收入为零的项目，利润金额反映利润为正的项目，数据库没有提供项目利润小于或等于零的资料。

表7.2 和表7.3 汇报了分组描述性统计结果。表7.2 显示，使用数字金融、创业及存在非农就业家庭的总收入、农业收入、非农收入及非农收入比例均高于不使用数字金融、非创业及不存在非农业就业的家庭。表7.3 显示使用数字金融家庭的创业概率、创业意向、项目营业收入和经营利润、非农就业水平均要高于不使用数字金融的家庭。由此可知，数字金

融的使用与农户家庭创业、非农就业、农户家庭收入的正相关性非常明显。但是数字金融使用是否通过家庭创业和非农业就业影响农户家庭收入，以及不使用数字金融的家庭是否能从其他家庭的数字金融行为中获得益，还需要运用计量模型进行严格的实证分析。

表 7.2　农民家庭收入分组描述统计

	是否使用数字金融		是否创业		是否存在非农就业	
	使用数字金融	不用数字金融	创业家庭	非创业家庭	存在非农就业	不存在非农就业
总收入/元	117 384.7	38 964.0	131 458.8	40 859.3	72 267.7	21 929.9
农业收入/元	22 650.2	9 552.5	20 214.8	10 382.6	12 462.7	9 954.9
非农业/元	94 734.5	29 411.5	111 244.0	30 476.7	59 805.0	11 975.0
非农收入占比/%	80.70	75.48	84.62	74.59	82.76	54.61

表 7.3　家庭创业和非农就业分组描述

	家庭创业	机会型创业	生存型创业	营业收入/元	利润金额/元	非农就业水平
使用数字金融	0.259	0.178	0.050	287 315.6	114 845.8	0.492
不使用数字金融	0.071	0.047	0.016	90 031.68	47 280.1	0.263

7.3　数字金融与农户家庭增收

7.3.1　数字金融使用与农户家庭增收

（1）基准结果分析

本书按收入来源将农户家庭总收入分解为农业收入和非农收入，表7.4 报告了数字金融使用与农户家庭收入基于 OLS 的估计结果，初步反映了数字金融使用对农户家庭收入增长的影响。模型（1）~模型（3）是基于全样本的估计结果。模型（1）显示，数字金融使用对农户家庭总收入估计系数为 0.346，且通过 1% 的显著性检验，与不使用数字金融的家庭相比，使用数字金融可以使农户家庭总收入增长41.3%①。模型（2）显示，数字金融使用对农业收入的估计系数为-0.694，且通过1%的显著性水平检验，使用数字金融使农户家庭农业收入下降50%。模型（3）显示，数字金融使用对非农收入的估计系数为0.523，且通过1%的显著性水平检验，使用数字金融可以使非农收入增长68.71%。模型（4）~模型（6）剔除了家庭总收入小于等于零的样本对模型进行估计，结论与全样本的分析结论基本一致。这说明数字金融使用总体上促进了农户家庭收入增长，并改变了农户家庭收入结构。具体来看，数字金融使用与农业收入显著负相关，与非农收入显著正相关。现代经济发展过程就是劳动力从农业农村转移出去的过程。在现代工业化城市化的进程中随着农村年轻劳动力的流出，会形成大量生产效率较低的留守者继续耕作土地，从而导致农村家庭汇款收入的增长和农业收入的减少。数字金融无疑推动了中国现代化的进程，使用数字金融的家庭有更多非农就业和工商企业经营的机会，同时也减少了农业生产经营活动，形成了非农收入对农业收入的替代，并且非农收入的增长大于农业收入的减少，最终形成了农户家庭总收入的增长。

控制变量的估计结果表明，户主性别对农户家庭总收入的影响不明显，男性户主有助于农户家庭农业收入增长，对非农收入有负向影响；户主年龄与家庭总收入、农业收入呈倒U形关系，与非农收入的关系不显著；文化水平、政治面貌与家庭各项收入正相关；婚姻状况与家庭总收入、农业收入正相关，与非农收入关系不显著；风险偏好与家庭各项收入不相关，风险厌恶与家庭农业收入正相关，对家庭总收入和非农收入的影响不显著；家庭人口、物质资本、社会资本与家庭各项收入正相关；少儿比例、不健康人口比例与家庭各项收入负相关；老年比例与非农收入正相关，与农业收入关系不显著，与总收入关系不稳定；互联网行为与家庭总收入、非农收入正相关，对农业收入具有负向影响；地区经济发展水平与家庭总收入和非农收入正相关，与农业收入的关系不显著；财政支农水平与农业收入负相关，与非农收入的关系不稳定，与总收入的关系不显著。

---

① 根据 exp（x）-1，其中 x 为数字金融使用的系数。

表 7.4　数字金融使用与农户家庭收入（OLS 估计）

因变量	全样本			家庭总收入大于零		
	（1）	（2）	（3）	（4）	（5）	（6）
	总收入	农业收入	非农收入	总收入	农业收入	非农收入
数字金融使用	0.346***	−0.694***	0.523***	0.350***	−0.745***	0.565***
	(3.69)	(−4.09)	(7.16)	(9.93)	(−4.61)	(9.62)
性别	−0.014 5	0.878***	−0.134	0.010 1	0.971***	−0.204***
	(−0.15)	(5.38)	(−1.56)	(0.24)	(6.17)	(−2.91)
年龄	0.027 9	0.165***	0.014 4	0.032 8***	0.181***	−0.003 42
	(1.60)	(5.84)	(0.93)	(3.38)	(6.62)	(−0.25)
年龄平方/100	−0.018 6	−0.152***	−0.005 36	−0.031 0***	−0.173***	0.007 62
	(−1.25)	(−6.22)	(−0.40)	(−3.49)	(−7.23)	(0.63)
文化水平	0.055 9***	0.014 9	0.066 8***	0.041 0***	−0.000 296	0.064 7***
	(5.67)	(0.94)	(8.47)	(10.56)	(−0.02)	(9.60)
政治面貌	0.217**	0.273*	0.278***	0.239***	0.298**	0.281***
	(2.28)	(1.69)	(3.75)	(6.90)	(1.97)	(4.34)
婚姻状况	0.115	0.386**	−0.176**	0.143***	0.408***	−0.133**
	(1.28)	(2.49)	(−2.41)	(3.52)	(2.75)	(−2.05)
风险偏好	−0.096 0	0.032 2	0.030 4	0.049 0	0.149	0.035 0
	(−0.69)	(0.15)	(0.29)	(1.00)	(0.74)	(0.40)
风险厌恶	0.047 1	0.304***	0.052 2	0.038 2	0.313***	0.021 2
	(0.77)	(2.83)	(1.02)	(1.52)	(3.06)	(0.47)
家庭人口	0.373***	0.165***	0.523***	0.289***	0.101***	0.489***
	(14.90)	(4.19)	(27.62)	(31.69)	(2.76)	(28.83)
少儿比例	−2.018***	−1.050***	−2.327***	−1.486***	−0.522	−2.324***
	(−8.44)	(−2.69)	(−11.97)	(−16.09)	(−1.42)	(−13.35)
老年比例	0.019 6	0.123	0.507***	−0.311***	−0.070 0	0.326***
	(0.18)	(0.65)	(5.53)	(−6.50)	(−0.40)	(3.86)
不健康比例	−0.710***	−1.334***	−0.472***	−0.580***	−1.250***	−0.459***
	(−7.63)	(−8.42)	(−6.29)	(−14.76)	(−8.34)	(−6.73)
物质资本	0.744***	0.237	0.759***	0.585***	0.105	0.717***
	(7.74)	(1.17)	(8.79)	(15.11)	(0.53)	(9.93)
上网行为	0.337***	−0.153	0.505***	0.246***	−0.215*	0.473***
	(4.32)	(−1.11)	(7.99)	(8.21)	(−1.65)	(8.47)
社会资本	0.083 0***	0.116***	0.089 8***	0.056 5***	0.098 1***	0.076 3***
	(9.87)	(8.29)	(12.80)	(17.15)	(7.46)	(12.31)

表7.4(续)

因变量	全样本			家庭总收入大于零		
	(1)	(2)	(3)	(4)	(5)	(6)
	总收入	农业收入	非农收入	总收入	农业收入	非农收入
地区经济发展水平	0.567***	−0.483	0.737***	0.587***	−0.466	0.783***
	(3.81)	(−1.55)	(5.56)	(9.32)	(−1.54)	(6.78)
财政支农	0.049 7	−0.983***	0.110*	−0.047 6	−1.036***	0.051 4
	(0.93)	(−5.82)	(1.79)	(−1.49)	(−6.21)	(0.92)
地区控制变量	YES	YES	YES	YES	YES	YES
常数项	0.561	4.604	−2.076	1.392*	4.753	−1.531
	(0.33)	(1.31)	(−1.37)	(1.88)	(1.39)	(−1.16)
N	12 724	12 724	12 724	12 341	12 341	12 341
R²	0.091 6	0.070 2	0.168 0	0.344 6	0.085 8	0.197 9

注：括号内为异方差稳健标准误对应的 t 值，***、**、* 分别表示 1%、5%、10%的显著性水平。

（2）工具变量分析

表 7.4 中数字金融使用对农户家庭收入的影响可能因为遗漏变量和反向因果而存在内生性问题。首先，农户家庭收入受到性格特征、适应能力、民族习惯及自然环境等因素的影响，而这些因素通常难以观测。其次，收入高的家庭比较容易支付数字金融的使用成本进而更有可能使用数字金融。因此，需要采用工具变量对模型进行处理，以缓释内生性问题。关于数字金融使用的工具变量，尹志超等（2019）采用同社区其他家庭参与第三方支付的平均情况作为家庭使用第三方支付的工具变量。本书认为数字金融具有外部性特征，同社区数字金融水平不适合作为家庭数字金融使用的工具变量，因此本书选择农户家庭是否拥有智能手机作为数字金融的工具变量。智能手机是农村家庭使用数字金融最重要的终端设备，在控制了家庭互联网行为等其他控制变量后，智能手机对家庭收入难以产生直接影响。在表 7.5 的模型估计中，考虑到使用农户家庭是否拥有智能手机作为工具变量时，不能通过弱工具变量 F 进行检验，因此选择社区智能手机拥有水平作为数字金融使用的工具变量。内生性检验显示模型存在内生性问题，弱工具变量检验的 Cragg-Donald Wald F 值显示不存在弱工具变量问题，因此工具变量的选择是适当的。表 7.5 中两阶段最小二乘法（2SLS）的估计结果表明，数字金融的使用降低了农业收入、增加了非农

收入，并最终促进了总收入增长。由于截面数据存在异方差，采用 GMM
比 2SLS 更有效率，因此本书也采用了最优的 GMM 估计，得到的估计结果
与上述结论一致。

表 7.5　数字金融使用与农户家庭收入（2SLS 估计）

因变量	全样本			家庭总收入大于零		
	总收入	农业收入	非农收入	总收入	农业收入	非农收入
数字金融使用	4.361**	−6.068**	5.752***	4.187***	−6.326**	4.936***
	(2.51)	(−2.06)	(3.66)	(4.85)	(−2.31)	(3.70)
控制变量	YES	YES	YES	YES	YES	YES
内生性检验	0.016 2	0.059 7	0.000 2	0.000 0	0.036 2	0.000 0
弱工具变量检验	40.390	40.390	40.390	41.022	41.022	41.022
样本量	12 724	12 724	12 724	12 341	12 341	12 341

注：括号内为异方差稳健标准误对应的 z 值，***、**、* 分别表示 1%、5%、10%的显著性水平，内生性检验报告 P 值，弱工具变量检验报告 Cragg-Donald WaldF 值。

（3）PSM 模型分析

采用工具法可以缓解逆向因果、遗漏变量等因素导致的内生性问题，但是不能解决样本自选择所导致的偏差。通常受访农户数字金融使用状况并不满足随机抽样的规则，也就是说农户是否使用数字金融可能是自我选择的结果。事实上，经济条件好、文化程度高以及年轻群体使用数字金融的可能性较大。对此，进一步使用倾向得分匹配法（Propensity Score Matching，PSM）纠正可能存在的选择性偏差。由于存在较多具有可比性的对照样本组，为了避免存在太远的邻近和提高匹配效率，本书主要采用卡尺内 1 对 4 匹配和核匹配进行估计。样本匹配后损失了两个处理组样本，样本平衡性检验结果显示匹配后大多数变量的 t 检验结果均支持处理组与控制组无差异的原假设（篇幅所限，未报告相应结果），表明使用 PSM 方法是恰当的。表 7.6 的估计结果表明，在考虑样本选择性偏差后，两种匹配方法下农户数字金融使用的平均处理效应（Average Treatment Affectonthe Treated，ATT）均通过 1%的显著性检验，系数的值与表 4 的估计结果基本相近。本书还采用邻近匹配、局部线性回归匹配、样条匹配和马氏距离匹配进行估计，结果与上述结果趋于一致（篇幅所限，未报告相应结果）。此外，本书也采用剔除了总收入小于等于零的样本进行 PSM 估计，估计结果基本一致，这进一步说明上述结论具有稳健性。

表 7.6　数字金融使用与农户家庭收入（PSM 估计）

因变量	总收入		农业收入		非农收入	
匹配方法	卡尺 4 近邻匹配	核匹配	卡尺 4 近邻匹配	核匹配	卡尺 4 近邻匹配	核匹配
数字金融使用	0.321 ***	0.400 ***	−0.749 ***	−0.783 ***	0.508 ***	0.559 ***
	(2.76)	(3.90)	(−3.73)	(−4.35)	(5.33)	(5.90)
控制变量	YES	YES	YES	YES	YES	YES
控制组	10 992	10 992	10 992	10 992	10 992	10 992
处理组	1 730	1 732	1 730	1 732	1 730	1 732

注：括号内为异方差稳健标准误对应的 t 值，***、**、* 分别表示 1%、5%、10%显著性水平。

综上所述，数字金融的使用提高了农户非农收入、降低了农业收入，形成了非农收入对农业收入的替代，并提高了农户家庭总收入。换而言之，数字金融使用通过促进农村家庭的非农收入增长进而使得农户总收入增加。

7.3.2　社区数字金融水平对农户家庭增收的溢出效应

在控制数字金融使用变量后，表 7.7 汇报了社区数字金融水平对农户家庭收入的影响，表 7.8 汇报了使用社区智能手机水平作为社区数字金融水平的工具变量的两阶段二乘法（2SLS）的估计结果，由于内生检验没有拒绝不存在内生性的原假设，本书以表 7.7 的估计结果进行分析。估计结果表明，社区数字金融使用水平提高能够有效促进不使用数字金融的家庭的总收入和非农业收入，并降低其非农收入。此外，与上文估计结果相比，数字金融使用的估计系数的符号和显著性并未发生明显变化，再一次表明相对于不使用数字金融的家庭，使用数字金融的农户家庭总收入和非农收入增长更快，农业收入下降更多。

表 7.7　社区数字金融水平与农户收入增长（OLS 估计）

因变量	全样本			家庭总收入大于零的样本		
	总收入	农业收入	非农收入	总收入	农业收入	非农收入
社区数字金融水平	1.433 ***	−1.196 ***	1.744 ***	1.146 ***	−1.373 ***	1.529 ***
	(6.00)	(−2.70)	(8.49)	(10.78)	(−3.21)	(8.63)
数字金融使用	0.213 **	−0.584 ***	0.362 ***	0.244 ***	−0.618 ***	0.424 ***
	(2.22)	(−3.34)	(4.80)	(6.83)	(−3.72)	(7.11)

表7.7(续)

因变量	全样本			家庭总收入大于零的样本		
	总收入	农业收入	非农收入	总收入	农业收入	非农收入
控制变量	YES	YES	YES	YES	YES	YES
常数项	0.730	4.463	−2.460	1.512**	4.610	−1.372
	(0.43)	(1.26)	(−1.59)	(2.07)	(1.35)	(−1.04)
样本量	12 724	12 724	12 724	12 341	12 341	12 341
R^2	0.093 7	0.070 7	0.172 4	0.351 1	0.086 6	0.202 2

注：括号内为异方差稳健标准误对应的 t 值，***、**、* 分别表示 1%、5%、10%的显著性水平。

表 7.8　社区数字金融水平与农户收入增长（2SLS 估计）

因变量	全样本			家庭总收入大于零的样本		
	总收入	农业收入	非农收入	总收入	农业收入	非农收入
社区数字金融水平	1.221**	−1.647*	1.593***	1.207***	−1.736**	1.360***
	(2.41)	(−1.88)	(3.73)	(5.92)	(−2.10)	(3.66)
家庭数字金融使用	0.289***	−0.578***	0.441***	0.251***	−0.663***	0.501***
	(2.68)	(−2.99)	(5.03)	(6.27)	(−3.58)	(7.20)
控制变量	YES	YES	YES	YES	YES	YES
常数项	1.849*	15.93***	−2.366***	3.330***	16.77***	−1.393*
	(1.77)	(8.48)	(−2.69)	(7.26)	(9.32)	(1.79)
内生性检验	0.380 1	0.844 3	0.340 4	0.819 9	0.565 3	0.258 1
弱工具变量检验	3 965.318	3 965.318	3 965.318	3 848.251	3 848.251	3 848.251
样本量	12 724	12 724	12 724	12 341	12 341	12 341

注：括号内为异方差稳健标准误对应的 z 值，***、**、* 分别表示 1%、5%、10%的显著性水平，内生性检验报告 P 值，弱工具变量检验报告 Cragg-Donald Wald F 值。

　　进一步地，本书按照社区数字金融水平的中位数（0.1）将社区分为低数字金融水平社区和高数字金融水平社区。由于是否剔除家庭收入小于等于零的样本对估计结论不会造成根本性的影响，且短期内农户家庭出现收入为负值的情况也是真实存在的，由于篇幅限制，后文均不再单独汇报家庭收入大于零的样本估计结果。

　　表7.9为社区数字金融水平对农户家庭收入增长的分组估计结果。低数字金融水平社区的估计结果表明，社区数字金融水平对不使用数字金融农户的家庭总收入、农业收入、非农收入的影响不显著；相对于不使用数

字金融的家庭，使用数字金融降低了农户的农业收入、提高了非农收入，但是对总收入的正向影响不显著。这说明在数字金融水平较低的社区，社区数字金融水平对不使用数字金融家庭的溢出效应不明显，并且数字金融使用对家庭总收入的增长也不明显。高数字金融水平社区的估计结果与表7.7的估计结果基本一致。

综合两组样本的估计结果可以发现，当社区数字金融水平较低时，数字金融的使用对农户非农收入具有正向促进作用，但是对总收入的促进作用不显著；社区数字金融水平对不使用数字金融农户的农业收入、非农收入及总收入的影响均不显著。当数字金融发展处于较高水平时，使用数字金融和不使用数字金融的农户均能从数字金融发展的获得好处，且相对于不使用数字金融的家庭，使用数字金融家庭的总收入增长更快。

表 7.9　社区数字金融水平与农户收入增长（OLS 估计）：
按照社区数字金融水平分组

因变量	总收入		农业收入		非农收入	
	低水平社区	高水平社区	低水平社区	高水平社区	低水平社区	高水平社区
社区数字金融水平	1.235	1.160***	1.203	−1.533**	0.776	1.502***
	(0.93)	(3.83)	(0.54)	(−2.49)	(0.74)	(5.45)
数字金融使用	0.227	0.239**	−0.210	−0.568***	0.489***	0.332***
	(0.94)	(2.25)	(−0.53)	(−2.87)	(2.64)	(3.97)
控制变量	YES	YES	YES	YES	YES	YES
常数项	−0.690	2.359	7.171	−18.46***	0.342	−2.898
	(−0.21)	(1.04)	(1.26)	(−2.97)	(0.12)	(−1.08)
样本量	5 773	6 951	5 773	6 951	5 773	6 951
R^2	0.085 0	0.097 5	0.076 7	0.077 3	0.145 8	0.181 5

注：括号内为异方差稳健标准误对应的 t 值，***、**、* 分别表示 1%、5%、10% 的显著性水平。

7.3.3　农户家庭异质性分析

（1）分位数回归

上述研究仅仅考察了数字金融对农户家庭收入的平均影响，当因变量存在极端值时，普通线性回归难以反映自变量对因变量影响的全貌。本书进一步使用 Koenker 和 Bassett（1978）提出的分位数回归（Quantile Regression），以准确、全面地描述数字金融使用、社区数字金融水平对农户家庭总收入的变化范围及条件分布形状的影响①。表 7.10 汇报了数字金融使用、社区数字金融水平在 0.05、0.1、0.25、0.50、0.75、0.90、0.95 七个分位点上对总收入的估计结果，图 7.1 汇报了分位数回归系数的变化。结果表明，除了在 0.05 分位点上数字金融使用的估计系数没有通过 10% 的显著性检验外，在其他的分位点上，数字金融使用对农户家庭增收具有显著的正向影响，且随着分位点的提高，数字金融使用的系数表现出先下降后缓慢上升的趋势。社区数字金融水平在所有分位点上的估计系数均通过 1% 的显著性检验，随着分位点提高，社区数字金融的估计系数表现为先下降然后缓慢上升。总体上，数字金融对中等收入以下农户的增收效应更强，对高收入农户的增收效应强于中高收入农户。这可能是因为高收入农户大多经营工商企业，数字金融增强了企业的盈利机会和盈利能力，大多数中高收入家庭则不然。这说明，数字金融对中等收入以下家庭有较大的边际增收效应，有利于缩小农村家庭的收入差距，但是高收入农户较高的边际收入增长效应则可能进一步加速收入和财富的集中。

表 7.10　数字金融对农户家庭总收入影响的分位数估计

分位点	低收入	中低收入		中等收入	中高收入		高收入
	0.05	0.10	0.25	0.50	0.75	0.90	0.95
数字金融使用	0.387	0.380***	0.337***	0.237***	0.194***	0.214***	0.300***
	(1.37)	(3.45)	(6.37)	(7.12)	(5.78)	(4.53)	(4.39)
社区数字金融水平	1.908***	1.472***	1.224***	1.029***	0.858***	0.957***	1.021***
	(3.24)	(5.99)	(8.63)	(10.75)	(9.00)	(6.25)	(5.16)
控制变量和常数项	YES	YES	YES	YES	YES	YES	YES
样本量	12 724	12 724	12 724	12 724	12 724	12 724	12 724

注：括号内为异方差稳健标准误对应的 t 值，***、**、* 分别表示 1%、5%、10% 的显著性水平。

---

① 根据上文的分析，社区数字金融水平、家庭数字金融使用通过降低农业收入、提高非农收入，进而对家庭总收入产生影响，限于篇幅，此处仅讨论数字金融对家庭总收入的影响。

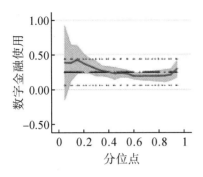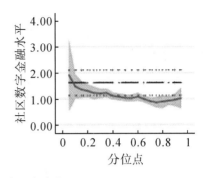

图 7.1　分位数回归系数变化

（2）农户家庭异质性分组回归

数字金融发展有助于被传统金融排斥或者金融服务不足的农户家庭获得更多金融服务的机会。因此，数字金融的重要价值在于为弱势家庭提供更多创业、就业等方面的机会，提高弱势家庭获取收入的能力，从而有助于家庭收入包容性增长。农户家庭的弱势地位不仅体现在收入上，还体现在其他非收入层面。本书从农户家庭贫困类型、所属区域、社会资本、户主教育水平和金融知识水平五个方面对农户家庭进行分组。表 7.11 的估计结果表明，相对于不使用数字金融的家庭，数字金融使用对贫困、中西部地区、高文化水平和低文化水平、高社会资本、高金融知识水平农户的家庭收入增长影响不显著；社区数字金融水平对贫困家庭的溢出效应不显著，对东部地区、高文化水平、低社会资本、低金融知识水平农户家庭的溢出效应更明显。

上述估计结果表明，在多维度异质性分析视角下，数字金融的农户家庭增收效应同时具有包容性和马太效应。数字金融对农户家庭增收的包容性体现为：在分位数估计中，在分位点 0.75 之前，总体上数字金融使用在较低分位数上的农户家庭增收效应更强；在分组回归中，数字金融使用对低社会资本、低金融知识水平农户的家庭增收效应更强，体现出了数字金融使用在降低农户参与金融活动的金融知识门槛和突破传统社会关系网络方面的重要作用。与此同时，对于不使用数字金融的农户，社区数字金融水平的提高对这些弱势家庭的收入增长效应更为明显。数字金融的马太效应体现为：在分位数估计中，当分位点超过 0.75 后，数字金融对农户的增收效应逐渐增强，在 0.05 分位数上数字金融使用的估计系数不显著；在分组估计中，数字金融使用对非贫困农户、东部地区农户的增收效应较强，而对贫困农户、中西部地区农户的增收效应却不显著，社区数字金融水平的溢出效应也相对较弱。王修华和赵亚雄（2020）认为，虽然贫困农户和非贫困农户都受到传统金融排斥，但是两者存在着不同。相比贫困户，非贫困户更具有资源优势。随着数字金融发展，非贫困农户可以凭借自身优势突破地理、价格、评估等方面的金融排斥，能更加有效地利用数字金融，但贫困农户，特别是通过各种努力仍然不能摆脱贫困的贫困农户，在资源禀赋及发展能力等方面存在系统性低下的情况，在数字金融发展中存在"数字鸿沟"和"知识鸿沟"，数字金融发展对其家庭收入增长的作用微乎其微。

表 7.11　家庭异质性分组检验①：数字金融使用、社区数字金融水平
与农户总收入（OLS）

	家庭类型		区域特征		文化水平		社会资本		金融知识水平	
	贫困	非贫困	东部	中西部	低	高	低	高	低	高
数字金融使用	-0.085 8	0.238**	0.373***	0.071 3	0.233	0.140	0.370**	0.134	0.280**	0.146
	(-0.28)	(2.35)	(3.02)	(0.50)	(1.32)	(1.23)	(2.03)	(1.20)	(2.02)	(1.08)
社区数字金融	0.832	1.521***	1.531***	1.316***	1.225***	1.433***	1.598***	1.228***	1.783***	0.987**
	(1.44)	(5.75)	(5.04)	(3.50)	(3.45)	(4.37)	(4.36)	(3.88)	(5.90)	(2.48)
控制变量	YES	YES	YES	YES	YES	YES	YES	YES	YES	YES
常数项	-5.644	0.000	1404.025***	7.026***	-2.308	3.700	-1.403	2.597	-2.216	4.984*
	(-0.77)	(0.00)	(4.48)	(9.99)	(-0.96)	(1.59)	(-0.56)	(1.16)	(-1.01)	(1.85)
样本量	2 686	10 038	4 819	7 905	6 757	5 967	6 362	6 362	8 063	4 661
R²	0.083 8	0.094 1	0.114 0	0.082 3	0.102 1	0.074 7	0.083 2	0.074 0	0.095 8	0.088 5

注：括号内为异方差稳健标准误对应的 t 值，***、**、* 分别表示 1%、5%、10%的显著性水平。

表 7.12 的估计结果表明，数字金融使用、社区数字金融水平与农业收入水平基本表现为负相关。表 7.13 的估计结果表明，除了贫困农户的数字金融使用的系数不显著外，数字金融使用、社区数字金融水平在其他模型中均通过显著性检验。这说明，数字金融使用、社区数字金融水平对贫困家庭非农收入增长效应不显著，对非贫困家庭、东部地区、社会资本较高、文化程度和金融知识水平较低家庭的非农收入增长效应较强。

---

① 贫困家庭指纳入精准扶贫的农户家庭，否则为非贫困家庭；小学及以下文化程度为低文化水平组，初中及以上文化为高文化水平组；社会资本中位数水平及以下为低社会资本组，反之为高社会资本组；金融知识答题完全不正确为低金融知识组，反之为高金融知识组。

表 7.12　家庭异质性分组检验：数字金融使用、社区数字金融水平
与农业收入（OLS）

	家庭类型		区域特征		文化水平		社会资本		金融知识	
	贫困	非贫困	东部	中西部	低	高	低	高	低	高
数字金融使用	0.485	−0.736***	−0.348	−0.754***	−0.135	−0.814***	−0.051 9	−0.835***	−0.369	−0.747***
	(1.02)	(−3.93)	(−1.37)	(−3.16)	(−0.45)	(−3.75)	(−0.17)	(−3.85)	(−1.44)	(−3.10)
社区数字金融	−2.819**	−0.932*	−2.663***	0.341	−1.326**	−1.268**	−1.491*	−1.145*	−1.144**	−1.325*
	(−2.55)	(−1.92)	(−4.49)	(0.51)	(−2.02)	(−2.08)	(−2.31)	(−1.85)	(−1.98)	(−1.89)
控制变量	YES	YES	YES	YES	YES	YES	YES	YES	YES	YES
常数项	−25.99	−14.81***	−3.575**	−0.758	−3.248	14.63***	4.602	3.748	0.842	9.320*
	(−1.23)	(−2.95)	(−2.56)	(−0.64)	(−0.68)	(2.77)	(0.96)	(0.69)	(0.18)	(1.70)
样本量	2 686	10 038	4 819	7 905	6 757	5 967	6 362	6 362	8 063	4 661
R^2	0.086 7	0.069 1	0.069 6	0.062 0	0.077 1	0.069 8	0.067 2	0.067 9	0.072 5	0.072 5

注：括号内为异方差稳健标准误对应的 t 值，***、**、*分别表示 1%、5%、10%的显著性
水平。

表 7.13　家庭异质性分组检验：数字金融使用、社区数字金融水平
与非农业收入（OLS）

	家庭类型		区域特征		文化水平		社会资本		金融知识	
	贫困	非贫困	东部	中西部	低	高	低	高	低	高
数字金融使用	−0.116	0.406***	0.376***	0.325***	0.452***	0.284***	0.314**	0.397***	0.429***	0.286***
	(−0.39)	(5.30)	(3.31)	(3.21)	(3.47)	(3.10)	(2.08)	(4.69)	(3.99)	(2.68)
社区数字金融	1.556***	1.758***	2.135***	1.333***	1.889***	1.437***	2.379***	1.156***	2.150***	1.194***
	(3.22)	(7.66)	(7.80)	(4.33)	(6.28)	(5.04)	(7.53)	(4.32)	(8.18)	(3.58)
控制变量	YES	YES	YES	YES	YES	YES	YES	YES	YES	YES
常数项	−4.382	−1.843	4.276***	6.235***	−2.758	−0.626	−2.960	−1.275	−3.576*	0.762
	(−0.79)	(−0.97)	(5.39)	(11.29)	(−1.37)	(−0.28)	(−1.32)	(−0.65)	(−1.88)	(0.31)
样本量	2 686	10 038	4 819	7 905	6 757	5 967	6 362	6 362	8 063	4 661
R^2	0.128 2	0.181 0	0.175 4	0.163 6	0.170 3	0.151 6	0.148 2	0.163 7	0.166 6	0.178 6

注：括号内为异方差稳健标准误对应的 t 值，***、**、*分别表示 1%、5%、10%的显著性
水平。

7.4　作用机制分析

上文分析表明数字金融通过增加农户非农收入、减少农业收入进而对
农户家庭总收入产生影响。下面将进一步从农户家庭非农创业的角度检验

数字金融影响农户非农收入的作用机制，并从非农就业的角度进行拓展性分析。

7.4.1 数字金融与农户创业活动

由于农户家庭创业决策、创业类型、创业意向均为二元选择变量，本书选择 Probit 模型进行估计。本书借鉴尹志超等（2019）的做法，采用家庭智能手机使用水平作为数字金融使用的工具变量缓解模型内生性。内生性检验表明除生存型创业模型的内生性较轻外，其他模型均拒绝不存在内生性的原假设。一阶段模型估计的 F 值表明，不存在弱工具变量问题。表7.14 为数字金融使用对农户家庭创业和创业类型的影响。基于 Probit 和 Iv-probit 的估计结果表明数字金融使用提升了农户家庭的创业概率；相对于生存型创业，数字金融使用对机会型创业的影响更为突出。

表 7.14　数字金融使用对农户家庭创业和创业类型的影响

| | 家庭创业 | | 创业类型 | | | |
| | | | 机会型创业 | | 生存型创业 | |
	Probit	Iv-probit	Probit	Iv-probit	Probit	Iv-probit
数字金融使用	0.369***	7.886**	0.308***	9.185**	0.267***	4.689
	(8.36)	(2.14)	(6.27)	(2.10)	(3.78)	(1.07)
控制变量	YES	YES	YES	YES	YES	YES
样本量	12 724	12 724	12 724	12 724	12 724	12 724
内生性检验		0.003 4		0.003 7		0.280 5
第一阶段 F 值		94.21		94.21		94.21
Pseudo R^2	0.142 8		0.145 9		0.072 8	

注：括号内为异方差稳健标准误对应的 z 值，***、**、*分别表示 1%、5%、10%的显著性水平，内生性检验报告 P 值。

进一步地，在控制数字金融使用的情况下，表 7.15 为社区数字金融使用水平对农户家庭创业和创业类型的影响。采用社区智能手机使用情况作为工具变量的内生性检验结果没有拒绝不存在内生性的原假设，因此采用 Probit 模型的估计结果进行分析。估计结果表明，社区数字金融水平对不使用数字金融农户的创业活动具有正向促进作用，相对于生存型创业，对机会型创业的促进作用更加显著。

表 7.15　社区数字金融水平与创业决策、创业类型

| | 家庭创业决策 | | 创业类型 | | | |
| | | | 机会型创业 | | 生存型创业 | |
	Probit	Iv-probit	Probit	Iv-probit	Probit	Iv-probit
社区数字 金融水平	0.531***	0.509	0.395**	0.592	0.400*	0.200
	(3.71)	(1.59)	(2.48)	(1.61)	(1.85)	(0.39)
数字金融 使用	0.321***	0.323***	0.271***	0.253***	0.229***	0.247***
	(6.95)	(6.02)	(5.27)	(4.21)	(3.12)	(2.89)
控制变量	YES	YES	YES	YES	YES	YES
样本量	12 724	12 724	12 724	12 724	12 724	12 724
内生性检验		0.938 7		0.552 7		0.663 1
第一阶段 F 值		234.66		234.66		234.66
Pseudo R²	0.144 5		0.146 9		0.073 9	

注：括号内为异方差稳健标准误对应的 z 值，***、**、* 分别表示 1%、5%、10% 的显著性水平，内生性检验报告 P 值。

　　创业活动在某种程度上是创业意向在实践层面的反映。激发农户创业意向使得农村乃至整个社会的创业活动有了充足的储备军，在创业时机成熟或者创业约束条件解除时，这些创业后备力量可能会将创业想法付诸实践，从而拓展农户就业和增收的渠道。表 7.16 报告了数字金融对非创业农户创业意向的影响。估计结果表明，数字金融使用的系数为正向，且通过 1% 的显著性检验，社区数字金融水平的估计结果不显著，表明社区数字金融水平对非创业家庭的创业意向影响不显著。

表 7.16　数字金融使用对非创业农户创业意向的影响

| | 无社区变量 | | 有社区变量 | |
	Probit	Iv-probit	Probit	Iv-probit
数字金融使用	0.337***	12.09**	0.355***	0.343***
	(6.71)	(2.46)	(6.82)	(5.84)
社区数字金融水平			-0.207	-0.078 2
			(-1.26)	(-0.22)
控制变量	YES	YES	YES	YES
样本量	11 491	11 491	11 491	11 491
内生性检验		0.000		0.684 9
第一阶段 F 值		70.69		194.70

表7.16(续)

	无社区变量		有社区变量	
	Probit	Iv-probit	Probit	Iv-probit
Pseudo R^2	0.155 7		0.155 9	

注：括号内为异方差稳健标准误对应的 z 值，***、**、* 分别表示1%、5%、10%的显著性水平，内生性检验报告 P 值。

7.4.2　数字金融与农户创业绩效

表7.17为数字金融对农户家庭创业绩效的影响。关于数字金融使用对创业绩效的影响，本书采用社区智能手机使用情况作为工具变量的内生性检验结果拒绝了不存在内生性的原假设，弱工具变量检验结果表明不存在的弱工具变量问题。基于OLS和2SLS的估计结果表明，数字金融使用有助于促进创立企业的营业收入和经营利润。关于社区数字金融水平对创业绩效的影响，在控制家庭数字金融使用变量后，采用社区智能手机使用水平作为工具变量的内生性检验接受不存在内生性的原假设，因此仍然以OLS的估计结果进行分析。OLS估计结果表明，社区数字金融水平有助于促进农户创立企业的营业收入和经营利润的增长，社区数字金融使用水平对不使用数字金融农户的创业绩效具有溢出效应。此外，家庭使用数字金融对创业绩效的影响依然通过显著性检验，表明相对于不使用数字金融的家庭，使用数字金融能提高农户家庭非农创业绩效。

表7.17　数字金融对农户家庭创业绩效的影响

	营业收入				经营利润			
	OLS	2SLS	OLS	2SLS	OLS	2SLS	OLS	2SLS
数字金融使用	0.455***	1.116***	0.391***	0.341***	0.279***	0.959***	0.221**	0.166
	(4.79)	(3.55)	(3.96)	(3.23)	(2.99)	(2.80)	(2.27)	(1.64)
社区数字金融水平			0.668**	1.185**			0.652**	1.276**
			(2.24)	(2.10)			(2.05)	(2.19)
控制变量	YES	YES	YES	YES	YES	YES	YES	YES
样本量	1 174	1 174	1 174	1 174	1 012	1 012	1 012	1 012
内生性检验		0.023 3		0.200 7		0.035 5		0.273 3
弱工具变量检验		109.800		409.896		82.396		486.946
R^2	0.260 1		0.263 1		0.234 4		0.237 7	

注：括号内为异方差稳健标准误对应的 t/z 值，***、**、* 分别表示1%、5%、10%的显著性水平，内生性检验报告 P 值，弱工具变量检验报告 Cragg-Donald WaldF 值。

7.4.3 拓展性讨论：数字金融与农户非农就业

表 7.18 为数字金融对非农就业水平的影响。对于数字金融使用而言，采用社区智能手机使用水平作为工具变量的内生性检验结果表明，模型存在内生性；进行弱工具变量检验 F 值，结果表明模型不存在弱工具变量问题。综合 OLS 和 2SLS 估计结果可以发现，相对于不使用数字金融的家庭，数字金融使用能够显著提高农户家庭非农就业水平。

进一步地，将农户家庭分为创业家庭和非创业家庭。对创业家庭而言，工具变量的内生性检验结果表明模型不存在内生性。OLS 估计结果表明数字金融使用的估计系数通过 10% 的显著性水平检验，数字金融使用有助于促进创业家庭非农就业水平。对非创业家庭而言，工具变量内生性检验表明模型存在内生性，弱工具变量检验的 F 值表明不存在弱工具变量问题。OLS 和 2SLS 估计结果显示数字金融使用的估计系数均通过 1% 的显著性水平检验。结合两种方法的估计结果可以发现，数字金融使用有助于促进非创业家庭的非农就业水平的提高。比较创业家庭和非创业家庭的估计结果可以发现，数字金融使用对非创业农户家庭的非农就业水平的影响效应更大，显著性更高。这可能是由于创业家庭的非农就业水平原本较高，受家庭劳动力数量限制，数字金融使用对创业农户的非农就业水平的边际效应不如对非创业家庭的影响那么突出。这说明，创业农户为其他非创业农户提供了工作岗位，使得非创业农户有了获得更多工资性收入的机会。

更进一步地，本书通过控制家庭数字金融使用，探讨社区数字金融水平对不使用数字金融家庭非农就业水平的影响。工具变量模型的内生性检验表明，模型存在内生性，弱工具变量检验的 F 值表明不存在弱工具变量问题。综合 OLS 和 2SLS 估计结果可以发现，社区数字金融水平有助于提高不使用数字金融家庭的非农就业水平，表明社区数字金融水平提高对不使用数字金融农户家庭的非农就业水平具有溢出效应。此外，数字金融使用的系数依然显著，表明相对于不使用数字金融的家庭，使用数字金融的农户家庭非农就业水平更高。

综上所述，农户数字金融使用和社区数字金融水平显著促进了农户家庭收入增长，微观上实证了假说 1 的成立。数字金融促进了农户家庭的创业活动，尤其是机会型创业，并促进了创业绩效提升，这实证了假说 3.2 的成立。

表 7.18 数字金融对农户非农就业水平的影响

	全样本		家庭类型				全样本	
			创业家庭		非创业家庭			
	OLS	2SLS	OLS	2SLS	OLS	2SLS	OLS	2SLS
数字金融使用	0.076 7***	0.970***	0.031 2*	0.013 1	0.063 5***	3.494***	0.055 2***	0.046 8***
	(8.84)	(5.62)	(1.69)	(0.05)	(6.57)	(45.53)	(6.17)	(4.85)
社区数字金融水平							0.234***	0.324***
							(9.75)	(6.94)
控制变量	YES	YES	YES	YES	YES	YES	YES	YES
样本量	12 724	12 724	1 233	1 233	1 233	11 491	12 724	12 724
内生性检验		0.000 0		0.945 2		0.000 0		0.022 8
弱工具变量检验		52.697		6.739		44.373		4 248.199
R^2	0.258 1		0.177 1		0.235 9		0.264 0	

注：括号内为异方差稳健标准误对应的 t/z 值，***、**、* 分别表示 1%、5%、10% 的显著性水平，内生性检验报告 P 值，弱工具变量检验报告 Cragg-Donald Wald F 值。

7.5 本章小结

本章采用中国家庭金融调查（CHFS）的微观数据，运用多种实证方法研究了数字金融的农户增收效应，并从农户创业的视角讨论其作用机制。

增收效应分析表明，数字金融的使用有助于促进农户家庭收入增长，社区数字金融水平的提高对农户家庭增收具有显著的溢出效应。具体来看，相对于不使用数字金融的家庭，数字金融的使用降低了农户的农业收入，提高了非农收入，即数字金融促进了农户家庭增收并改变了农户家庭的收入结构；社区数字金融水平的提高对所有农户的家庭增收均具有显著的正向溢出效应。异质性分析表明，除了在 0.05 分位数上数字金融使用的增收效应不显著外，数字金融使用、社区数字金融水平的增收效应随分位点的上升表现出先下降然后缓慢上升的特征。此外，数字金融使用对非贫困户、东部地区的农户以及低社会资本和低金融知识水平农户的收入增长效应较强。

作用机制分析表明，数字金融使用有助于促进农户家庭创业，社区数字金融水平对家庭创业具有显著的正向溢出效应。相对于不使用数字金融的家庭，数字金融使用能显著提高农户家庭创业（尤其是机会型创业）的概率和创业绩效；对于不使用数字金融的农户，社区数字金融水平对其家庭创业（尤其是机会型创业）的概率和创业绩效具有正向溢出效应。数字金融使用有助于提高非创业家庭的创业意向，社区数字金融水平对创业意向的影响不显著。拓展性分析表明，数字金融使用能够促进农户家庭非农就业，对非创业家庭的非农就业促进作用更大，社区数字金融水平对非农就业具有正向溢出效应。

8 研究结论与政策建议

拓展农民增收渠道，促进农民收入增长一直是"三农"领域的热点议题。数字金融提高了金融的包容性，推动了农村金融改革与发展，为促进农民收入增长带来了新机会。本书在深入分析数字金融及农民收入增长现状的基础上，重点讨论了数字金融影响农民收入增长的作用机理，并利用宏观面板和微观截面数据，综合采用工具变量、分位数回归法、中介效应模型、门槛估计法、空间计量、最小二乘法、倾向得分匹配法等方法实证检验数字金融对农民收入增长的影响。本章主要归纳和总结理论、实证分析得出的结论，并针对这些结论提出发展数字金融、促进农民收入增长的政策建议，为后续研究指明方向。

8.1 研究结论

（1）数字金融发展通过促进经营性收入和工资性收入等各项收入的增长进而带动农民增收，不同收入分位数的群体均能从数字金融发展中获益，尤其是低收入群体的获益较多，在不同区域数字金融的增收效应存在差异。

首先，数字金融及各维度均促进了农民收入增长，并具有显著的滞后效应。采用过度识别的工具变量法 GMM 和 LIML 对内生性进行控制的估计结果表明，上述结论具有稳健性，即不管是在总体层面还是各维度层面，数字金融发展对农民收入增长均有显著的促进作用。进一步分析表明，数字支付、数字信贷等各项业务均促进了农民收入增长。其次，数字金融发展对工资性收入、经营性收入、财产性收入及转移性收入均有正向促进作用。进一步分析表明，数字金融覆盖广度、使用深度及数字化程度均促进了上述各项农民收入增长。再次，数字金融及各维度均促进了东部、中部及西部地区的农民收入增长，但是对西部地区农民收入增长的促进作用最强。最后，数字金融为其客户提供了相对平等的接受金融服务的机会。无论是数字金融还是各维度在各收入分位数上的估计系数均显著为正，但是随着分位数水平的提高，估计系数逐渐变小。这说明各收入分位数上的人群均能从数字金融及各维度发展中获益，其中，低收入群体获益更多。

（2）数字金融发展促进了宏观经济增长，并主要通过城市化促进农民收入增长。在控制经济增长的情况下，产业结构和城市化本身也是数字金融影响农民收入增长的有效渠道。首先，研究表明数字金融及各维度发展对经济增长具有显著而稳健的正面影响，且随着时间推移数字金融与经济增长的关联性越来越强。考虑到各省份社会经济条件的差异性，可以发现在中西部地区，在初始互联网普及率、居民高等教育比例相对较低省份，数字金融及各维度发展对经济增长的正向作用更强；在初始传统金融发展水平较低、私营企业比重较高的省份，数字金融的经济增长效应受到一定程度的抑制。其次，数字金融及各维度发展可以通过经济增长进而促进农民收入增长。分析表明，在控制其他变量的情况下，经济增长对农民收入增长的影响主要通过城市化途径来实现，而产业结构变迁和城市化也是数字金融影响农民收入的途径。数字金融通过宏观经济变量传导影响农民收入增长的路径存在地区差异。在东部地区，数字金融可以通过经济增长、产业结构和城市化水平影响农民收入增长，且经济增长对农民收入的影响可以不通过城市化来体现，也就是说经济增长可以直接促进农民收入增长。在中部地区，数字金融通过影响经济增长、产业结构变迁及城市化影响农民收入，且经济增长和产业结构对农民收入增长的影响主要由城市化进程来实现。在西部地区，数字金融可以通过经济增长、产业结构变迁、城市化影响农民收入增长，且经济增长对农民收入增长影响主要通过城市化进程来实现。

（3）数字金融发展对农民收入增长的影响具有基于自身门槛效应的特征，并存在人力资本门槛效应和空间溢出效应。首先，数字金融及各维度发展对农民收入增长均存在双重门槛效应，表明数字金融影响农民收入增长具有非线性特征。随着数字金融及各维度发展越过相应的门槛值，数字金融对农民收入增长的促进作用逐渐增强，在样本期内所有省份均跨越了第二个门槛值。其次,总体上数字金融影响农民收入增长的人力资本门槛效应不明显,但数字金融各维度对农民收入增长的人力资本门槛效应存在结构性差异。使用深度的人力资本门槛效应不显著。覆盖广度存在双重人力资本门槛效应,随着人力资本跨越相应的门槛值,农民增收效应逐步增强,覆盖广度与农村人力资本的交互耦合有助于促进农民增收。在2018年,西藏、青海的人力资本还没有越过了第一个门槛值,贵州、四川、宁夏、甘肃、云南等5个省份的农村人力资本还处在两个门槛值之间,其余的24个省份均跨过第二个门槛值。数字化程度存在单一人力资本门槛效应,随着人力资本跨越门槛值,增收效应有所减弱。2018年,仅北京、海南的人力资本越过门槛值,其余省份的农村人力资本依然处于数字化程度增收效应较大的阈值范围。从推动数字金融在农村地区有效普及和促进农民收入增长的角度来看,提高农村居民人力资本的步伐刻不容缓。再次,农民收入增长、数字金融及各维度发展均存在显著空间集聚特征。总体上数字金融促进了本省农民收入增长,但是对邻接省份的空间溢出效应不显著。数字金融各维度对农民收入增长的空间溢出效应存在差异。具体来看,覆盖广度不仅有利于本省的农民收入增长,还能提高邻接省份的农民收入增长。使用深度有利于提高本省农民收入增长,但对邻接省份农收入增长的影响不显著。数字化程度对本省农民收入增长影响不显著,但是对邻接省份的农民收入增长具有显著的促进作用。

（4）数字金融使用通过促进农户家庭创业进而促进农户增收,社区数字金融发展具有外溢效应,但是使用数字金融的农户家庭获益明显更多,贫困农户、中西部地区农户的获益相对较少。首先,数字金融的使用有助于促进农户家庭收入增长,社区数字金融水平的提高对农户家庭增收具有显著的溢出效应。具体来看,相对于不使用数字金融的家庭,数字金融的使用降低了农户的农业收入,提高了非农收入,即数字金融促进农户家庭增收并改变其收入结构;社区数字金融水平的提高对所有农户的家庭增收均具有显著的正向溢出效应。对异质性农户,数字金融使用、社区数字金融水平的增收效应存在差异。总体上,数字金融使用、社区数字金融水平的增收效应随分位点的上升表现出先下降后缓慢上升的特征,对非贫困户、东部地区的农户以及低社会资本和低金融知识水平农户的收入增长效应更强,对贫困农户和中西部地区的农户增收效应较弱。其次,数字金融使用有助于促进农户家庭创业和提高非农就业水平,社区数字金融水平对家庭创业和非农就业水平具有显著的正向溢出效应。从创业活动来看，相对于不使用数字金融的家庭，数字金融使用能提高非创业家庭的创业意向，显著促进农户家庭创业，尤其是提高机会型创业的概率；对于不使用数字金融的农户，社区数字金融水平提高对其创业活动具有溢出效应，对创业意向的影响则不显著。从创业绩效来看，数字金融使用能显著提高项目营业收入、经营利润，社区数字金融水平对营业收入、经营利润具有正向溢出效应。拓展性分析表明，数字金融使用能够促进农户家庭非农就业，对非创业家庭的非农就业促进作用更大，社区数字金融水平对非农就业具有正向溢出效应。

8.2 政策建议

中国数字金融的高速发展，为农民收入增长提供了新的机会，但是也存在诸如数字鸿沟、监管滞后、损害消费者利益等问题。基于本书的研究结论，为促进农民收入增长，提出如下政策建议。

8.2.1 推进农村数字金融有效普及

数字金融能够有效促进农民收入增长，但是相对于城镇，农村地区的数字金融的普及程度还较低，需要从多个方面采取措施，促进农村数字金融有效普及。

（1）解决农村居民互联网接入的基础设施障碍，弥合"数字鸿沟"

数字金融是科技推动下的金融创新，安全可靠的用电环境是发展数字金融的先决条件，互联网是提供数字金融服务的重要载体，也是联系金融消费者与金融机构的重要纽带。部分农村偏远地区电网网架结构不合理，电网线路和供电设备老旧，供电技术水平落后，导致供电能力不足，电能质量差，停电现象频繁发生。因此，需要完善农村电网规划，持续推进农村电网改造升级，提升农网投资项目管理水平和供电服务队伍的管理能力，提高供电能力，保障安全、可靠、经济的用电环境。拥有入网设备并能够接入互联网是农村家庭使用数字金融服务的必要条件。当前部分农村家庭由于没有电脑等上网设备而无法接入互联网，需要加大对农村居民购买智能终端的消费补贴，缓解因入网终端不足而产生的数字金融排斥。落实到具体家庭上，需要保证农村家庭至少有一个成员具有无障碍接入互联网的机会。部分偏远农村地区的移动基站覆盖密度不够，网络信号质量较差，需要进行基站升级或建设新的基站，以补齐农村地区移动通信网络建设的短板。农村宽带接入用户的覆盖面有待提高，需要继续推进农村光纤宽带网络进村入户工程，保证农村地区网络接入畅通，继续推进信息网络提速降费改革，降低农村居民信息使用成本，提升用户上网体验。

（2）开展农村数字金融"扫盲"计划，弥合"知识鸿沟"

数字金融通过互联网平台为客户提供丰富多样的金融服务，但是以数字技术为驱动的数字金融要求消费者具备较高的知识储量和使用技能。如果金融消费者的知识储量不足，将会导致数字金融服务产品的需求侧与供给侧因知识门槛而发生错配。随着数字金融产品服务的不断创新和拓展，数字金融产品服务的复杂度更高，对使用者知识储量和金融素养的挑剔性更强。因此，通过提高教育水平，促进人力资本积累，提高农民金融意识和数字金融素养，增强评估金融风险和合理运用金融服务产品的能力，对提高数字金融的收入增长效应具有重要意义。当前互联网使用技能缺乏和文化程度限制已经成为制约我国农村地区互联网和数字金融进一步普及的主要障碍，部分农村居民由于对数字金融不了解、不信任而形成"自我排斥"。在解决农村居民互联网设备缺乏、网络连接不畅、信息收费过高等问题同时，需要解决农村居民数字金融使用能力缺失或使用能力不足的问题。实践表明，提供免费的上网培训指导，能够促进居民互联网使用行为。但这远远不够，还需要采取多种措施开展农村数字金融"扫盲"计划，宣传金融知识与数字技能，提升农村居民使用数字金融的能力。在这方面国外已有先例可循，2011—2016年，俄罗斯共投入1.13亿美元开展全国性"金融扫盲5年计划"，取得了较好的成绩，金融产品的使用率和居民金融素养得到较大提高。我国可以借鉴俄罗斯的经验，加强对农村居民教育培训的支持力度，开发更多与数字时代、农村人口结构变化及农民文化水平相适应的教育工具，有针对性地在农村、贫困、边远地区开展数字技能和金融知识的培训和宣传，提高农村居民数字金融知识普及率和使用技能，扩大数字金融覆盖面，缓解因文化限制和技能不足产生的数字金融"知识鸿沟"，使尽可能多的农村居民充分享受数字经济时代的数字红利。

（3）支持农村金融机构数字化转型，鼓励各类金融机构开展农村金融业务

随着中国数字金融底层技术的创新和商业银行数字化转型，大型商业银行的技术水平和服务效率不断提升，在很多领域已经处于同行领先水平。但是中小银行，尤其是农村金融机构由于资金实力有限、技术储备不足、专业人才匮乏，金融业务的数字化转型存在困难，需要相关部门从技术、人才等多方面提供支持，激励各类金融机构开展适合农村社会经济发展和各类经营主体需求的数字普惠金融服务，推进农村金融机构数字化转型，构建"政、企、银"多方合作机制，鼓励公共部门、大型互联网金融企业、专业技术服务公司、商业银行、证券保险等金融机构发挥各自优势，开展深度合作。健全农村金融服务体系，完善金融支农激励机制，引导金融机构加大对农村经济重点领域和薄弱环节的支持力度，扩大农村资产抵押担保融资范围，规范发展消费信贷，发展农业保险。推进数字乡村建设，健全农村信息网络平台，针对碎片化、分散化的农村信息进行有效整合与充分利用，实现城乡资金、技术互联互通，实现数字金融在农村地区的有效普及，促进农民收入增长。

（4）关注农村金融服务需求场景，推进数字金融创新与农村金融服务需求相结合

从我国数字金融发展的起源来看，数字金融并非针对农村金融服务需求而开展，但是由于我国农村传统金融网点缺乏，金融服务供给严重不足，支付手段落后，数字金融，尤其是数字支付契合了农村居民渴望获得便捷、安全、低成本支付工具的强烈需求而具有强劲生命力，综合性一站式的金融服务降低了农村居民接受金融服务的参与成本并提高了其使用体验。随着数字金融创新演化，很多新的数字金融业务已经不再完全与农村金融服务需求相契合，部分金融机构未能有效把握数字金融与传统金融之间的关系，过度推广和使用数字金融手段替代传统金融服务。在当前农村青壮年人口持续外流、老龄化问题愈发严重、居民文化水平和金融素养普遍不高的现实约束下，这种一刀切地使用数字金融工具的做法容易形成新的数字鸿沟和金融排斥。我国需要加快农村信息无障碍建设，帮助老年、残疾、低教育水平者等群体共享数字生活。此外，随着农村社会经济发展、产业结构变迁、经营主体和经营模式的转变，新的金融需求不断出现，但是现有金融服务并没有很好的关注和满足这些需求。因此，农村数

字金融创新必须关注农村金融服务需求的现实特点，破解农村金融服务的痛点和难点，实现数字金融产品和服务创新与农村金融需求场景相适应，切实提高农村各类经营主体的金融服务质效，提高金融资源配置效率。

（5）提高数字金融与农村经济融合水平，促进农村经济高质量发展

数字金融是数字经济时代的金融基础设施，提高农村信息化水平，推进数字乡村建设，提高数字金融与农村经济融合水平，促进农村经济高质量发展。数字金融的产生和发展源于实体经济巨大的数字金融服务需求，更确切地说是数字金融顺应数字经济发展的要求，为居家办公、在线商务等"非接触经济"提供相适应的金融服务。数字金融与数字经济相互融合相互成就，节约了社会经济的运行成本，提高了经济发展质量。目前数字金融在居民日常小额支付、电商等领域融合较好，与农业农村经济的融合还有待深化。应充分发挥数字金融低成本、低门槛（免抵押物）、多场景和多渠道积累用户数据等方面的优势，有效突破地域限制，积极引导各类金融机构运用数字技术为农村各类从业主体提供安全、便捷的金融服务，扩充农村资金来源，扩大信贷覆盖面，精准匹配借贷双方资金供求，从而解决农村产业发展主体的信贷约束。数字金融与农村电商等多个数字经济领域具有天然的耦合性，应加快推进数字乡村建设，强化农业科技和装备支撑，构建面向农业农村的综合信息服务体系，建立涉农信息普惠服务机制，推动乡村产业信息化，乡村管理服务数字化。农村产业应通过"互联网+农资""互联网+农产品营销"等数字经济模式，不断丰富和完善新型农业社会化服务体系，依靠大数据、云计算、区块链等先进的数字技术手段加速推进特色乡村数字经济发展，完善农业科技创新体系，创新农技推广服务方式，提高智慧农业建设水平，促进数字金融、数字经济与农村产业融合发展，提高农村经济发展质量，促进农民可持续增长。

8.2.2 加快数字金融发展

数字金融提高了金融服务实体经济的能力，促进了国民经济增长，进而有助于农村居民获得更多就业机会，拓展了农村居民的增收渠道，促进了农村居民的收入增长。当前数字金融发展面临着技术、信用环境、信息分割等方面的制约，需要完善数字技术创新的体制机制，健全知识产权保护制度，积极促进科技开放合作，推进社会诚信体系建设，完善信息共享机制，为经济增长和农民收入增长提供更多的支持。

（1）支持数字金融底层技术创新发展，加强数字金融人才培养

数字金融是技术驱动的金融服务创新，其核心是利用大数据、人工智能、云计算、区块链、物联网、量子技术、现代密码技术、生物识别技术等底层数字技术的创新成果优化和创新金融产品、金融组织，改善金融服务的业务流程和经营模式。利用机器学习、数据挖掘、智能合约等数字技术，数字金融能够优化交易流程，减少交易环节，降低金融机构获客成本和风险管理成本，开辟触达用户的新路径，形成新的业务形态。数字技术创新是推动金融转型发展的新引擎，是提高金融服务实体经济能力的技术保障。当前数字技术在金融领域的应用还存在瓶颈，数字技术创新竞争力还有很大的提升空间，如区块链缺乏可规模化推广的典型应用创新，共识算法在节点规模、性能、容错之间难以平衡，不同区块链之间的跨系统互联存在障碍，链上信息和链下信息之间的一致性很难得到保障，个人信息泄露、网络诈骗、设备中毒或木马、账号密码被盗等网络安全事件频发。目前我国解决这些现实应用难题有待技术上的创新突破，需要大力支持底层技术的研究和创新，探索新兴技术在数字金融领域的安全应用，加快扭转关键技术和产品受制于人的局面；需要强化国家战略科技力量，加强关键数字技术的战略规划和统筹部署，完善科技创新体制机制，提升企业技术创新能力，激发人才创新活力，提高技能型人才待遇水平和社会地位。数字金融产品服务越来越复杂，对金融人才的知识结构和技能水平提出了新的要求。需要高校建立学科专业动态调整机制和特色发展引导机制，增强高校学科设置的针对性，推进基础学科高层次人才培养模式改革，改进传统金融教育的课程设置和人才培养方案，加快培养既懂技术又懂金融的专业紧缺人才。此外，应完善财政转移支付支持欠发达地区发展数字金融的体制机制，健全区域合作与利益调节机制，优化区域高等教育资源布局，推进中西部地区高等教育振兴，加强数字金融的宣传教育和人才培养，引导人才向西部和艰苦边远地区流动。

（2）推动网络诚信建设，营造良好的数字金融发展环境

良好社会信用环境有助于减少经济摩擦，降低风险监控成本以及其他直接或间接的交易费用，提高合约执行效率，有助于促进金融发展。网络诚信是数字经济持续稳定发展的基石，数字金融主要通过互联网开展金融业务，对诚信的网络环境更加倚重。相对于发达国家，我国社会诚信体系建设起步较晚，缺乏有效的惩戒机制，制度建设亟待完善，社会信用环境

较差，社会诚信问题异常突出。这一问题在互联网领域影响范围更大、破坏性更强。事实上，由于缺乏系统完善的诚信资料和有效的信息披露，借贷人线上线下行为的一致性得不到保证，我国在投资理财方面的刚性兑付问题较突出，并在 P2P 网贷领域持续强化，使得平台风险过度集中。再加上部分平台为了招揽业务，存在风险提示不足或者误导投资者的现象，缺乏投资者适当性管理。这些问题导致大量借贷平台风险暴露，最终造成了 P2P 网贷机构已完全归零。虽然近年来，我国网络诚信建设取得显著成效。但是随着网络新技术、新应用、新业态加快迭代，网络传播规律发生深刻变革，网络空间违规失信新旧问题交织叠加，给网络诚信建设带来新的挑战。网络谣言、虚假宣传、个人隐私泄露、恶意营销、非法放贷、恶意逃废债、电信诈骗等事件频繁发生，严重影响了数字经济、数字金融发展的生态环境。因此，需要着力构建网络诚信建设体系，推动形成多方共同参与建设、多种力量协同治理的新格局，以系统整合综合施策的思路来寻找破解网络违规失信的行动方案，严厉打击以数字金融为幌子的各种金融欺诈及各种恶意逃废债行为，尽快要求放贷机构披露贷款真实利率，健全数字金融产品的风险提示和信息披露制度，加强投资者适当性管理，综合运用法治规范、技术支撑、信用监督等多种手段推动网络诚信建设，积极培育网络诚信文化，为数字金融发展营造良好的互联网环境。

（3）完善信息共享机制，健全数字金融征信体系

数据和信息是征信体系的核心要素，高效、全面、准确、权威的征信体系有利于提高信用风险评估质量、精准投放金融产品，是开展金融业务的前提和基础，是数字金融持续健康发展的基本保障。征信体系需要尽可能做到涵盖服务对象的全口径数据和信息，包括民间借贷记录、违法违规记录、公共信息记录，以及基于互联网的大数据记录。经过多年的努力，中央银行通过归集公共部门和传统金融机构的信用信息，建立了全国统一的个人及企业征信系统，但是存在信息公开不足、信息覆盖范围较窄等问题。大型传统金融机构经过多年的业务积累也掌握了大量的用户资料。芝麻信用、腾讯征信等大型数字金融平台通过用户互联网足迹掌握了海量用户数据，建立了自己的征信系统。一些独立的大数据风控公司也汇集了不同平台的逾期信息和黑名单。税务、工商等公共部门的数据因其权威性在风险管理中十分重要，具有不可替代的作用。但是目前这些系统还没有完全打通，很多关于金融消费者的关键信用数据散落在各个公共部门，缺乏

统一的公开渠道和机制。金融机构通过各自的渠道采集和汇总消费者信息数据，获取成本较高，信息采集不全面，不同渠道的借贷金额和逾期信息没有被有效使用，使得多头借贷、恶意逃废债等事件频繁发生。我国需要完善信息共享机制，突破数字金融征信的基础设施瓶颈，推进公共部门数据公开，建立全国统一的数字化征信平台，制定征信信息接入标准和互联互通规则，健全数字金融征信体系，为数字金融机构评估信用风险、提高金融服务实体经济的效率提供必要支持。

8.2.3 完善数字金融监管

创新是一种创造性的毁灭，数字技术推动的金融服务创新更是充满着收益与风险的极大不对称，为数字金融创新活动提供适宜的监管环境极为必要。在过去很多年里，中国的金融监管总是落后于金融创新，也就是说，监管部门总是在创新活动出现纰漏之后才想办法化解。如果监管部门能够确立合理的监管框架，允许创新活动在合法合规的基础上不断试错并享有失败和得到宽容的机会，同时将风险控制在合理的范围内，那么鼓励创新和防范风险之间就有可能达到一种平衡。中国数字金融发展迅速，在降低成本、提高效率、满足多样化需求、提升金融服务普惠性和覆盖面等方面取得了积极成效，但是监管的缺位也导致数字金融野蛮生长，积累和暴露出很多风险问题，大数据杀熟、大型互联网平台强迫"二选一"等行为严重损害了金融消费者的合法权益，并造成了恶劣的社会影响。提高数字金融发展质量，提升金融服务实体经济能力和促进农民收入增长，需要完善数字金融监管体系，在激励创新和防范风险之间达到平衡。

（1）坚持数字金融持牌经营

从数字金融发展的规律来看，当前我国金融行业的准入式监管模式并不适合数字金融的创新发展。数字金融是技术驱动的金融革命，其核心竞争力在于技术创新能力，其风险主要表现为能否保持技术优势和数据优势，但是准入式监管框架关注财务条件和风控条件等，与数字金融发展的特性不匹配（徐忠 等，2017），但是在当前的监管条件下，明确金融科技企业从事金融业务的准入门槛和牌照要求依然具有合理性。事实上，许多数字金融业务在相当长的时期内都没有受到监管（黄益平、陶坤玉，2019），我国数字金融行业实际起步于 2004 年支付宝上线，但是直到 2011 年央行才发放首批第三方支付牌照。2007 年拍拍贷上线，启动 P2P 行业发展的钥匙，直到 2016 年才出台《网络借贷信息中介机构业务活动管理暂行办法》。监管的"宽容"在为数字金融业务提供发展机会的同时，也为不法的金融活动留下了投机空间。特别是在 P2P 领域，监管的缺失和较低的准入门槛使得整个行业鱼龙混杂，野蛮生长。在 2010—2016 年出现跑路、歇业停业、预期兑付、提现困难等问题的平台累计 4 000 家（刘刚、邹新月，2019），给投资者带来了损失，造成了不良社会影响。从数字金融的金融本质属性来看，技术只是手段，利润来源依然是金融。金融的本质是一种实现跨期、跨行业、跨部门配置资源的机制，需要对风险进行管理和分散，管理好金融机构风险就是其中的重要环节。金融是特许行业，必须持牌经营，要严厉打击非法集资、非法放贷和金融诈骗活动（易纲，2020）。对不满足监管要求的数字金融业务要明确整改要求和时间表，同时允许符合条件的金融科技企业申请相关金融牌照，有助于在控制风险的同时提高数字金融的创新活力。

（2）建立审慎包容的监管体系

数字金融与传统金融体系不断发生冲突，需要建立审慎包容的监管体系，平衡创新与合规监管的难题。中国数字金融能否保持全球领先，关键是要在控制风险的同时通过业务创新和监管创新，在创新和稳定之间求得平衡，获得相对领先的优势。为了减少监管不确定性给金融创新带来的羁绊，很多国家或地区的监管部门转变监管思路，尝试采用"沙盒监管"的方法，如英国、新加坡等。我国可以学习借鉴"沙盒监管"的做法，采取适合国情的监管沙箱，并进行试验推广。首先，创建行业型和区域型两类监管沙箱。我国目前对数字金融采用多头监管，可以考虑由影响力较强的行业自律组织与符合试点条件的监管部门联合建立监管沙箱，邀请行业精英、金融消费者、专家学者共同参与数字金融创新测试，为数字金融业务创新提供可靠的依据，防范潜在的金融风险。其次，建立消费者权益保护的测试制度。测试企业需要制订完善的消费退出计划，充分提示创新产品和服务的潜在风险，最小化对消费的不利影响。再次，加强信息披露。数字金融业务数量众多、形式各异，如果只有政府监管会产生很大的成本，因此需要加强信息披露，动用社会力量加强监督，同时设立黑名单制度，加大对违法违规平台的惩戒力度，坚决打击各种以数字金融为名的非法金融活动。最后，坚持数字金融的监管与发展并举。要发挥政府采购对数字金融产品的支持作用，发展有利于数字金融创新的"双创"基地。

（3）建立差异化和一致性的监管体系

数字金融的参与角色不同意味着监管主体、监管手段及监管原则存在差异。我国监管部门强调金融行业的持牌经营，金融科技企业需要与持牌金融机构合作才能从事金融业务，明确了"技术是技术、金融是金融"的经营与监管原则。对于从事法定特许金融业务的一律需要牌照，对于法律法规尚无要求的"缺门槛"业务，需要实施适当的事前控制。随着数字金融的快速发展，监管机构将面对越来越多的不同细分领域的参与者。一类是向持牌金融机构提供系统开发和技术支持等数字技术解决方案，另一类是持牌进入金融行业并直接向消费者提供金融服务产品。不同类型的参与者适用不同的监管规则，针对数字金融的不同类型的参与者需要建立差异化的监管体系。数字金融已经成为全球潮流，金融风险的隐蔽性、传染性、广泛性和突发性在数字金融领域得到强化，造成风险的快速积累，并通过互联网在国际间广泛传播。各国监管框架旨在控制风险的前提下，激励和支持数字金融发展。随着数字金融的全球化发展，建立一致性的监管体系有利于加强国际间的监管协调，也有利于本国数字金融平台拓展国际业务并促进其健康发展。

（4）运用数字技术监管数字金融

随着数字技术的创新发展，金融业务与数字技术的融合不仅体现在服务产品及业务场景方面，还体现在监管场景之中。监管部门在强化和改进监管的同时，需要加强利用数字技术的力量，以提升监管能力和监管的有效性。数字技术不仅提高了金融服务实体经济的效率，也为监管当局提供了更多维度、更有时效性的指标及监管手段。随着金融业务越来越多地使用数字技术，监管部门需要采取新的技术手段来评价之前无法准确测量的金融风险，使风险的全局化和系统化成为可能。

首先，数字技术保证了数字金融业务的合规性。数字技术使监管政策有了灵活调整的空间，金融机构通过将数字金融平台接入监管部门的技术系统，来满足实时合规的技术要求，即可以不强制要求平台接受牌照监管。这实质上形成了监管部门与金融机构的非现场"联合办公"机制，金融机构的各项业务均在监管部门的监督下进行，能够实时识别金融业务风险并及时采取处置措施，将金融风险遏制在萌芽状态，保证了金融机构数字金融业务的合规性。

其次，数字技术可以广泛应用于数字金融监管。可以借鉴美、英等国关于数字金融的监管构想，由监管部门建立有关数字技术与数字金融的知识中心，并与数字技术开发机构共享监管实践与数据格式的具体要求。在监管部门的技术系统与金融机构的后台系统实现直连的情况下，监管机构可以实时获取监管数据，并运用数字技术完成监管报告、合规检查等工作。数字技术在数字金融监管方面的应用主要体现在四个方面。一是监管数字化，即与监管有关的资料进行数字化处理与储存。二是预测编码，即将被监管对象的非正常行为进行数字化标记，以对被监管对象的下一个信号进行预测，通过对实际值与预测值的差进行编码来辅助判断是否需要关注被监管对象的行为。三是模式分析与机器智能，即运用模式识别与智能化的研究成果，对被监管对象的异常行为进行关注。四是大数据分析，即运用先进算法和网络科学等方法找到可疑的被监管对象。

再次，数字金融基础设施也是重要监管内容。数字金融业务高度依赖数字技术，维护信息网络安全的能力本身也是影响数字金融平台生存与风控能力的重要因素。监管部门除了需要关注数字金融平台的运营能力和风控能力，还需要将平台的基础设施纳入监管体系，建立和完善数字金融基础设施的监管方案，采用先进的技术进行实时、动态监管。

最后，以数字技术实现对金融机构的动态监管。建立完善的以大数据、云计算、人工智能为核心的数字化监管体系，实现即时、动态、全方位的监管，以提高监管效率，不仅避免了准入式监管带来的高成本、低效率问题，也避免了现行监管中存在的监管滞后问题，有助于实现精准式监管，在有效规制风险的同时不至于对行业发展形成掣肘，真正实现鼓励创新与防范风险的平衡。

8.2.4　加强消费权益保护

数字金融促进了金融服务的大众化，其交易活动具有快速、便捷和高效等特点，其交易行为和交易主体具有跨区域、跨市场和跨行业的特征。数字金融产品与服务日益丰富，在开发和设计中的专业性和复杂性不断增强，已经超出了一般金融消费者的认知与体验范围。数字金融在为金融消费者带来便利的同时，也有部分金融产品和金融服务行为不规范，风险提示及信息披露不及时，加之金融消费者在资金实力、专业知识及风险辨识方面处于弱势地位，导致非法集资、非法放贷等损害金融消费者合法权益的事件频繁发生，金融消费纠纷案件数量急增。数字金融产品与金融服务交易高度虚拟化，金融机构与金融消费者之间的信息不对称和不平等不断加剧，消费者权益保护问题日益突出。因此，需要加强金融消费者的权益保护，让更多的城乡居民享受现代金融服务带来的便利和好处。

（1）构建多元化的金融纠纷解决机制

面对复杂多样数字金融消费纠纷案件，需要加强部门间的协调与合作，健全完善多元化的矛盾纠纷预防和解决工作机制，建立一站式的纠纷解决平台，以有效预防和化解金融消费纠纷矛盾；总结现有正规和非正规的 ADR 机制（替代性解决争议的方法）的运行经验，探索实施区域性市场化的"一站式" ADR 平台试点，为建立全国性的金融消费纠纷解决平台提供经验；提高金融消费者保护立法的层级，为解决跨领域纠纷、在线金融纠纷提供法律依据，在举证责任方面给予消费者适当倾斜保护；加强数字技术与金融专业人才队伍建设，培养一批金融纠纷领域的权威专家，并利用人工智能技术提出类似金融纠纷解决的最佳方案。

（2）加强数据安全和隐私保护

在数字经济时代，数据已经成为关键的生产要素，是具有经济价值的重要资产。如何在共享数据、充分挖掘数据价值的同时避免数据的滥用和泄露是数字金融消费者权益保护的重要内容。要规范金融机构的数据采集与使用行为，加强数据安全和消费者隐私保护力度。在数据需求规划时，金融机构应该预先进行数据梳理，在此基础上根据数据价值、敏感性及隐私性进行数据分级，进而制定访问权限和采取差异化的隐私保护措施。在开放数据访问时，需要保证数据接口安全，防止不法者假冒合法用户获得数据访问权限。在数据传输过程中，要根据不同数据的保密要求采取适当的数据脱敏方案，或采取加密技术进行数据加密，或采取通道技术限制数据共享范围，以保障数据的安全传递。

（3）加强金融消费者教育

数字金融通过数字技术提供金融服务，对消费者金融素养提出了更高的要求。一方面，规模不断膨胀的金融 APP 市场鱼龙混杂，金融消费者需要具有较好的金融素养才能甄别出合法合规的金融产品服务。另一方面，数字金融快捷的操作流程容易激发冲动型消费，诱发金融消费风险，导致金融消费者过度负债，甚至陷入债务陷阱。此外，常有不法分子打着数字金融的旗号进行非法金融活动，加大了金融消费者遭受损失的可能。在数字金融快速发展的当下，加强对金融消费者的教育，提升金融消费者的数字金融素养，成为化解和防范金融风险的重要举措。要完善金融消费者教育的国家战略，从国家层面统筹各方面的资源，综合运用多种方式推动金融消费的宣传和教育工作。要将数字技术与金融知识教育纳入国民教育体系，切实提高国民金融素养；组织各方力量采取多种方式开展和普及数字金融知识的社会宣传活动；加强金融消费者教育方面的国际交流合作，充分借鉴国际上成功的金融消费者教育经验；充分利用数字经济时代在线教育的优点，探索金融知识教育的新方法和新渠道，提升数字金融知识宣传教育的质量和效益。

相关职能部门需要持续开展消费者金融素养调查活动，及时掌握消费者的金融知识水平、数字技能运用情况，以及消费者对数字金融知识的需求情况，分析消费者数字金融行为特点和金融消费行为存在的问题，从而优化宣传教育方案，开展具有针对性的金融知识和数字技能的宣传普及与教育活动，提升消费者金融教育的有效性。要针对不同教育背景、不同职业、不同地域的金融消费者在金融知识与数字技能缺陷、数字金融行为特征等方面存在的差异性进行逐一的分析与研判，设计差异化、有针对性的金融知识普及与教育方案，使消费者掌握符合其金融消费需求、金融消费行为特点、与其知识结构相适应的数字金融知识与技能。引导和传授金融消费者正确运用数字金融的技能，提升消费者认识和防范金融诈骗、非法集资等不法金融行为的能力。引导消费者根据自身收入与财富情况、金融知识与投资经验等开展风险自评，根据自身的风险承担能力和相关数字金融产品风险特征，选择适当的数字金融产品服务，充分获取数字金融服务带来的收益。

8.3　研究展望

虽然本书从数字金融的视角切入，着重研究了数字金融促进农民收入增长的作用机制和影响效应，但是还有很多相关问题值得进一步研究。

（1）可以从微观层面测度不同数字金融业务对农民收入增长的影响。由于各项数字金融业务的功能侧重点不同，各项业务对农村居民乃至整个社会经济的重要性也存在差异。因此，各项数字金融业务的农民增收效应在理论上应该有所差异。在微观层面研究中，本书集中讨论了数字支付对农户家庭的增收效应及作用机制，这主要是由于数字支付是居民使用其他数字金融服务的基础设施，且在样本期内农村家庭的数字金融行为主要以数字支付为主，其他类型的金融服务使用较少。随着农村家庭对其他数字金融业务使用的增多，可以讨论其他数字金融业务对农民收入增长的影响。

（2）传导变量、门槛变量的选择具有局限性，可以进一步拓展。本书主要选择经济增长、农户家庭创业作为数字金融影响农民收入增长的传导变量，并对产业结构、城市化、非农就业的作用进行了拓展性分析，但是数字金融影响农民收入增长的传导变量可能还有很多。本书选择数字金融发展和人力资本作为数字金融发展影响农民收入增长的门槛变量，但是创新能力、交通基础设施等也可能是数字金融影响农民收入增长的门槛变量。这些问题在后续研究中有待进一步的探讨和拓展。

（3）研究方法和视角有待完善，以更加全面地反映数字金融对农民收入增长的影响。本书采取了一些方法处理了模型内生性、样本自选择性、个体异质性等问题，但是具体的处理方式可能存在改进的空间。另外，也可以从县域层面考察数字金融发展对农民收入增长的影响。数字普惠金融指数主要测度了互联网金融机构推动的数字金融发展水平，对于传统金融机构数字化转型，目前缺乏系统完整的统计资料。这套指数也没能反映数字金融发展的质量，也缺少针对农村数字金融发展的系统性统计数据。在当前数字金融发展的统计数据并不健全的情况下，如何通过研究方法和视角的创新以更加全面地反映上述几个方面对农民收入增长的影响，还存在可以拓展的空间。这些问题在后续研究中需要进一步完善。

参考文献

[1] 贲圣林，张瑞东，等. 互联网金融理论与实务 [M]. 北京：清华大学出版社，2017.

[2] 蔡海亚，徐盈之. 贸易开放是否影响了中国产业结构升级？[J]. 数量经济技术经济研究，2017，34（10）：3-22.

[3] 蔡继明，程世勇，王成伟，等. 解决"三农"问题的根本途径是加快城市化进程 [J]. 经济纵横，2007（13）：2-5.

[4] 曹冰雪，李瑾. 信息化对农民增收的影响效应 [J]. 华南农业大学学报（社会科学版），2019，18（6）：55-69.

[5] 曹瓅，陈璇，罗剑朝. 农地经营权抵押贷款对农户收入影响的实证检验 [J]. 农林经济管理学报，2019，18（6）：785-794.

[6] 曹祎遐，黄艺璇，耿昊裔. 农村一二三产融合对农民增收的门槛效应研究：基于2005—2014年31个省份面板数据的实证分析 [J]. 华东师范大学学报（哲学社会科学版），2019，51（2）：172-182，189.

[7] 陈丹，姚明明. 数字普惠金融对农村居民收入影响的实证分析 [J]. 上海金融，2019（6）：74-77.

[8] 陈晓枫，叶李伟. 金融发展理论的变迁与创新 [J]. 福建师范大学学报（哲学社会科学版），2007（3）：52-57.

[9] 陈红蕾，覃伟芳. 中国经济的包容性增长：基于包容性全要素生产率视角的解释 [J]. 中国工业经济，2014（1）：18-30.

[10] 陈荣达，林博，何诚颖. 互联网金融特征、投资者情绪与互联网理财产品回报 [J]. 经济研究，2019（7）：78-93.

[11] 陈朔，冯素杰. 经济增长速度与农村劳动力转移 [J]. 南开经济研究，2005（5）：47-49，66.

[12] 陈锡文. 巩固农业基础地位 努力增加农民收入 [J]. 上海农村经济, 2001 (1): 6-10.

[13] 陈啸, 陈鑫. 普惠金融数字化对缩小城乡收入差距的空间溢出效应 [J]. 商业研究, 2018 (8): 167-176.

[14] 陈燕. 碳减排约束下经济增长包容性测度和趋势分析 [J]. 宏观经济研究, 2020 (9): 103-118.

[15] 陈长石, 刘晨晖. 中国式"金融发展悖论"与私营企业转型投资决策: 基于银行资本误配置视角的解析 [J]. 经济学动态, 2015 (2): 45-55.

[16] 程华. 互联网金融的双边市场竞争及其监管体系催生 [J]. 改革, 2014 (7): 66-74.

[17] 程名望, 史清华, Jin Yanhong. 农户收入水平、结构及其影响因素: 基于全国农村固定观察点微观数据的实证分析 [J]. 数量经济技术经济研究, 2014, 31 (5): 3-19.

[18] 程名望, 史清华, 许洁. 流动性转移与永久性迁移: 影响因素及比较: 基于上海市1446份农民工样本的实证分析 [J]. 外国经济与管理, 2014, 36 (7): 63-71.

[19] 程名望, 张家平. 互联网普及与城乡收入差距: 理论与实证 [J]. 中国农村经济, 2019 (2): 19-41.

[20] 邓平. 基于金融视角的农民增收长效机制探讨 [J]. 技术与创新管理, 2008, 29 (3): 241-244.

[21] 邓晓兰, 鄢伟波. 农村基础设施对农业全要素生产率的影响研究 [J]. 财贸研究, 2018, 29 (4): 36-45.

[22] 邓晓娜, 杨敬峰, 王伟. 普惠金融的创业效应: 理论机制与实证检验 [J]. 金融监管研究, 2019 (1): 53-68.

[23] 杜金岷, 韦施威, 吴文洋. 数字普惠金融促进了产业结构优化吗? [J]. 经济社会体制比较, 2020 (6): 38-49.

[24] 方志权. 建立与完善上海农民增收长效机制的思考 [J]. 社会科学, 2006 (11): 67-70.

[25] 费景汉, 拉尼斯. 劳动剩余经济的发展 (中译本) [M]. 华夏出版社, 1987.

[26] 封思贤, 徐卓. 数字金融、金融中介与资本配置效率 [J]. 改

革，2021（03）：1-16.

［27］冯永琦，蔡嘉慧. 数字普惠金融能促进创业水平吗？：基于省际数据和产业结构异质性的分析［J］. 当代经济科学，2021，43（1）：79-90.

［28］冯乾，唐航. 互联网众筹的双边市场困境及其发展路径［J］. 经济体制改革，2015（2）：132-136.

［29］付义荣. 中国新生代农民工的语言使用与社会认同［M］. 中国社会科学出版社，2016.

［30］傅鸿源，段力誌，祝亚辉. 完善农地流转中农民增收长效机制研究：以重庆（江津）现代农业园为例［J］. 经济纵横，2010（12）：61-64.

［31］傅秋子，黄益平. 数字金融对农村金融需求的异质性影响：来自中国家庭金融调查与北京大学数字普惠金融指数的证据［J］. 金融研究，2018（11）：68-84.

［32］干春晖，郑若谷，余典范. 中国产业结构变迁对经济增长和波动的影响［J］. 经济研究，2011，46（5）：4-16，31.

［33］高东光，高远. 农村金融供给侧改革怎么改［J］. 人民论坛，2017（31）：118-119.

［34］高梦滔，姚洋. 农户收入差距的微观基础：物质资本还是人力资本？［J］. 经济研究，2006（12）：71-80.

［35］高远东，温涛，王小华. 中国财政金融支农政策减贫效应的空间计量研究［J］. 经济科学，2013（1）：36-46.

［36］郜亮亮. 我国农民收入地区差距探源［J］. 财经问题研究，2014（4）：118-123.

［37］郭峰，王靖一，王芳，等. 测度中国数字普惠金融发展：指数编制与空间特征［J］. 经济学（季刊），2020，19（4）：1401-1418.

［38］郭峰，孔涛，王靖一，等. 中国数字普惠金融指标体系与指数编制［R］. 北京大学数字金融研究中心工作论文，2016.

［39］何宏庆. 数字金融助推乡村产业融合发展：优势、困境与进路［J］. 西北农林科技大学学报（社会科学版），2020，20（3）：118-125.

［40］何婧，李庆海. 数字金融使用与农户创业行为［J］. 中国农村经济，2019（1）：8.

［41］何婧，田雅群，刘甜，等. 互联网金融离农户有多远：欠发达地

区农户互联网金融排斥及影响因素分析 [J]. 财贸经济, 2017, 38 (11): 70-84.

[42] 何宗樾, 张勋, 万广华. 数字金融、数字鸿沟与多维贫困 [J]. 统计研究, 2020, 37 (10): 79-89.

[43] 胡鞍钢. 城市化是今后中国经济发展的主要推动力 [J]. 中国人口科学, 2003 (6): 5-12.

[44] 胡滨, 程雪军. 金融科技、数字普惠金融与国家金融竞争力 [J]. 武汉大学学报 (哲学社会科学版), 2020, 73 (3): 130-141.

[45] 胡金焱, 张博. 社会网络、民间融资与家庭创业: 基于中国城乡差异的实证分析 [J]. 金融研究, 2014 (10): 148-163.

[46] 华东, 陈力朋, 陈锦然. 农村信贷支持对农民收入增长的影响 [J]. 中国科技论坛, 2015 (4): 135-140.

[47] 黄浩. 数字金融生态系统的形成与挑战: 来自中国的经验 [J]. 经济学家, 2018 (4): 80-85.

[48] 黄红光, 白彩全, 易行. 金融排斥、农业科技投入与农业经济发展 [J]. 管理世界, 2018, 34 (9): 67-78.

[49] 黄金老. 互联网金融的使命是普惠金融和廉价金融 [A]. 中国人民大学国际货币研究所.《IMI 研究动态》2016 年合辑 [C].: 中国人民大学国际货币研究所, 2016 (4): 88-91.

[50] 黄老金. 互联网金融的特色、挑战与发展使命 [A]. 见: 黄卓. 金融科技的中国时代 [M]. 北京: 中国人民大学出版社, 2017, 55-71.

[51] 黄漫宇, 曾凡惠. 数字普惠金融对创业活跃度的空间溢出效应分析 [J]. 软科学, 2020 (4): 1-9.

[52] 黄民礼. 双边市场与市场形态的演进 [J]. 首都经济贸易大学学报, 2007 (3): 43-49.

[53] 黄奇帆. 结构性改革 [M]. 北京: 中信出版集团, 2020.

[54] 黄寿峰. 财政支农、金融支农促进了农民增收吗?: 基于空间面板分位数模型的研究 [J]. 财政研究, 2016 (8): 78-90.

[55] 黄益平, 黄卓. 中国的数字金融发展: 现在与未来 [J]. 经济学 (季刊), 2018, 17 (4): 1489-1502.

[56] 黄益平. 建立现代金融体系 [A]. 见: 姚洋, 杜大伟, 黄益平. 中国 2049 走向世界经济强国 [M]. 北京大学出版社, 2020, 101-114.

［57］黄益平. 数字金融缓解小微资金难题［J］. 中国金融，2020（7）：38-39.

［58］黄益平. 中国农村金融的新方向在哪里［J］. 中国乡村发现，2018（6）：29-36.

［59］黄益平，陶坤玉. 中国的数字金融革命：发展、影响与监管启示［J］. 国际经济评论，2019（6）：24-35，5.

［60］黄颖，吕德宏. 农业保险、要素配置与农民收入［J］. 华南农业大学学报（社会科学版），2021，20（2）：41-53.

［61］黄卓. 数字金融的力量：数实体经济赋能［M］. 中国人民大学出版社，2018.

［62］黄宗智，彭玉生. 三大历史性变迁的交汇与中国小规模农业的前景［J］. 中国社会科学，2007（4）：74-88，205-206.

［63］黄祖辉，钱峰燕. 技术进步对我国农民收入的影响及对策分析［J］. 中国农村经济，2003（12）：11-17.

［64］贾春新. 金融深化：理论与中国的经验［J］. 中国社会科学，2000（3）：50-59，204.

［65］贾俊生，刘玉婷. 数字金融、高管背景与企业创新：来自中小板和创业板上市公司的经验证据［J］. 财贸研究，2021，32（2）：65-76，110.

［66］贾利军，陈一琳，葛继元，等. 极端气候对西部生态脆弱区农民农业收入的影响［J］. 世界农业，2019（8）：96-103.

［67］江红莉，蒋鹏程. 数字金融能提升企业全要素生产率吗？：来自中国上市公司的经验证据［J］. 上海财经大学学报，2021（5）：1-16.

［68］江小涓，孟丽君. 内循环为主、外循环赋能与更高水平双循环：国际经验与中国实践［J］. 管理世界，2021，37（1）：1-19.

［69］江小涓. 网络空间服务业：效率、约束及发展前景：以体育和文化产业为例［J］. 经济研究，2018，53（4）：4-17.

［70］姜会明，孙雨，王健，等. 中国农民收入区域差异及影响因素分析［J］. 地理科学，2017，37（10）：1546-1551.

［71］姜松，曹峥林，王钊. 中国财政金融支农协同效率及其演化规律［J］. 软科学，2013，27（2）：6-11.

［72］姜雨，沈志渔. 技术选择与人力资本的动态适配及其政策含义

[J]. 经济管理, 2012, 34 (7): 1-11.

[73] 焦瑾璞, 王偲爱. 普惠金融的基本原理与中国实践 [M]. 北京: 中国金融出版社, 2015.

[74] 阚大学, 吕连菊. 中部地区农村教育水平及其不同层次对农民收入差距的影响 [J]. 中国农业资源与区划, 2020, 41 (8): 220-227.

[75] 雷荣, 郭苏文. 中国区域金融支农绩效水平的实证研究: 基于 DEA 模型的省际差异分析 [J]. 江西社会科学, 2016, 36 (2): 44-49.

[76] 黎文靖, 郑曼妮. 实质性创新还是策略性创新?: 宏观产业政策对微观企业创新的影响 [J]. 经济研究, 2016, 51 (4): 60-73.

[77] 李宝值, 杨良山, 黄河啸, 等. 新型职业农民培训的收入效应及其差异分析 [J]. 农业技术经济, 2019 (2): 135-144.

[78] 李谷成, 冯中朝, 范丽霞. 教育、健康与农民收入增长: 来自转型期湖北省农村的证据 [J]. 中国农村经济, 2006 (1): 66-74.

[79] 李谷成, 李烨阳, 周晓时. 农业机械化、劳动力转移与农民收入增长: 孰因孰果? [J]. 中国农村经济, 2018 (11): 112-127.

[80] 李谷成, 尹朝静, 吴清华. 农村基础设施建设与农业全要素生产率 [J]. 中南财经政法大学学报, 2015 (1): 141-147.

[81] 李桂荣. 提高土地边际生产力是农民持续增收的重要途径 [J]. 农村经济, 2005 (9): 74-76.

[82] 李建军, 李俊成. 普惠金融与创业: "授人以鱼" 还是 "授人以渔"? [J]. 金融研究, 2020 (1): 69-87.

[83] 李姣媛, 覃诚, 方向明. 农村一二三产业融合: 农户参与及其增收效应研究 [J]. 江西财经大学学报, 2020 (5): 103-116.

[84] 李敏, 姚顺波. 村级治理能力对农民收入的影响机制分析 [J]. 农业技术经济, 2020 (9): 20-31.

[85] 李琪, 唐跃桓, 任小静. 电子商务发展、空间溢出与农民收入增长 [J]. 农业技术经济, 2019 (4): 119-131.

[86] 李舒翔, 黄章树. 信息产业与先进制造业的关联性分析及实证研究 [J]. 中国管理科学, 2013, 21 (S2): 587-593.

[87] 李涛, 徐翔, 孙硕. 普惠金融与经济增长 [J]. 金融研究, 2016 (4): 1-16.

[88] 李婷, 李实. 中国收入分配改革: 难题、挑战与出路 [J]. 经济

社会体制比较，2013（5）：32-43.

［89］李晓曼，曾湘泉. 新人力资本理论：基于能力的人力资本理论研究动态 [J]. 经济学动态，2012（11）：120-126.

［90］李晓敏. 互联网普及对离婚率的影响 [J]. 中国人口科学，2014（3）：77-87，127.

［91］李艳. 基于双边市场理论的互联网金融平台差异化竞争策略研究 [D]. 东北财经大学，2015.

［92］李勇坚，王弢. 中国"三农"互联网金融发展报告（2017）[M]. 社会科学文献出版社，2017.

［93］李优树，张敏. 数字普惠金融发展对系统性金融风险的影响研究 [J]. 中国特色社会主义研究，2020（Z1）：26-34.

［94］李云新，戴紫芸，丁士军. 农村一二三产业融合的农户增收效应研究：基于对 345 个农户调查的 PSM 分析 [J]. 华中农业大学学报（社会科学版），2017（4）：37-44，146-147.

［95］李长生，黄季焜. 信贷约束和新生代农民工创业 [J]. 农业技术经济，2020（1）：4-16.

［96］梁双陆，刘培培. 数字普惠金融、教育约束与城乡收入收敛效应 [J]. 产经评论，2018，9（2）：128-138.

［97］梁双陆，刘培培. 数字普惠金融与城乡收入差距 [J]. 首都经济贸易大学学报，2019，21（1）：33-41.

［98］林春，康宽，孙英杰. 普惠金融与就业增加：直接影响与空间溢出效应 [J]. 贵州财经大学学报，2019（3）：23-36.

［99］林毅夫，蔡昉，李周. 对赶超战略的反思 [J]. 战略与管理 1994（6）：1-12.

［100］林毅夫，孙希芳，姜烨. 经济发展中的最优金融结构理论初探 [J]. 经济研究，2009，44（8）：4-17.

［101］林毅夫. 解决农村贫困问题需要有新的战略思路：评世界银行新的"惠及贫困人口的农村发展战略" [J]. 北京大学学报（哲学社会科学版），2002（5）：5-8.

［102］林毅夫. 深化农村体制改革，加速农村劳动力转移 [J]. 中国行政管理，2003（11）：20-22.

［103］林毅夫. 中国的城市发展与农村现代化 [J]. 北京大学学报

（哲学社会科学版），2002（4）：12-15.

[104] 林章悦，刘忠璐，李后建. 互联网金融的发展逻辑：基于金融与互联网功能耦合的视角 [J]. 西南民族大学学报（人文社科版），2015，36（7）：140-145.

[105] 刘邃. 西方金融深化理论及其主要理论派别 [J]. 经济学动态，1997（6）：64-67.

[106] 刘丹，方锐，汤颖梅. 数字普惠金融发展对农民非农收入的空间溢出效应 [J]. 金融经济学研究，2019，34（3）：57-66.

[107] 刘旦. 我国农村金融发展效率与农民收入增长 [J]. 山西财经大学学报，2007（1）：44-49.

[108] 刘刚，邹新月. 互联网金融乱象及风险监管 [M]. 北京：北京大学出版社，2019.

[109] 刘辉，吴子琦. 贫困地区农村基础设施的农民增收效率分析：以湖南省为例 [J]. 湖南农业大学学报（社会科学版），2021，22（1）：40-47.

[110] 刘进宝，刘洪. 农业技术进步与农民农业收入增长弱相关性分析 [J]. 中国农村经济，2004（9）：26-30，37.

[111] 刘俊杰，张龙耀，王梦珺，许玉韫. 农村土地产权制度改革对农民收入的影响：来自山东枣庄的初步证据 [J]. 农业经济问题，2015，36（6）：51-58，111.

[112] 刘俊文. 农民专业合作社对贫困农户收入及其稳定性的影响：以山东、贵州两省为例 [J]. 中国农村经济，2017（2）：44-55.

[113] 刘明辉，刘灿. 人力资本积累对农民增收的门槛效应研究 [J]. 软科学，2018，32（3）：25-28，37.

[114] 刘生龙，周绍杰. 基础设施的可获得性与中国农村居民收入增长：基于静态和动态非平衡面板的回归结果 [J]. 中国农村经济，2011（1）：27-36.

[115] 刘玉春，修长柏. 农村金融发展、农业科技进步与农民收入增长 [J]. 农业技术经济，2013（9）：92-100.

[116] 刘忠，李殷. "所有制歧视" VS "规模歧视"：谁对企业全要素生产率的危害更大：基于地区信贷腐败的视角 [J]. 当代经济科学，2018，40（3）：45-56，125-126.

[117] 鲁钊阳, 廖杉杉. P2P 网络借贷对农产品电商发展的影响研究 [J]. 财贸经济, 2016 (3): 95-108.

[118] 陆慧, 张瑛. "民工荒""涨薪潮"现象的原因与应对策略: 基于人力资源管理的视角 [J]. 理论探讨, 2016 (5): 105-108.

[119] 罗楚亮, 李实, 岳希明. 中国居民收入差距变动分析 (2013—2018) [J]. 中国社会科学, 2021 (1): 33-54, 204-205.

[120] 骆永民, 樊丽明. 中国农村基础设施增收效应的空间特征: 基于空间相关性和空间异质性的实证研究 [J]. 管理世界, 2012 (5): 71-87.

[121] 吕勇斌, 赵培培. 我国农村金融发展与反贫困绩效: 基于 2003—2010 年的经验证据 [J]. 农业经济问题, 2014, 35 (1): 54-60, 111.

[122] 马宝成. 建立促进农民增收的长效机制 [J]. 经济社会体制比较, 2005 (1): 115-119.

[123] 马德功, 韩喜昆, 赵新. 互联网消费金融对我国城镇居民消费行为的促进作用研究 [J]. 现代财经 (天津财经大学学报), 2017, 37 (9): 19-27.

[124] 马德功, 滕磊. 数字金融、创业活动与包容性增长 [J]. 财经论丛, 2020 (9): 54-63.

[125] 马威, 张人中. 数字金融的广度与深度对缩小城乡发展差距的影响效应研究: 基于居民教育的协同效应视角 [J]. 农业技术经济, 2021 (05): 1-15.

[126] 马轶群, 孔婷婷. 农业技术进步、劳动力转移与农民收入差距 [J]. 华南农业大学学报 (社会科学版), 2019, 18 (6): 35-44.

[127] 冒佩华, 徐骥. 农地制度、土地经营权流转与农民收入增长 [J]. 管理世界, 2015 (5): 63-74, 88.

[128] 穆娜娜, 孔祥智, 钟真. 农业社会化服务模式创新与农民增收的长效机制: 基于多个案例的实证分析 [J]. 江海学刊, 2016 (1): 65-71.

[129] 熊艳. 产业组织的双边市场理论: 一个文献综述 [J]. 中南财经政法大学学报, 2010 (4): 49-54, 144.

[130] 庞凤喜, 朱润喜, 唐明, 等. 论构建农民增收的税收长效机制

[J]. 中南财经政法大学学报, 2006 (4): 68-75, 143-144.

[131] 彭克强, 刘锡良. 农民增收、正规信贷可得性与非农创业 [J]. 管理世界, 2016 (7): 88-97.

[132] 钱海章, 陶云清, 曹松威, 等. 中国数字金融发展与经济增长的理论与实证 [J]. 数量经济技术经济研究, 2020, 37 (6): 26-46.

[133] 钱文荣, 郑黎义. 劳动力外出务工对农户家庭经营收入的影响: 基于江西省4个县农户调研的实证分析 [J]. 农业技术经济, 2011 (1): 48-56.

[134] 邱晗, 黄益平, 纪洋. 金融科技对传统银行行为的影响: 基于互联网理财的视角 [J]. 金融研究, 2018 (11): 17-29.

[135] 任碧云, 李柳颍. 数字普惠金融是否促进农村包容性增长: 基于京津冀2114位农村居民调查数据的研究 [J]. 现代财经 (天津财经大学学报), 2019, 39 (4): 3-14.

[136] 任碧云, 刘佳鑫. 数字普惠金融发展与区域创新水平提升: 基于内部供给与外部需求视角的分析 [J]. 西南民族大学学报 (人文社会科学版), 2021, 42 (2): 99-111.

[137] 任国强. 人力资本对农民非农就业与非农收入的影响研究: 基于天津的考察 [J]. 南开经济研究, 2004 (3): 3-10.

[138] 阮贵林, 孟卫东. 农业保险、农业贷款与农户人均纯收入: 基于中国省际面板数据的实证分析 [J]. 当代经济科学, 2016, 38 (5): 69-76, 98, 126.

[139] 帅勇. 金融深化的第三条道路: 金融约束 [J]. 经济评论, 2001 (5): 94-96.

[140] 舒银燕. 构建增加农民收入的长效机制 [J]. 开放导报, 2011 (2): 109-112.

[141] 宋冬林, 高星阳, 范欣. 农业供给侧结构性改革有利于包容性增长吗? [J]. 华东师范大学学报 (哲学社会科学版), 2020, 52 (1): 146-161, 199-200.

[142] 宋晓玲. 数字普惠金融缩小城乡收入差距的实证检验 [J]. 财经科学, 2017 (6): 14-25.

[143] 粟芳, 方蕾, 贺小刚, 等. 正规融资还是非正规融资? 农户创业的融资选择及其影响因素 [J]. 经济与管理研究, 2019, 40 (12): 59-76.

[144] 孙继国，韩开颜，胡金焱. 数字金融是否减缓了相对贫困?: 基于 CHFS 数据的实证研究 [J]. 财经论丛，2020 (12)：50-60.

[145] 汤丹. 我国农业结构调整对农民收入影响的区域差异 [J]. 经济问题探索，2016 (2)：180-184.

[146] 汤希，任志江. "民工荒" 与我国 "刘易斯拐点" 问题 [J]. 西北农林科技大学学报 (社会科学版)，2018，18 (2)：101-107.

[147] 唐松，赖晓冰，黄锐. 金融科技创新如何影响全要素生产率: 促进还是抑制?: 理论分析框架与区域实践 [J]. 中国软科学，2019 (7)：134-144.

[148] 唐松，伍旭川，祝佳. 数字金融与企业技术创新: 结构特征、机制识别与金融监管下的效应差异 [J]. 管理世界，2020，36 (5)：52-66，9.

[149] 唐文进，李爽，陶云清. 数字普惠金融发展与产业结构升级: 来自 283 个城市的经验证据 [J]. 广东财经大学学报，2019，34 (6)：35-49.

[150] 万建华. 金融业的科技化进程 [M] //黄卓. 金融科技的中国时代. 北京：中国人民大学出版社，2017：1-17.

[151] 汪亚楠，叶欣，许林. 数字金融能提振实体经济吗 [J]. 财经科学，2020 (3)：1-13.

[152] 王海军，赵嘉辉. 中国式互联网金融 [M]. 北京：电子工业出版社，2015.

[153] 王怀勇，邓若翰. 算法趋同风险: 理论证成与治理逻辑: 基于金融市场的分析 [J]. 现代经济探讨，2021 (1)：113-121.

[154] 王军，常红. 知识溢出、吸收能力与经济增长: 基于调节效应的检验 [J]. 经济与管理研究，2020，41 (9)：12-28.

[155] 王丽纳，李玉山. 农村一二三产业融合发展对农民收入的影响及其区域异质性分析 [J]. 改革，2019 (12)：104-114.

[156] 王小华. 农民收入超常规增长的要素配置与政策调控 [D]. 重庆：西南大学，2015.

[157] 王小华. 县域金融发展、财政支出与城乡居民收入差距的分层差异研究 [J]. 当代经济研究，2014 (9)：68-74.

[158] 王小华. 信用约束、信贷调节与农民收入增长 [J]. 财贸研究，

2015, 26（5）：41-50.

[159] 王孝松，翟光宇，谢申祥. 中国出口增长潜力预测：基于引力模型的若干情景分析 [J]. 财贸经济，2014（2）：75-84.

[160] 王馨. 互联网金融助解"长尾"小微企业融资难问题研究 [J]. 金融研究，2015（9）：128-139.

[161] 王修华，赵亚雄. 数字金融发展是否存在马太效应？：贫困户与非贫困户的经验比较 [J]. 金融研究，2020（7）：114-133.

[162] 王雪妮，孙才志，邹玮. 中国水贫困与经济贫困空间耦合关系研究 [J]. 中国软科学，2011（12）：180-192.

[163] 王玉泽，罗能生，刘文彬. 什么样的杠杆率有利于企业创新 [J]. 中国工业经济，2019（3）：138-155.

[164] 魏众. 健康对非农就业及其工资决定的影响 [J]. 经济研究，2004（2）：64-74.

[165] 温涛. 中国农村金融风险生成机制与控制模式研究 [D]. 西南农业大学，2005.

[166] 温涛，冉光和，熊德平. 中国金融发展与农民收入增长 [J]. 经济研究，2005（9）：30-43.

[167] 温涛，王煜宇. 政府主导的农业信贷、财政支农模式的经济效应：基于中国 1952~2002 年的经验验证 [J]. 中国农村经济，2005（10）：20-29.

[168] 温涛，王佐滕. 农村金融多元化促进农民增收吗？：基于农民创业的中介视角 [J]. 农村经济，2021（1）：94-103.

[169] 温涛，张梓榆，王定祥. 农村金融发展的人力资本门槛效应研究 [J]. 中国软科学，2018（3）：65-75.

[170] 温忠麟，叶宝娟. 中介效应分析：方法和模型发展 [J]. 心理科学进展，2014，22（5）：731-745.

[171] 邬德林，刘凤朝. 农业技术创新促进农民收入稳定增长的困境与对策 [J]. 经济纵横，2017（2）：115-119.

[172] 吴丰华，刘瑞明. 产业升级与自主创新能力构建：基于中国省际面板数据的实证研究 [J]. 中国工业经济，2013（5）：57-69.

[173] 吴建新，刘德学. 包容性增长研究述评 [J]. 产经评论，2012，3（4）：135-144.

[174] 吴敬琏. 农村剩余劳动力转移与"三农"问题 [J]. 宏观经济研究, 2002 (6): 6-9.

[175] 吴欣. 城市化对农民收入增长的影响机制研究 [J]. 农村经济, 2016 (2): 96-100.

[176] 吴寅恺. 脱贫攻坚和乡村振兴有效衔接中金融科技的作用及思考 [J]. 学术界, 2020 (12): 147-153.

[177] 夏妍. 中国数字普惠金融发展对缩小城乡收入差距的影响研究 [D]. 云南财经大学, 2018.

[178] 肖卫, 肖琳子. 二元经济中的农业技术进步、粮食增产与农民增收: 来自 2001~2010 年中国省级面板数据的经验证据 [J]. 中国农村经济, 2013 (6): 4-13, 47.

[179] 谢家智, 吴静茹. 数字金融、信贷约束与家庭消费 [J]. 中南大学学报 (社会科学版), 2020, 26 (2): 9-20.

[180] 谢平, 石午光. 金融产品货币化的理论探索 [J]. 国际金融研究, 2016, 346 (2): 3-10.

[181] 谢平, 徐忠. 公共财政、金融支农与农村金融改革: 基于贵州省及其样本县的调查分析 [J]. 经济研究, 2006 (4): 106-114.

[182] 谢平, 邹传伟, 刘海二. 互联网金融的基础理论 [J]. 金融研究, 2015 (8): 1-12.

[183] 谢平, 邹传伟, 刘海二. 互联网金融监管的必要性与核心原则 [J]. 国际金融研究, 2014 (8): 3-9.

[184] 谢平, 邹传伟. 互联网金融模式研究 [J]. 金融研究, 2012 (12): 11-22.

[185] 谢绚丽, 沈艳, 张皓星, 等. 数字金融能促进创业吗?: 来自中国的证据 [J]. 经济学 (季刊), 2018, 17 (4): 1557-1580.

[186] 星焱. 农村数字普惠金融的"红利"与"鸿沟" [J]. 经济学家, 2021 (2): 102-111.

[187] 星焱. 普惠金融的效用与实现: 综述及启示 [J]. 国际金融研究, 2015 (11): 24-36.

[188] 徐斌, 陈宇芳, 沈小波. 清洁能源发展、二氧化碳减排与区域经济增长 [J]. 经济研究, 2019, 54 (7): 188-202.

[189] 徐强, 陶侃. 基于广义 Bonferroni 曲线的中国包容性增长测度

及其影响因素分析［J］.数量经济技术经济研究，2017，34（12）：93-109.

［190］徐小军.长效机制：解决农民增收问题的一个系统视角［J］.江汉论坛，2005（11）：65-68.

［191］徐忠，等.金融科技：发展趋势与监管［M］.北京：中国金融出版社，2017.

［192］闫磊，刘震，朱文.农业产业化对农民收入的影响分析［J］.农村经济，2016（2）：72-76.

［193］亚当·斯密.国民财富的性质和原因的研究［M］.郭大力，王亚南，译.北京：商务印书馆，2011.

［194］杨兵兵.金融科技与数字金融风险管理［J］.银行家，2020（11）：37.

［195］杨凤林，陈金贤，杨晶玉.经济增长理论及其发展［J］.经济科学，1996（1）：71-75.

［196］杨柠泽，周静.互联网使用能否促进农民非农收入增加?：基于中国社会综合调查（CGSS）2015年数据的实证分析［J］.经济经纬，2019，36（5）：41-48.

［197］杨伟明，粟麟，王明伟.数字普惠金融与城乡居民收入：基于经济增长与创业行为的中介效应分析［J］.上海财经大学学报，2020，22（4）：83-94.

［198］杨义武，林万龙.农业技术进步的增收效应：基于中国省级面板数据的检验［J］.经济科学，2016（5）：45-57.

［199］杨子，马贤磊，诸培新，等.土地流转与农民收入变化研究［J］.中国人口·资源与环境，2017，27（5）：111-120.

［200］易纲.再论中国金融资产结构及政策含义［J］.经济研究，2020，55（3）：4-17.

［201］易行健，周利.数字普惠金融发展是否显著影响了居民消费：来自中国家庭的微观证据［J］.金融研究，2018（11）：47-67.

［202］尹成杰.农民持续增收动力：内部动力与外部动力相结合［J］.中国农村经济，2006（1）：4-10.

［203］尹志超，公雪，郭沛瑶.移动支付对创业的影响：来自中国家庭金融调查的微观证据［J］.中国工业经济，2019（3）：119-137.

［204］尹志超，宋全云，吴雨，等.金融知识、创业决策和创业动机

[J]. 管理世界, 2015 (1): 87-98.

[205] 尹志超, 张号栋. 金融可及性、互联网金融和家庭信贷约束: 基于 CHFS 数据的实证研究 [J]. 金融研究, 2018 (11): 188-206.

[206] 尹志超, 张逸兴, 于玖田. 第三方支付、创业与家庭收入 [J]. 金融论坛, 2019, 24 (4): 45-57.

[207] 余静文. 最优金融条件与经济发展: 国际经验与中国案例 [J]. 经济研究, 2013, 48 (12): 106-119.

[208] 余新平, 熊皛白, 熊德平. 中国农村金融发展与农民收入增长 [J]. 中国农村经济, 2010 (6): 77-86, 96.

[209] 宇超逸, 王雪标, 孙光林. 数字金融与中国经济增长质量: 内在机制与经验证据 [J]. 经济问题探索, 2020 (7): 1-14.

[210] 袁方, 叶兵, 史清华. 中国农民创业与农村多维减贫: 基于 "目标导向型" 多维贫困模型的探讨 [J]. 农业技术经济, 2019 (1): 69-85.

[211] 袁鲲, 曾德涛. 区际差异、数字金融发展与企业融资约束: 基于文本分析法的实证检验 [J]. 山西财经大学学报, 2020, 42 (12): 40-52.

[212] 战明华, 张成瑞, 沈娟. 互联网金融发展与货币政策的银行信贷渠道传导 [J]. 经济研究, 2018, 53 (4): 63-76.

[213] 张车伟, 王德文. 农民收入问题性质的根本转变: 分地区对农民收入结构和增长变化的考察 [J]. 中国农村观察, 2004 (1): 2-13, 80.

[214] 张成思, 刘贯春. 最优金融结构的存在性、动态特征及经济增长效应 [J]. 管理世界, 2016 (1): 66-77.

[215] 张川川, John Giles, 赵耀辉. 新型农村社会养老保险政策效果评估: 收入、贫困、消费、主观福利和劳动供给 [J]. 经济学 (季刊), 2015, 14 (1): 203-230.

[216] 张国林, 何丽. 土地确权与农民财产性收入增长 [J]. 改革, 2021 (3): 121-133.

[217] 张贺, 白钦先. 数字普惠金融减小了城乡收入差距吗?: 基于中国省级数据的面板门槛回归分析 [J]. 经济问题探索, 2018, 39 (10): 122-129.

[218] 张红丽, 李洁艳. 农业技术进步、农村劳动力转移与城乡收入

差距：基于农业劳动生产率的分组研究 [J]．华东经济管理，2020，34（1）：67-75．

[219] 张皓星，黄益平．情绪、违约率与反向挤兑：来自某互金企业的证据 [J]．经济学（季刊），2018，17（4）：1503-1524．

[220] 张红宇．新常态下的农民收入问题 [J]．农业经济问题，2015，36（5）：4-11．

[221] 张杰飞．农村劳动力转移的农户增收效应：基于区域异质性的视角 [J]．社会科学家，2020（4）：34-42．

[222] 张军扩，侯永志，刘培林，等．高质量发展的目标要求和战略路径 [J]．管理世界，2019，35（7）：1-7．

[223] 张宽，邓鑫，沈倩岭，等．农业技术进步、农村劳动力转移与农民收入：基于农业劳动生产率的分组 PVAR 模型分析 [J]．农业技术经济，2017（6）：28-41．

[224] 张立冬．中国农村贫困代际传递实证研究 [J]．中国人口·资源与环境，2013，23（6）：45-50

[225] 张林，温涛，刘渊博．农村产业融合发展与农民收入增长：理论机理与实证判定 [J]．西南大学学报（社会科学版），2020，46（5）：42-56，191-192．

[226] 张林，温涛．数字普惠金融发展如何影响居民创业 [J]．中南财经政法大学学报，2020（4）：85-95，107．

[227] 张梅，王晓，颜华．农民合作社扶贫的路径选择及对贫困户收入的影响研究 [J]．农林经济管理学报，2019，18（4）：530-538．

[228] 张旭光，赵元凤．畜牧业保险能够稳定农牧民的收入吗？：基于内蒙古包头市奶牛养殖户的问卷调查 [J]．干旱区资源与环境，2016，30（10）：40-46．

[229] 张勋，万广华，张佳佳，等．数字经济，普惠金融与包容性增长 [J]．经济研究，2019（8）：6．

[230] 张勋，谭莹．数字经济背景下大国的经济增长机制研究 [J]．湖南师范大学社会科学学报，2019，48（6）：27-36．

[231] 张勋，万广华．中国的农村基础设施促进了包容性增长吗？ [J]．经济研究，2016，51（10）：82-96．

[232] 张子豪，谭燕芝．数字普惠金融与中国城乡收入差距：基于空

间计量模型的实证分析 [J]. 金融理论与实践, 2018 (6)：1-7.

[233] 赵海军等. 互联网金融实务与创业实践 [M]. 北京：经济科学出版社, 2018.

[234] 郑雅心. 数字普惠金融是否可以提高区域创新产出？：基于我国省际面板数据的实证研究 [J]. 经济问题, 2020 (10)：53-61.

[235] 周广肃, 李力行. 养老保险是否促进了农村创业 [J]. 世界经济, 2016, 39 (11)：172-192.

[236] 周广肃, 谭华清, 李力行. 外出务工经历有益于返乡农民工创业吗？[J]. 经济学 (季刊), 2017, 16 (2)：793-814.

[237] 周利, 冯大威, 易行健. 数字普惠金融与城乡收入差距："数字红利"还是"数字鸿沟"[J]. 经济学家, 2020 (5)：99-108.

[238] 周稳海, 赵桂玲, 尹成远. 农业保险发展对农民收入影响的动态研究：基于面板系统 GMM 模型的实证检验 [J]. 保险研究, 2014 (5)：21-30.

[239] 朱平国. 政策对农民增收的影响分析 [J]. 农业经济问题, 2005 (2)：18-22, 79.

[240] 朱晓燕. 在新的历史阶段提高农民收入若干问题研究 [J]. 中州学刊, 2017 (9)：60-63.

[241] 朱振中, 吕廷杰. 双边市场经济学研究的进展 [J]. 经济问题探索, 2005 (7)：125-129.

[242] 邹新月, 王旺. 数字普惠金融对居民消费的影响研究：基于空间计量模型的实证分析 [J]. 金融经济学研究, 2020, 35 (4)：133-145.

[243] 张龙耀, 邢朝辉. 中国农村数字普惠金融发展的分布动态、地区差异与收敛性研究 [J]. 数量经济技术经济研究, 2021, 38 (3)：23-42.

[244] ABDELRAHMAN A H, CATHY S. Cooperatives and Agricultural Development：A Case Study of Groundnut Farmers in Western Sudan [J]. Community Development Journal, 1996. (7)：13-19.

[245] ABRAHAMSEN M A, COCHRANE W W. Farm Prices：Myth and Reality [J]. Southern Economic Journal, 1958, 25 (2)：241.

[246] ADAMS D W, VOGEL R C. Rural financial markets in low-income countries：Recent controversies and lessons [J]. World Development, 1986, 14

(4): 477-487.

[247] ADENEGAN K O, FAGBEMI F, OSANYINLUSI O I, et al. Impact of the Growth Enhancement Support Scheme (Gess) ' on Farmers' Income in Oyo State, Nigeria [J]. Journal of Developing Areas, 2017, 52 (1): 15-28.

[248] AKBARI M, ALAMDARLO H N, MOSAVI S H. The effects of climate change and groundwater salinity on farmers' income risk [J]. Ecological Indicators, 2020, 110, 105893.

[249] AKU A, MSHENGA P, AFARI-SEFA V, et al. Effect of market access provided by farmer organizations on smallholder vegetable farmer's income in Tanzania [J]. Food & Agriculture, 2018, 4 (1): 1560596.

[250] ALALADE O A, OLADUNNI O A, ADISA R S, et al. Effect of Value Addition on Farm Income of Sweet Potato Farmers in Kwara State, Nigeria [J]. The Journal of Agricultural Extension, 2019, 23 (4): 92-98.

[251] ALENE A D, COULIBALY D. The impact of agricultural research on productivity and poverty in Sub-Saharan Africa [J]. Food Policy, 2009, 34 (2): 198-209.

[252] ARMSTRONG M. Competition in Two-Sided Markets [J]. The RAND Journal of Economics, 2006, 37 (3): 668-691.

[253] ALI I, SON H H. Measuring Inclusive Growth [J]. Ssrn Electronic Journal, 2007, 10 (24): 11-31.

[254] ALI I, ZHUANG J. Inclusive growth toward a prosperous Asia: Policy implications [R]. ERD Working Paper, 2007, No. 97.

[255] ALLEN F, SANTOMERO A M. The Theory of Financial Intermediation [J]. Center for Financial Institutions Working Papers, 1996.

[256] ALLEN F, QIAN J, QIAN M. Law, finance, and economic growth in China [J]. Journal of Financial Economics, 2005, 77 (1): 57-116.

[257] ANG J B. Finance and inequality: the case of India [J]. Southern economic Journal, 2010, 76 (3): 738-761.

[258] ANSELIN L. Lagrange multiplier test diagnostics for spatial dependence and spatial heterogeneity [J]. Geographical Analysis, 1988, 20: 1-17.

[259] ANSELIN L, BERA A K. "Spatial Dependence in Linear Regression Models with an Introduction to Spatial Econometrics," In: A. Ullah

and D. E. A. Giles, Eds., Handbook of Applied Economic Statistics [M] Marcel Dekker, New York, 1998.

[260] ASONGU S, NWACHUKWU J C. Comparative human development thresholds for absolute and relative pro-poor mobile banking in developing countries [J]. Information Technology & People, 2018, 31 (1): 63-83.

[261] AZAM J P, GUBERT F. Those in Kayes: The Impact of Remittances on their Recipients in Africa [R]. IDEI Working Papers, 2004.

[262] BABCOCK L H. Mobile payments: How digital finance is transforming agriculture [R]. Working Papers, 2015.

[263] BANERJEE A V, NEWMAN A F. Occupational Choice and the Process of Development [J]. Journal of Political Economy, 1993, 101 (2): 274-298.

[264] BARLA C S. Agricultural Taxation and Economic Development in India: A Study of the Potential of an Agricultural Income Tax in Financing the Plans [D]. Graduate Research Master's Degree Plan B Papers, 1970.

[265] BARNUM H N, SABOT R H. Education, employment probabilities and rural - urban migration in Tanzania [M]. Publication Unit, World Bank, 1977.

[266] BARRO R J. Determinants of economic growth: A cross-country empirical study [R]. National Bureau of Economic Research, 1996.

[267] BAUM C F, SCHATER D, TALAVERA O. The Impact of the Financial System'Structure on Firm's Financial constraints [J]. Journal of International Money and Finance, 2011, 30 (4): 678-691.

[268] BAUMOL W J. Entrepreneurship: Productive, unproductive, and destructive [J]. Journal of Political Economy, 1990, 98 (5): 893-921.

[269] BECK T, PAMUK H, RAMRATTAN R, et al. Payment instruments, finance and development [J]. Journal of Development Economics, 2018, 133: 162-186.

[270] BECK T, ASLI DEMIRGü? -KUNT, LEVINE R. Finance, inequality and the poor [J]. Journal of Economic Growth, 2007, 12 (1): 27-49.

[271] BECK T, ASLI DEMIRGü? -KUNT, LEVINE R. Financial Institutions and Markets across Countries and Overtime: The Updated Financial Devel-

opment and Structure Database [J]. Word Bank Economics Review, 2010, 24 (1): 77-92.

[272] BERG M, HENGSDIJK H, WOLF J, et al. The impact of increasing farm size and mechanization on rural income and rice production in Zhejiang province, China [J]. Agricultural Systems, 2007, 94 (3): 841-850.

[273] BERKOVICH E. Search and Herding Effects in Peer - to - peer leading Evidence from Prosper. com [J]. Annals of Finance, 2011, 7 (3): 389-405.

[274] BIHARI, B SINGH, M BISHNOI, et al. Issues, challenges and strategies for doubling the farmers' income in India - A review [J] Indian Journal of Agricultural Sciences, 2019, 8 (89): 1219-1224.

[275] BINSWANGER H P, KHANDKER S R. The impact of formal finance on the rural economy of India [J]. The Journal of Development Studies, 1995, 32 (2): 234-262.

[276] BOYD J H, E C PRESCOTT. Financial intermediary - coalitions [J]. Journal of Economic Theory, 1986, 38 (2): 211-232.

[277] BREALEY R, LELAND H E, PYLE D H. Informational asymmetries, financial structure, and financial intermediation [J]. Journal of Finance, 1977 (32): 371-387.

[278] BRENNAN M J. The Optimal Number of Securities in a Risky Asset Portfolio When There Are Fixed Costs of Transacting: Theory and Some Empirical Results [J]. Journal of Financial and Quantitative Analysis, 1975, 10: 483-496.

[279] BRUCE E, HANSEN. Threshold effects in non - dynamic panels: Estimation, testing and inference [J] 1999, 93 (2): 345-368

[280] CAILLAUD B, JULLIEN B. Chicken and Egg Competition among Intermediation Service Providers, [J]. RAND Journal of Economics, 34 (2): 309-328.

[281] CAMBACORTA L, Y HUANG, H QIU, et al. How do machine learning and big data affect credit scoring? Evidence from a Chinese fintech firm [R]. BIS. mimeo, 2019.

[282] CAMPBEL T S, KRACAW W A. Information Production, Market

Signalling, and the Theory of Financial Intermediation [J]. The Journal of Finance, 1980, 35 (4): 863–882.

[283] CHAKRABARTY K C. Banking – key driver for inclusive growth [R]. RBI Monthly Bulletin, 2009, 9: 1479–1486.

[284] CHAMPERNOWNE D. The production function and the theory of capital: A comment [J] Review of Economic Studies, 1953, 21 (2): 112–135.

[285] CLAESSENS S, PEROTTI E. Finance and inequality: Channels and evidence [J]. Journal of Comparative Economics, 2007, 35 (4): 748–73.

[286] CLAESSENS S, FEYEN E. Finance and Hunger: Empirical Evidence of the Agricultural Productivity Channel [R]. PolicyResearch Working Paper, 2016: 1–48 (48).

[287] CLAESSENS S, FEYEN E. Financial Sector Development and the Millennium Development Goals [M]. The World Bank, 2007.

[288] CLAESSENS S. Access to financial services: a review of the issues and public policy objectives [J]. The World Bank Research Observer, 2006, 21 (2): 207–240.

[289] CORRADO G, CORRADO L. Inclusive finance for inclusive growth and development [J]. Current Opinion in Environmental Sustainability, 2017, 24: 19–23.

[290] DANIEL HOECHLE. Robust standard errors for panel regressions with cross–sectional dependence [J] Stata Journal, 2007, 7 (3): 281–312.

[291] DARRAT A F. Are Financial Deepening and Economic Growth Causally Related? Another look at the evidence [J]. International Economic Journal, 1999, 13 (3): 19–35.

[292] DAVID S. Evans, Boyan Jovanovic. An Estimated Model of Entrepreneurial Choice under Liquidity Constraints [J]. Journal of Political Economy, 1989, 97: 808–827.

[293] DE MEL S, MCKENZIE D J, WOODRUFF C M. Returns to Capital in Microenterprises: Evidence from a Field Experiment [J]. Quarterly Journal of Economics, 2009, 124 (1): 423–423.

[294] DEGRYSE H, et al. Informal or formal financing? Or borth? First evidence on the co – funding of Chinese firms [R]. CEPR Discussion

Paper, 2013.

［295］DEININGER K, ALI D A, ALEMU T. Assessing the functioning of land rental markets in Ethiopia ［M］. The World Bank, 2008.

［296］DEININGER K, JIN S. The potential of land rental markets in the process of economic development: Evidence from China ［J］. Journal of Development Economics, 2005, 78 （1）: 241-270.

［297］DEMERTZIS M, MERLER S, WOLFF G B. Capital Markets Union and the fintech opportunity ［J］. Policy Contributions, 2017 （1）: 157-165.

［298］DEMIRGüç-KUNT A, LEVINE R. Finance and Inequality: Theory and Evidence ［J］. Annual Review of Financial Economics, 2009 （1）: 287-318.

［299］DEMIRGüç - KUNT A, LEVINE R. Financial Structure and Economic Growth: A Cross-country Comparison of Banks, Markets and Development ［M］. MIT Press, 2001.

［300］DEMIRGüç-KUNT A, BECK T H L, HONOHAN P. Finance for All? Policies and Pitfalls in Expanding Access ［M］. The World Bank, 2007.

［301］DENISON E F. Accounting for United States economic growth, 1929-1969 ［M］. Brookings Institution, 1974.

［302］DIAMOND D. Financial Intermediation and Delegated Monitoring ［J］. Review of Economic studies, 1984 （51）: 393-414.

［303］DILLON A, SHARMA M, ZHANG X. Estimating the impact of rural investments in Nepal ［J］. Food Policy, 2011, 36 （2）: 250-258.

［304］DRISCOLL JOHN C, AART C, KRAAY. Consistent Covariance Matrix Estimation with Spatially Dependent Panel Data ［J］. Review of Economics and Statistics, 1998 （80）: 549-560.

［305］EDWARD P, LAZEAR. Entrepreneurship ［J］. Journal of Labor Economics, 2005, 23: 649-680.

［306］Elhorst J P. Matlab software for Spatial Panels ［J］. International Regional Science Review, 2014, 37 （3）: 389-405.

［307］Elhorst J P. Spatial Panel data models, in Fischer, M. and A. Getis （Eds）［M］. Handbook of Applied Spatial Analysis. Berlin, Heideberg and New York: Springer, 2010, 377-407.

[308] EVANS D S, JOVANOVIC B. As Estimated Model of Entrepreneurial Choice under Liquidity Constraints [J]. Journal of Political Economy, 1989, 97, 808-827.

[309] FAMA F E. Agency Problems and the Theory of the Firm [J]. Journal of Political Economy, 1980, 88 (2): 288-307.

[310] FINGLETON B, LE GALLO J, PIROTTE A. A multidimensional spatial lag panel data model with spatial moving average nested random effects errors [J]. Empirical Economics, 2008, 55: 113-146.

[311] FOSTE R, M ROSENZWEIG. Technical Change and Human Capital Returns and Investments: Evidence from the Green Revolution [J]. American Economic Rewiew, 1996, 86 (4): 931-53.

[312] GALOR O, MOAV O. das Human-Kapital: A Theory of the Demise of the Class Structure [J]. Review of Economic Studies, 2006 73 (1): 85-117.

[313] GALOR O, ZEIRA J. Income Distribution and Macroeconomics [J] The Review of Economic Studies, 1993, 60 (1): 35-52.

[314] GLAESER E L, MARE D C. Cities and skills [J]. Journal of Labor economics, 2001, 19 (2): 316-342.

[315] GOLDSMITH R W. Financial Structure and Development [M]. Yale University Press, 1969.

[316] GREENWOOD J, JOVANOVIC B. Financial Development, Growth, and the Distribution of Income [J]. Journal of Political Economy, 1990, 98 (5): 1076-1107.

[317] GURLEY J G, SHAW E S. Financial Intermediaries and the Saving-Investment Process [J]. Journal of Finance, 1956, 11 (2): 257-276.

[318] HARRIS J R, TODARO M P. A two-sector model of migration with urban unemployment in developing economies [R]. Working paper of Massachusetts Institute of Technology (MIT), Department of economics, 1968.

[319] HAYAMI Y, HERDT R W. Market Price Effects of Technological Change on Income Distribution in Semisubsistence Agriculture [J]. American Journal of Agricultural Economics, 1977, 59 (2): 245-256.

[320] HAYAMI Y, RUTTAN V W. Agricultural development: an interna-

tional perspective ［M］. Baltimore, Md/London: The Johns Hopkins Press, 1971.

［321］ HEDLEY REES, ANUP SHAH. An Empirical Analysis of Self-Employment in the U. K ［J］. Journal of Applied Econometrics, 1986, 1 (1): 95-108.

［322］ HERTEL T, ZHAI F, WANG Z. Implications of WTO Accession for Poverty in China ［M］. China and the TWO: accession, policy and poverty reduction strategies, 2004, 283-303.

［323］ HIGGINS K, PROWSE S. Trade, Growth and Poverty: Making Aid for Trade Work for Inclusive Growth and Poverty Reduction ［R］. London Overseas Development Institute, 2010.

［324］ HONOHAN P. Financial development, growth, and poverty: how close are the links? ［M］. Financial Development and Economic Growth. Palgrave Macmillan UK, 2004.

［325］ HUA H, HUANG, et al. Fin-Tech in China: Credit Market Completion and Its Growth Effect ［R］. Working Paper, 2017.

［326］ HUANG J. Thinking on Farmers' Income Increase ［J］. Economic Theory and Business Management, 2000.

［327］ HUANG Y, LIN C, et al. Fin-Tech Credit and Services Quality ［R］. Working Paper, 2017.

［328］ HUFFMAN W E. Farm and Off-Farm Work Decisions: The Role of Human Capital ［J］. Review of Economics & Statistics, 1980, 62 (1): 14-23.

［329］ JEANNENEY S G, KPODAR K. Financial development and poverty reduction: can there be a benefit without a cost? ［J］. The Journal of Development Studies, 2011, 47 (1): 143-163.

［330］ JL ARCAND, E BERKES, U PANIZZA. Too much finance? ［J］. Journal of Economic Growth, 2015, 20 (2): 105-148.

［331］ JOHNSON P R, HIRSHLEIFER J. Investment, interest, and capital ［J］. Economic Journal, 1970, 53 (1): 6371-6378.

［332］ JOVANOVIC B. Job matching and the theory of turnover ［J］. The Journal of Political Economy, 1979, 87 (5): 972.

［333］ KATZ M L, SHAPIRO C. Network Externalities, Competition, and

Compatibility [J]. American Economic Review, 1985, 75 (3): 424-440.

[334] KALECKI M. Selected essays on the economic growth of the socialist and the mixed economy [M]. Cambridge University Press, 1972.

[335] KARAIVANOV A. Financial constraints and occupational choice in Thai villages [J]. Journal of Development Economics, 2012, 97 (2): 201-220.

[336] KAUR, K KAUR, R LEVELS. Pattern and Distribution of Income among Marginal and Small Farmers in Rural Areas of Haryana [J]. Indian Journal of Economics and Development, 2017, 2A (13): 88-92.

[337] KEHINDLE A A. Agricultural Financing in Nigeria an Assessment of the Agricultural Credit Guarantee Scheme Fund for Food Security in Nigeria (1978-2006) [J]. Economics, 2012, 3 (1): 39-48.

[338] KEMPSON, ELAINE, CLAIRE WHYLEY, et al. In or out? Financial exclusion: a literature and research review [R]. Financial Services Authority, 2000.

[339] KEMPSON E. Outside the banking system [R]. Rep. No. 6 Social Security Advisory Committee Research Paper. London: HMSO, 1994.

[340] KEMPSON E, WHYLEY C. Access to current accounts [R]. London: British Bankers Association, 1998.

[341] KHAN M, AHMED T. Terrorism, military operations and farmer's income in Waziristan (Pakistan) [J]. Journal of Policy Modeling, 2019, 41 (4): 623-635.

[342] KING R G, LEVINE R. Finance and Growth: Schumpeter Might Be Right [J]. The Quarterly Journal of Economics, 1993, 108 (3): 717-737.

[343] KLASEN S. Measuring and Monitoring Inclusive Growth: Multiple Definitions, Open Questions, and Some Constructive Proposals [R]. Asian Development Bank Sustainable Development Working Paper, 2010, No. 12.

[344] KOENKER R, BASSETT G. Regression quantiles [J]. Econometrica, 1978, 46 (1): 33-50.

[345] KOENKER R. Quantile Regression for Longitudinal Data [J]. Journal of Multivariate Analysis, 2004 (1): 74-89.

[346] KOESTE R, ULRIC H. Grundzüge der landwirtschaftlichen Marktlehre, Münich: Vahlen, Germany, 1992. [U. Koester, Broad Outline of the Ag-

ricultural Market Theory, München: Vahlen, Germany, 1992.]

[347] KUNG K S. Off-Farm Labor Markets and the Emergence of Land Rental Markets in Rural China [J]. Journal of Comparative Economics, 2002, 30 (2): 0-414.

[348] KYDLAND F E, PRESCOTT E C. Time to Build and Aggregate Fluctuations [J]. Econometrica, 1982, 50 (6): 1345-1370.

[349] LA PORTA R, LOPEZ-DESILANES F, SHLEIFER A, et al. Legal determinants of external fiance [J]. Journal of Finance, 1997 (52): 1131-1150.

[350] LA PORTA R, LOPEZ-DESILANES F, SHLEIFER A, et al. Law and finance [J]. Journal of Political Economy, 1998 (106): 1113-1155.

[351] LA PORTA R, LOPEZ-DE-SILANES F, SHLEIFER A, et al. Investor protection and corporate governance [J]. Journal of Financial Economics, 2000a (58): 3-27.

[352] LEE L F, J YU. Estimation of spatial autoregressive panel data models with fixed effects [J]. Journal of Econometrics, 2010, 154, 165-185.

[353] LEVINE R. Stock Markets, Growth and Tax Policy [J]. Journal of Finance, 1991 (46): 1445-1465.

[354] LEVINE R. Bank-Based or Market-Based Financial Systems: Which Is Better? [J]. Journal of Financial Intermediation, 2002, 11 (4): 398-428.

[355] LEVINE R. Financial Development and Economic Growth: Views and Agenda [J]. Journal of Economic Literature, 1997 (35): 688-726.

[356] LEWIS W A. Economic Development with Unlimited Supplies of Labor [J]. The Manchester school, 1954, 22 (2): 139-191.

[357] LEYSHON A, THRIFT N. Financial exclusion and the shifting boundaries of the financial system [J]. Environment and Planning A, 1996, 28 (7): 1150-1156.

[358] LI H, ZAHNISER S. The determinants of temporary rural-to-urban migration in China [J]. Urban Studies, 2002, 39 (12): 2219-2235.

[359] LIN J Y. New structural economics: a framework for rethinking development [J]. Policy Research Working Paper Series, 2011, 51 (3): 323-326.

[360] LIND D A, MARCHAL W G, WATHEN S A. Statistical techniques in business & economics [M]. New York, NY: McGraw-Hill/Irwin, 2012.

[361] LIPTON M. Migration from rural areas of poor countries: The impact on rural productivity and income distribution [J]. World Development, 1980, 8 (1): 1-24.

[362] LJUNGQVIST L, SARGENT T J. Recursive Macroeconomic Theory [M]. MIT Press, 2004.

[363] LUCAS R. On the mechanics of economic development [J]. Journal of Monetary Economics, 1988, 22 (1): 3-42.

[364] LYNCH M, HAIDAR L. UK report. In J. Evers and U. Reifner (Eds). The social responsibility of credit institutions in the EU [R]. Baden Baden: Nomos verlagsgesellschaft, 1998.

[365] MAHMUDUL, et al. The role of farmers' education on income in Bangladesh [R]. Tottori University, 2003.

[366] MAKSIMOVIC, VOJISLAV, AYYAGARI, et al. Firm Innovation in Emerging Markets: The Roles of Governance and Finance [J]. Social Science Electronic Publishing, 2007, 46 (6): 1-56.

[367] MATIN I, HULME D, RUTHERFORD S. Finance for the poor: from microcredit to microfinancial services [J]. Journal of International Development, 2005, 14 (2): 273-294.

[368] MCKINLEY T. Inclusive Growth Criteria and Indicators: An Inclusive Growth Index for Diagnosis of Country Progress [R]. 2010. Asian Development Bank Sustainable Development Working Paper Series, 2010, No. 14.

[369] MCKINNON R I. Money and capital in economic development [M]. Brookings Insitution, 1973.

[370] MERTON R C, BODIE Z. Financial Structure and Public Policy: A Functional Perspective [R]. Harvard Business School Working Paper, 1995.

[371] MINCER J A. Schooling, Experience, and Earnings [J]. Nber Books, 1974, 5-23.

[372] MOAV G O. Ability-Biased Technological Transition, Wage Inequality, and Economic Growth. The Quarterly Journal of Economics, 2002, 115 (2): 469-497.

[373] MOLLICA M, L ZINGALES. The impact of venture capital on innovation and the creation of new businesses [R]. University of Chicago, Working Paper, 2008.

[374] MONKE J. Agricultural Credit: Institutions and Issues (CRS Report for Congress), 2010, www. cnie. org.

[375] MOSLEY P, D HULME. Microenterprise finance: Is there a conflict between growth and poverty alleviation? [J]. World Development Oxford, 1998, 26 (5): 783-790.

[376] NELSON R R. A Theory of the Low-Level Equilibrium Trap in Underdeveloped Economies [J] American Economic Review, 1956, 45 (5), 910-918.

[377] NELSON R R, PHELPS E S. Investment in Humans, Technological Diffusion, and Economic Growth [J]. American Economic Review, 1965, 56 (1-2): 69-75.

[378] NURKSE R. Problems of Capital Formation in Underdeveloped countries [M]. Oxford University Press, 1953.

[379] NYKVIST. Entrepreneurship and Liquidity Constraints: Evidence from Sweden [J]. Scandinavian Journal of Economics, 2008, 110 (1): 23-43.

[380] OLOUNLADE O A, LI G C, KOKOYE S, et al. Impact of Participation in Contract Farming on Smallholder Farmers' Income and Food Security in Rural Benin: PSM and LATE Parameter Combined [J]. Sustainability, 2020, 12: 1-19.

[381] PHELPS E S, NORTON. "Introduction." In Edmund S. Phelps Microeconomic Foundations of Employment and Inflation Theory [M]. New York: W. W. Norton, 1970.

[382] POULTON C, DORWARD A, KYDD J. The revival of smallholder cash crops in Africa: public and private roles in the provision of finance [J]. Journal of International Development: The Journal of the Development Studies Association, 1998, 10 (1): 85-103.

[383] POWELL D. Quantile Regression with Nonadoptive Fixed Effects [R]. RAND Labor and Population Working Paper, 2015.

[384] PSACHAROPOULOS G, PATRINOS H A. Returns to investment in education: a further update [R]. Policy Research Working Paper Series, 2002.

[385] RAJEEV H, DEHEJIA, GATTI R. Child Labor: The Role of Financial Development and Income Variability across Countries [J]. Economic Development & Cultural Change, 2005, 53 (4): 913-931

[386] RAO, RM MOHANA, P JAGANNADHA ACHARLU. Small Farmer and Long-Term Finance [J]. Economic and Political Weekly, 1972: A83-A86.

[387] RAUNIYAR G P, KANBUR R. Inclusive Development: Two Papers on Conceptualization, Application, and the ADB Perspective [J]. Working Papers, 2010, 72 (72): 523-30.

[388] REARDON T, CRAWFORD E, KELLY V. Links between nonfarm income and farm investment in African households: adding the capital market perspective [J]. American Journal of Agricultural Economics, 1994, 76 (5): 1172-1176.

[389] RIEF Y M, COCHRANE S H. The Off-Farm Labor Supply of Farmers: The Case of the Chiang Mai Valley of Thailand [J]. Economic Development & Cultural Change, 1990, 38 (4): 683-698.

[390] ROMER P M. Increasing Returns and Long-Run Growth [J]. Journal of Political Economy, 1986, 94 (5): 1002-1037.

[391] ROCHET J C, TIROLE J. Two-Sided Markets: An Overview [R]. Working Paper, 2004.

[392] ROMER. Endogenous Technological Change [J]. The Journal of Political Economy, 1990, 98, 71-102.

[393] SAAD - FILHO A. Growth, Poverty and Inequality: From Washington Consensus to Inclusive Growth [R]. Working Papers, 2010.

[394] SCHULTZ T P. human capital, family planning, and their effects on population growth [J]. American Economicc Rewiew, 1994, 84 (2): 255-260.

[395] SCHULTZ T W. Transforming Traditional Agriculture [M]. Yale University Press, 1964.

[396] SCHULTZ T P. Education investments and returns [M]. Handbook of Development Economics, 1998 (1): 543-630.

[397] SHAW E S. Financial Deepening in Economic Development [M].

Oxford University Press, 1973.

[398] SHILLER, ROBERT J. Reflections on Finance and the Good Society. [J]. American Economic Review, 2013 (3): 402-405.

[399] SHIN, DO-CHULL. Economic growth, structural transformation, and agriculture: The Case of U. S. and S. Kerea [D]. Univ. Chicago, 1990.

[400] PARKER S C. A Time Series Model under Uncertainty [J]. Economica, 1996, 63 (251): 459-475.

[401] SINGH I, SQUIRE L, STRAUSS J. A survey of agricultural household models: Recent findings and policy implications [J]. The World Bank Economic Review, 1986, 1 (1): 149-179.

[402] SIRRI E R, P TUFANO. The Economics of Pooling [M]. Harvard Business, 1995.

[403] SKOUFIAS J E. Risk, Financial Markets, and Human Capital in a Developing Country [J]. The Review of Economic Studies, 1997, 64 (3): 311-335.

[404] SOKCHEA, AN CULAS, RICHARD J. Impact of Contract Farming with Farmer Organizations on Farmers' Income: A Case Study of Reasmey Stung Sen Agricultural Development Cooperative in Cambodia [J]. Australasian Agribusiness Review, 2015, 23 (1).

[405] SOLOW R M. A Contribution to the Theory of Economic Growth [J]. Quarterly Journal of Economics, 1956 (1): 65-94.

[406] SOLOW R M. Technical Change and the Aggregate Production Function [J]. Review of Economics and Statistics, 1957 (3): 312-320.

[407] SRAFF P. The works and Correspondence of David Ricardo [M]. Cambridge University Press, 1950.

[408] STIGLER G J. The Economics of Information [J]. Journal of Political Economy, 1961, 69 (3): 213.

[409] STUART S ROSENTHAL, WILLIAM C STRANGE. Female Entrepreneurship, Agglomeration, and a New Spatial Mismatch [J]. Review of Economics and Statistics, 2012. 94 (3): 764-788.

[410] SWAN T W. Economic growth and capital accumulation [J]. Economic record, 1956, 32 (1): 334-361.

[411] TIMMONS J A. New Venture Creation: Entrepreneurship for 21st Century. Fifth Edition [M]. Irwin-McGraw-Hill, Homewood, IL, 1999.

[412] TOBIN J. Money and Economic Growth [J]. Econometrica, 1965, 33 (4): 671-684.

[413] TODARO M P. A model of labor migration and urban unemployment in less developed countries [J]. The American Economic Review, 1969, 59 (1): 138-148.

[414] UDUJI J I, OKOLO-OBASI E N, ASONGU S A. Electronic wallet technology and the enabling environment of smallholder farmers in Nigeria [J]. Agricultural Finance Review, 2019. (5): 666-688

[415] VON HAYEK F. The use of information in society [J]. American Economic Reviews, 1945, 35 (4): 519-530.

[416] WANG, QUNYONG. Fixed-effect panel threshold model using Stata [J]. Stata Journal, 2015, 15 (1): 121-134.

[417] WANG X, CHEN M, HE X, et al. Credit Constraint, Credit Adjustment, and Sustainable Growth of Farmers' Income [J] Sustainability, 2018, 10 (12): 1-15.

[418] WIDODO M W, JONG R D, UDO H. Small scale dairying in three farming systems in East Java I. Farmer's income and household characteristics [J]. Asian Australasian Journal of Animal Sciences, 1994, 7 (1): 19-29.

[419] WORLD BANK. What Is Inclusive Growth? [R]. PRMED Knowledge Brief, Washington, DC: Economic Policy and Debt Department, 2009.

[420] WOUTERSE F, TAYLOR J E. Migration and Income Diversification: Evidence from Burkina Faso [J]. World Development, 2008, 36 (4): 625-640.

[421] YANG D, LIU Z. Does farmer economic organization and agricultural specialization improve rural income? Evidence from China [J]. Economic Modelling, 2012, 29 (3): 990-993.

[422] YAO S, GUO Y, HUO X. An Empirical Analysis of the Effects of China's Land Conversion Program on Farmers' Income Growth and Labor Transfer [J]. Environmental Management, 2010, 45 (3): 502-512.

[423] YARON J, JR B, PIPREK G L. Rural finance: issues design, and

best practices [J]. Working Paper, 1997.

[424] ZEIRA G J. Income Distribution and Macroeconomics [J]. The Review of Economic Studies, 1993, 60 (1): 35-52.

[425] ZHANG C, GUO L, XUE S, et al. Income Growth of Peasants with Enterprise Entering Using DID Model - Based on 260 Samples of Farmers in Jinzhong City, China [J]. Asian Journal of Chemistry, 2014, 26 (11): 3291-3295.

[426] ZHOU G, GONG K, LUO S, et al. Inclusive Finance, Human Capital and Regional Economic Growth in China [J]. Sustainability, 2018, 10 (4): 1-20.